超越のエチカ

Die Ethik der Transzendenz:
Heidegger, Weltkrieg, Levinas

ハイデガー・世界戦争・レヴィナス

横地徳広
YOKOCHI
Norihiro

ぷねうま舎

装丁＝菊地信義

目次

序　章　ハイデガーとレヴィナスのあいだで

　この世を過ぎ去った無数の人びとがいた。そして私はたまさかに生き残る。

　二度にわたって焦土と化した二十世紀ヨーロッパのありふれた光景であったろう。誰もが、大戦の生き残りだったと言いうるからである。

　また、その地で哲学する者たちには「世界という大きな書物」（ルネ・デカルト）の読み解き方を一変させた出来事であった。ないこともありえた世界にみずから選ぶことなく人間は生まれ落ち、偶然事の尽きることなき連鎖から逃れえない。このことが哲学者たちの骨身に染みてしまったであろうからである。

　しかし、われわれ有限的人間は偶然性という荒波に翻弄されるだけなのだろうか。

　本書でとりあげる哲学者たちは、目をそらさずに、そうした世界の成り立ちを見定めた人びとである。この哲学的直視は、偶然事の連鎖に翻弄されるがままの諦念とは無縁に、その哲学者たちが独自の思想を語り出して以来、彼女や彼の思索に貫かれた哲学的抵抗である。

　こうして生まれ落ちた時代の趨勢から影響をうけつつ、独自の思索を育んでいく様子は、とりわけマルティン・ハイデガーとエマニュエル・レヴィナスの場合、二人をとりまく論争的文脈において際立ってくる。二十世紀の初頭、ドイツで主流をなした新カント派はすでに衰退の兆を見せはじめ、エドムント・フッサールは新たに現象学の創始に着手していた。このフッサールのもとで学び、将来を嘱望された若き哲学者がハイデガーである。彼は、ヨーロッパをおおう第一次世界大戦の衝撃を受けながら、『存在と時間』を緊急出版する。一九二七年のことであった。

この書で彼は独自の現象学的方法を採用し、新カント派の諸前提を批判しながら、同時に有限的人間が存在する仕方を主題化する。これが「存在論の歴史の解体」（SZ, 39, vgl. GA24, 31f.）と呼ばれたプログラムであり、たとえば「実体（Substanz）」や「もの性（Realität）」といった哲学史を彩る主要な存在概念の隠れた予断や含意がそこでたどり返される。

こうした試みを支えていたのは、多義的な存在概念をつらぬく一性を求めるなかで獲得された、「存在者の存在は時間から了解される」という根本洞察である。彼は「哲学の新しいボキャブラリー」[1]によって『存在と時間』独自の主張を表現しながら、そのもとで伝統的な存在概念を批判的に検討していた。人間は「現存在（Dasein）」という名前を与えられ、人間が存在する体制は「世界内存在（In-der-Welt-sein）」、人間が世界へと超え出て自らへともどる根本動性は「脱自態（Ekstase）」と呼ばれた。それは、まさにハイデガー固有の刻印を帯びて新たな時代を開く思索であった。

彼が指摘するところ、その伝統的な存在概念の意味形成は「非本来的な時間性」に由来する「現在（Gegenwart）」概念（SZ, 326, 427）にもとづいておこなわれてきた。一九五三年に既刊部での完結を宣言された『存在と時間』の、それゆえ、掉尾を飾ることになった第八三節では、以下のように問いが連ねられていく。

古代存在論が《事物の諸概念（Dingbegriffen）》をもちいて仕事をしていること、また《意識を物象化する（verdinglichen）》危険があることは、とうに知られている。とはいえ、物象化は何を意味するのか。……なぜ存在は、まさに《さしあたり》事物的存在者（das Vorhandene）から「把握され」、つまり、とにかくよりいっそう身近な用具的存在者（das Zuhandene）から把握されないのか。……そもそも《意識》と《事物》の《区別》は、存在論にまつわる問題群を根源的に展開していくのに十分な区別なのか。……存在一般の意味への問いは立てられずに不明瞭なままだが、その答えを求める試みぐらいはなされるだろうか。

（SZ, 437）

こうした問いが関連しているのは、「日常性の解釈学」において提起された、「用在性（Zuhandenheit）」（SZ. §15）や「物在性（Vorhandenheit）」（SZ. §69-b）といったハイデガー独自の概念である。これらの概念は、ルシアン・ゴルドマンが『ルカーチとハイデガー』のなかでこの引用箇所を挙げながらそれらとの哲学的影響関係を指摘したジョルジュ・ルカーチの「物象化」概念とは、もちろん内実を異にする。(2) ハイデガー哲学にあって、のちに現代技術の本質である「立て集め（Ge-stell）」概念（TK, 20）へとまとめられていく用在性と物在性は、古代ギリシアから啓蒙時代を経て彼の生きた二十世紀までを貫徹する主導的な存在理念である。物象化と名づけられた事態の手前で、或る存在者がそもそも道具や事物として成り立つ仕組みをハイデガーは解き明かそうとしている。

『存在と時間』は一方で「存在への問い」を十全に仕上げることの必要性を訴えることから始まっていた（SZ,

§1）。こうした試みを支えるために、用在性と物在性の両理念が日常的な事象にそくして彫琢されていく。他方、『存在と時間』の最後でハイデガーが示唆していたのは、用在性や物在性への問いだけでなく、つづいて挙示された「存在の地平」（SZ, 437）をめぐる問いもまた、その答えが時間性のうちに求められるということである。『存在と時間』の刊行直後に行われた一九二七年夏学期講義『現象学の根本諸問題』（以下『根本問題』と略記）では同じ方向のもとで、しかし、「超越」概念に対する具体的な考察の比重を増す形で、「存在と時間」の関係に関する哲学的思考が継続されていく。

こういったハイデガー哲学を光源としたときに、思想の形がはっきりと照らし出される哲学者がいる。ハイデガー批判の急先鋒としてむしろ名高いレヴィナスのことである。

というのも、その哲学的思考を紡ぐ糸の一つは、若きレヴィナスが留学先のフライブルク大学でハイデガーに学んで以来、彼の著作からたぐりよせられてきたからである。「存在と時間」をめぐる思索の原型は、レヴィナスにとってハイデガーの哲学であった。わけてもその始まりにあって有限的人間の超越を熟視する彼の超越論的哲学であった。

当のハイデガー自身は、『存在と時間』から『カントと形而上学の問題』（一九二九年。以下『カント書』と略記）に至るまでのあいだ、カント哲学を手がかりに「超越」という問題に対する存在論的な考察を積み重ねている。「テンポラリテート（＝存在時性 Tempralität）」（GA24, 389）という別称のもと、時間性を「存在了解一般の可能性の条件」（ebd.）として明らかにするために超越概念の立ち入った検討を行なう『根本問題』では、次のように論じられる。「時間の脱自的性格は現存在に特有の超出性格である超越を可能にし、それによって世界をも可能にする」（GA24, 428）。世界への「存在論的（ontologisch）な超越」（GA24, 423）を可能にするのは「時間の脱自的性格」であり、これは時間に帰せられてきた伝統的性格とは異なったものである。

ハイデガーの診断によれば、伝統的な時間概念は現在を中心としてその前後に過去と未来が配置された時間形態によって時間全体を分断し、その統一的機能をとらえそこなっていた（GA24, § 19, a-α&β, b-α&β）。このように把握された時間様相へと抽象化される以前に生起しているのが、「将来」、「現持」、「既在性」という「三つの脱自態（*Ekstase*）」が互いに連関する時間性である（GA24, § 19, b-γ）。“Ekstase（脱自態）”という表現にふくまれた“Ek（外へ）”という契機によって「現存在は将来的なものとしてその既在的な存在可能へと、既在的なものとしてその既在性へと、現持するものとして他なる存在者へと脱け出している（*ist…entrückt*）」（GA24, 377）。時間性の三要素が相互連関するがゆえに、現存在は他なる存在者とかかわりうるわけである。

ここで少なくとも確認しておきたいのは、その「外へ（Ek）」という表現における「外」が、認識主観の意識を「内界」とする観点から見た「外界」の意味で使用されているのではないということである。「客観は、より正確に言えば、のちに客観となりうる存在者はあらかじめ飛び越えられている」（GA26, 212）。この存在者とは自然のことである。「現存在は、事実的なものとしては自然によってとりまかれつづけているにもかかわらず、超越するものとしては自然を超えている」（GA26, 212）。

眼球と対象が直に接しては、外的知覚は不可能である。主観がその対象となる自然的存在者を認識する現在において視界が開かれ、両者のあいだには隔たりが必要である。自然とのこうした認識関係が成立しうるのも、脱自態における外へ（Ek）という契機によって現存在がつねにすでに他なる存在者へと超え出ているからであり、その存在意味が時間から了解されているからである。

いったんハイデガーの用語法を離れ、伝統的時間論の比喩を借りて言えば、その時間は流れつつ留まり、留まりながら流れていく。時間の「通俗的な解釈は、時間の流れを逆流できない継起として規定している」（SZ, 426）。時間様相をもちいて翻訳すれば、一方で時間は私の現在を必ず経由して過去から未来へと進みゆき、あるいは未来から過去へと流れて去っていくが、他方、私の現在はつねに「この今」として時間のなかで立ち止まっている。外的知覚の場合ならば、対象という一点がこの今に凝視されるから、ここでは今の静性が際立つけれど、対象の落下を見終えたとき、今、今、今……と今が流れ去った動性をふりかえることもある。こうして外的知覚の時間体験に見出される動性と静性のうちに、われわれは時間が時間たる所以の一端を認めうる。

ハイデガーが抗したのは、そのような伝統的時間論に、である。彼はむしろ、その動性を時間の根源的性格とみなし、脱自態における「外へ（Ek）」という契機を強調する。「将来・既在性・現持の統一としての時間性は、ときおり現存在を脱け出させるのではなく、その時間性自体が時間性として根源的にみずからの外へ（*Außer-sich*）、つまり、エクスタティコン（ἐκστατικόν）なのである」（GA24, 377. vgl. SZ, 328f.）。こうした動性につらぬかれた時間性が現存在という場においてみずから時熟するからこそ、現存在は他なる存在者の多様な存在意味が了解可能なのである。

「現存在はその身体性によって自然のただなかへと投げこまれた事実的なものである」（GA26, 212）。有限な人間は、みずからがその始まりに立ち会っていない身体を介して存在者全体のうちへと放り出されるが、動物のように生息環境に適合した自然的生に自足するわけではない。そうではなく、人間的生は、現存在という場に開かれた世界のなかでさまざまな存在者の存在意味を了解しながら、いとなまれる。このような了解はすべて現存在の時間性にもとづいており、世界のなかで他なる存在者へと開放され、その存在了解が遂行されうるのも、「外へ（Ek）」という仕方で時間性がみずから時熟するからである。

ハイデガーはこうした事態を説明して、カントの言葉をとりいれながら『根本問題』において次のように論じていた。

> 世界内存在の超越は、時間性の脱自的・地平的な根源的統一性における、諸脱自態に特有の全体性にもとづいている。超越が存在了解を可能にし、とはいえ、超越は時間性の脱自的・地平的体制にもとづいているとき、この体制は存在了解の可能性の条件である。（GA24, 429）

現存在は「世界内存在と呼ばれる存在体制」（SZ, 53）をそなえていた。このような「世界内存在の超越」とは世界への存在論的超越のことであり、現存在という場において世界が開かれるという意味である。これは一九二八年夏学期講義『論理学の形而上学的始元根拠』（以下『始元根拠』と略記）のなかでは「原超越（Urtranszendenz）」（GA26, 194）という別名を与えられている。

また、事物や道具、他者といった存在者と現存在との具体的なかかわりは『存在と時間』において「配慮（Besorge）」や「顧慮（Fürsoge）」と呼ばれ（SZ, § 41）、『根本問題』では「存在者とかかわること（*ein Verhalten zu Seiendem*）」（GA24, 390）と表現されていたが、『始元根拠』に至って「存在者的（ontisch）な超越」（GA26, 194）という名を獲得する。こうした『始元根拠』の用語法にもとづいて上述の引用を整理すれば、或る存在者の存在了解である存在者的超越の可能性の条件が原超越＝存在論的超越であり、さらに、この存在論的超越の可能性の条件が「時間性の脱自的・地平的体制」である。『存在と時間』を中心とした思想圏にあっては、その強調点に多少の変動があるにせよ、時間性が存在論的超越を介して存在者的超越を意味づけるという超越概念の構図が成り立っている。

ハイデガーの超越論的哲学である。

この構図に従い、たとえばハンマーをもちいて作業する場面を読み解いてみよう。現存在は、作業場という情況世界へと存在論的に超越しつつ、ハンマーという道具へと存在者的に超越している。世俗の流行を追って日曜大工にいそしむ「世人（das Man）」（SZ, § 27）は、作業場で釘を打ちつけるためにハンマーをふるい、それはもちろん失敗に終わることもある。こうして失敗をふくみうる形で作業がなされるのも、有限的人間である現存在が作業の現実性ではなく、その可能性へとみずからを企投するからである。しかも、或るときはみずからの存在可能性に関与し、また或るときはそれに関与しないというのではなく、つねにすでにみずからの存在可能性に開放されている。このような仕方で存在する現存在は作業場という情況世界へと超越し、作業の仕方や計画を「忘却」的に保持しながら、そのなかで作業の可能性を自身へと「将来」させ、その作業を「現持」する。これが、用具的存在者の存在了解における時間的構造である。

こうした仕方で、ハイデガー独自の時間論に裏打ちされた「日常性の解釈学」は、超越概念の分節が進むのと並行してその内実の裾野を広げていく。しかし、このような動向の裏には小さくはない事情が隠れている。ハイデガーとその高弟カール・レーヴィットとの哲学的影響関係のことである。

そもそも他者の問題をめぐっては、『存在と時間』出版の当初から少なくはない疑義が寄せられていた。このような疑義にハイデガーが応答するなかで、日常性の解釈学はその具体的な内実と可能性を顕在化させていく。レーヴィットもまた、こうした経緯のなかでもっとも生産的な批判をむけた一人なのである。

彼はマールブルク大学に教授資格論文を提出し、そのおり主査の役を務めたのはハイデガーであった。この論考でレーヴィトは「環境世界（Umwelt）」に対する「共同世界（Mitwelt）」の先行性を指摘し（IRM, 12, §5）、さらに別稿では「実存論的《独我論》」（SZ,188）における他者の不在を疑う。

とはいえ、特にその教授資格論文に限れば、事情はより複雑かもしれない。レーヴィトはハイデガーのいわゆる「初期フライブルク時代」から彼のもとでよく学んだ弟子の一人であった。このとき行なわれた一九二三年夏学期講義『存在論（事実性の解釈学）』のなかでハイデガーは役割存在論の祖型を示唆していたが、その具体的展開をレーヴィットにまかせたか、もしくはレーヴィットが深く共感していた一九二三年講義の具体的展開をみずから試みたか、いずれかの可能性が高い[3]。もちろん、ハイデガーが彼の教授資格論文に対して記した「所見」の言葉に従えば、レーヴィットは「ときに独自にやりすぎて、その結果、……私〔＝ハイデガー〕に固有の研究への批判が肯定的関係をなすまでにはそもそも至っていない」[4]。レーヴィットのそうした批判に対して、ハイデガーは『存在と時間』で顕在化させた自身の超越概念にもとづき、いくつかの反論を提示していく。

現場となったのは、マールブルク大学でハイデガーが行なった最終講義『始元根拠』である。また、彼がフッサールの後継教授として着任したフライブルク大学で最初に行なった一九二八／二九年冬学期講義、すなわち、レヴィナスの出席した『哲学入門』もその一つであった。

だからレヴィナスについて指摘しておけば、彼に固有の哲学的思考が形成されるさいに伴走していたのは、ストラスブール大学での学生時代から慣れ親しまれたフッサール現象学と共に、若い彼が熱狂したハイデガー『存在と時間』から『哲学入門』へと展開していった超越論的哲学なのである。

件の『哲学入門』にあって注目すべきは、「性別関係」が存在者的超越の一つとしてとりあつかわれていることである（GA27, 146）。この存在者的超越を可能にするのはもちろん、世界への存在論的な超越を介した時間性の脱自的性格である。こうして存在者的超越から存在論的超越を経て時間性という最根源へとむかうハイデガーの構図をレヴィナスは転倒する。すなわち、彼がフランス兵として過ごした「捕虜収容所」で準備された『実存から実存者へ』（一九四七年刊　以下『実存者へ』と略記）と、[5]同年刊行の『選択、世界、実存』誌に掲載された「時間と他なるもの」においてその転倒はなされ、性的差異に隔てられた自己他者関係がまずもって時間の生起を可能にすると主張される。レヴィナスにとって、時間的意味の生成が行なわれる原初の場は自己他者関係なのである。この自己他者関係が、一九六一年に刊行された第一主著『全体性と無限——外部性への試論』において〈倫理〉と呼ばれることとなる。

この『全体性と無限』において目標とされていたのは、何らかの規範をとりあげてその内容や妥当性を検討することではなかった。彼が試みるのは、「地上の生存、つまり、……エコノミー的な生存がくりひろげられていく様子にそくして他者とのかかわりを記述すること」（TI, 44）である。こうした試みのなかでレヴィナスは善や正義を希求しつつも、それらの手前で他者とのかかわりとしての〈倫理〉を執拗に問うていく（TI, 32ff., 69ff.）。この意味で、彼は善や正義へと直行する「倫理学」と一線を画している。

ふりかえってみれば、第二次世界大戦中にユダヤ系哲学者たちは、道徳の無力や崩壊どころか、道徳の反転までをも目にしていた。ドイツ第三帝国ではヒトラー『わが闘争』の稚拙な善悪二元論と人種差別の一体化によってユダヤ民族虐殺への加担が「善」だとされたからである。「アウシュヴィッツ以降、詩を書くことは可能だろうか」と記したのはテオドール・W・アドルノであったが、レヴィナスもまた独自の〈倫理〉を考えるのに遠回りの道を選び、第二次世界大戦の悲惨を肌身で知りつつも、〈汝、殺すなかれ〉という戒律の哲学的考察を諦めない。これに対して、ハイデガーからその才を愛された高弟ハンナ・アレントは、レヴィナスと異なり、ユダヤ民族虐殺を阻止しえたとすれば、それはどんな人間であったのかと問う。そして、この問いをつきつめ、いわゆる「アイヒマン問題」の哲学的考察に直進していく。こうしたレヴィナスとアレントの倫理学的独自性は、とりかえのきかない〈私〉の成り立ちに注目したとき、共に際立ってくる。

ここでレヴィナスにとっての〈倫理〉とは何かをあらためて確認しておけば、他者へと私が超越する関係のことであり、他者から私へと超越される関係のことである。このような超越こそ、彼が迫ろうとする〈倫理〉であった。「超越の倫理」とは何かと問われれば、超越それ自体が〈倫理〉であったと答えるほかはない。超越という〈倫理〉がレヴィナスによって問われたのである。それゆえ、哲学的思考が深まるにつれ、彼に固有の超越概念はその内実が豊饒化していくことになる。大まかに分類すれば、それは『実存者へ』以来の自己他者間の超越関係であり、『全体性と無限』以降はこの関係がさらに「無限の観念」という意味を獲得する（TI, pp.39-45）。こうして、自己他者関係としての超越概念はその内部でさらなる分節がほどこされ、無限なる他者が私の思考からあふれ出るという意味での超越関係が、つまり、自己他者間のいわば「関係なき関係」が提示されることとなる。「倫理の本質はその超越する志向にあり」（TI, 15）、それは「形而上学的な渇望」（TI, 21）である。「渇望されるものがそれを満足させるどころか、むしろかき立てるような、無限への渇望」（TI, 42）なのである。

このように自己他者間の超越関係をめぐる考察は第二の主著『存在するとは別の仕方で、あるいは存在することの彼方へ』（一九七四年。以下『存在の彼方へ』と略記）においても継続されていくが、レヴィナスは二つの主著のあいだでみずからの哲学的主張を論述するための基本概念を変更している。「現前（présence）」概念から「痕跡（trace）」概念への変更である。これは、シュテファン・シュトラッサーがその重厚なレヴィナス論『存在と時間の彼方へ――エマニュエル・レヴィナス哲学への入門』で論じていたように、ジャック・デリダ「暴力と形而上学――エマニュエル・レヴィナスの思考に関する試論」（一九六四年）の批判によって促された「思考における転回」[6]である。とはいえもっとも重要なのは、そのような思考の自己差異化をつらぬいて変わらない哲学的問いであり、レヴィナスの哲学が紡がれつづけた根本構制である。これが、時間の生起を自己他者関係として探求する試み、いわば「時間の倫理学」なのである。

もちろんレヴィナスのこうした倫理学は、ハイデガーの超越概念を転倒する仕方で組み立てられた内容に回収されつくすわけではない。レヴィナスは哲学者としての生涯を通じて、特にフッサール現象学を手がかりとしながら、飢え渇く身体によって自然へと釘づけにされた生の細部、しかも、他者とのかかわりにさらされた身体的生の細部へと哲学的視線をむけていたからである。レヴィナスの哲学的思考は、他者と身体を主題にして展開しつづけたと言ってよい。

とはいえ、他者を主題としてその意味を問い、他者について考えることはそもそも矛盾した営為であるとも言える。なぜなら、他者のことを私が考えるとき、その考えのうちに回収された他者はつねにすでに他者としての他者ではないからである。他者とはむしろ、私の思考からあふれ出ることによってすぐれて他者である。とすると、他者と私の二者関係に関する思考、つまり、〈倫理〉をめぐる思考は、その始まりから或る種の不可能性につきまとわれている。だが、こうした不可能性の形を他者と私がかかわる具体的な場面にそくして描きとるとき、逆説的にも、それは身体的生の細部にきざまれた自己他者関係の可能性へと照明をあてることになる。

そして、こうしたレヴィナス倫理学からはじめて反照されうるハイデガーの思索がある。とはいえ、本書では彼らの思想をその外側から眺めて比較しようというのではない。

われわれが志すのは、とりわけハイデガーの時間論をめぐってレヴィナスが試みた解釈と、さらにこの解釈がレヴィナスの思想形成におよぼした影響を見定める試みである。それゆえもちろん、この試みには、そうした解釈の正否をハイデガー哲学に内在的な視点から判定することもふくまれる。このように吟味されたハイデガー解釈を手がかりに、ハイデガー哲学の内部であるその実質と可能性とがあらわになり、これを光源として同時に、レヴィナス倫理学の独自性が、とりわけ時間と他者に関してハイデガー哲学とは原理を異にした外部として際立ってくる。こうして彼らが積み重ねてきた哲学的思考の内的必然をたどるとき、レヴィナスによるハイデガー哲学の理解と批判はハイデガー哲学の豊かさを照らし出し、そうしたハイデガー哲学もまたレヴィナス倫理学に示された思考水準の高みをおのずから照らし返していく。

本書では、こうした相互反照のなかに出現する一つの主題を〈超越の倫理〉と呼びたい。ハイデガーの時間論と真正面にむきあったレヴィナスがハイデガー哲学にむけた、他者の不在という批判。これを手がかりにわれわれはハイデガー哲学を吟味し、みずからの時間性によって事物へと超越する有限的人間が他者とかかわりながら世界に住まう仕方を明らかにする。また、こうしたハイデガーとは別の仕方で自己他者間の超越関係という倫理を問い、そこから独自の時間論を練りあげていくレヴィナス。二人は共にいわゆる「倫理学」という問題設定にコミットしていないにもかかわらず、また、それぞれ異なった哲学的問いを抱えていたにもかかわらず、レヴィナスによるハイデガー哲学の理解と批判から出発することで、自己他者関係をめぐる〈超越の倫理〉という思考空間が開かれ、二人の卓越した哲学的思考の固有性がそれぞれに別の形で際立ってくる。

しかも〈超越の倫理〉は、「〝物象化〟という概念が、前世紀の二十年代、三十年代のドイツ語圏にあって社会批判や文化批判のライトモティーフになっていた[7]」なか、こうした時代情況にさらされた二人がむかう哲学テキストおよび現実的生の解釈に色濃く影を落としている。つまり、多種多様な事象に物象化が侵蝕しつづける近現代社会のなかで他者とかかわる自己の生を見すえながら、二人は一方で哲学テキストへとむかい、他方ではこのテキスト読解を通じて精錬された哲学的視点のもとで、そうした物象化現象の手前で事物がそもそも成り立つ仕組みを解明していく。このような解釈運動を貫徹しているのが、〈超越の倫理〉という哲学的主題なのである。

二人にわかちもたれたこの視点からは、しかし、それぞれに独自の仕方で事物にまつわる諸問題が照らし出される。まずはハイデガーの場合、『存在と時間』を中心とした思想圏にぞくする日常性の解釈学やカント解釈において、事物への超越という問題がとりあげられていた。次にレヴィナスだが、『全体性と無限』のエコノミー論が事物に関する考察を展開する場となっていた。いずれにせよ、問われているのは、他者と共生する世界で事物とかかわることの仕組みである。事物、他者、世界へと私がさまざまに超越する関係がこうして有機的にまざりあう事態の分析を通じて、二人が共に対峙する現代性のエートスがあらわになり、これとの対比から、哲学的思考を徹底する二人のエートスが際立ってくる。すなわち、実存論的《独我論》という哲学遂行態勢で「存在〈と〉時間」を問う哲学者ハイデガーのエートスと、時間の生起する仕組みを自己他者関係のうちに探って〈時間の倫理学〉という領野を切り開いていく哲学者レヴィナスのエートスと、である。

*

以下、各章の内容的連続性に主眼をおいて、本書の概要を述べておく。

まず第一章「レヴィナスのフライブルクへ」では、若きリトアニア系ユダヤ人レヴィナスのハイデガー体験をとりあげ、そしてさらに第二章「ハイデガーのマールブルクへ」では、壮年の活力にあふれたハイデガーと若きユダヤ系ドイツ人レーヴィットとがつみかさねた理論的交流を主題とする。他者への超越関係と、これを意味づける時間への問いという観点から両者に通底する哲学的含意を解き明かし、「日常性の解釈学」に孕まれた可能性としての「役割存在論」を提示する。

次に第三章「ホモ・ヌーメノンの実存感情」および第四章「道徳的人格性と物在性の交差」では、第二章で読み解いたハイデガーのカント解釈に対する分析を実践哲学へと広げ、他者との超越関係のなかで行為する有限的人間の存在が役割存在論のなかで物在性と用在性を帯びる機序を描き出す。

加えて第五章「第三帝国の定言命法？」と第六章「凡庸な悪とその日常性」では、ハイデガーの高弟アレントが積み重ねた哲学的思考について、その行間に凝縮されたハイデガー批判をたどり、そこから逆に日常性の解釈学にそなわった哲学的解明力の強さを際立たせる。このとき同時に、ナチスの全体主義的組織とドイツ第三帝国が物在性と用在性の先鋭化によって存在論的に支配されている様子を明らかにする。

第七章「認識論的転回の地平を求めて」では、以上のような役割存在論における物在性と用在性の考察をふまえつつ、知覚行為という基礎的事象に注目し、事物との超越関係である認識の存在論的基底を物在性のうちに探り、かような物在性が時間性に意味づけられる仕組みを示す。

第八章「世界の時間と自由」では、ハイデガーが世界や存在の側から見た時間性である「テンポラリテート」概念をとりあげ、そうした物在性という存在理念を成り立たせる超越論的構造を手がかりに、テンポラリテートを「存在了解一般の可能性の条件」として検討する。

つづいて第九章「感覚の享受、知識の倫理」および第十章「身体とその過去」では、レヴィナス流の認識論を知識論へと差し戻して読解したうえで、事物の認識にかかわる身体的生と、それを成立させる大地という主体にとっての他なるものとの時間的関係を明らかにし、これを通路にして時間の外部へとむかう。第十一章「差異の時間と身体」では、そうした身体的生の細部を眼差しをむけるレヴィナスが差異の始原を探る様子を描き出し、ここに彼の後期時間論を見出す。

第十二章「顔の無限性と場所の倫理」では、地球をおおう世界戦争が現実のものとなり、ナチスのユダヤ民族虐殺が経験されて以降、「人を殺してはならない」とわれわれ人間は他者に言いうるのか、その可能性をレヴィナスの哲学的主張のうちに探る。

終章「世界への驚き、たまさかの生存」では、世界から過ぎ去った他者、すなわちこの現実から抹消された者たちとのかかわりを問うレヴィナスと、世界が開かれ、そのなかで現存在が存在することに驚くハイデガーとが交錯し別れる場所を明らかにする。

以上のように、事物との関係にさし貫ぬかれた人間的生において自己他者間の超越関係という〈倫理〉が生起する世界の仕組みを照らし出すことで、〈超越のエチカ〉がその形をあらわにしていくはずである。

I　他者と時間——ハイデガー、レーヴィット、レヴィナス

第一章　レヴィナスのフライブルクへ

はじめに

「時間は存在するのか」という問いに対して、いかなる答えが可能だろうか。「存在する」と述定されるのは存在者である以上、存在者という身分をもたない時間にその存在を問うことは無意味だと指摘し、こういった問い方にそもそも正当性を認めない哲学的立場がありうる。たとえば、その一人であるハイデガーは時間性に存在者の存在を意味づける働きを認め、それを脱自と呼んでいた。彼の考えるところ、「時間性は、将来・既在性・現持のそのつどの統一においてみずから時熟する（*zeitigt sich*）」（GA24, 376, vgl., SZ, 328）。現存在が存在することを意味する「実存は、存在論的に見れば、自己へと将来しながら自己へと帰来して現持することの根源的統一である」。このようにして脱自によって特徴づけられる「時間性というものがとにかくあるということは（Daß es überhaupt so etwas wie Zeitlichkeit gibt）、形而上学的な意味での原事実である」（GA26, 270）。われわれはこうした哲学的思考のうちに、「時間はなぜ、いかに生じるのか」という時間の謎に関する問いを読みとりうる。『存在と時間』にあってこの謎は、時間性がみずから時熟する仕組みを明らかにすることで解かれていた。

これに対して、レヴィナスは時間へのそうした問いを『存在と時間』のうちに見出しながらも、その問いを他者とのかかわりとしての〈倫理〉という観点から解き明かそうとする。このような試みをなしえたのは、彼が『存在と時間』に示された思索の最深部に達していたからである。人間は存在者の存在を時間から了解する、こうまとめうるハイデガーの哲学的主張から若きレヴィナスが一方で学んだのは、存在意味の時間的分節が、「実存一般の不可能性という可能性」（SZ, 262）を極限とした人間的生の全体を貫徹するという洞察である。[1]

他方、こうした洞察から歩み出しながらも、独自の哲学的思考を提示してからのレヴィナスは、ハイデガーへの疑問を表明することになる。自己とは別のさまざまな存在者にみちた世界とむきあう人間的生の意味が分節されるとき、この機能が自己の時間性にのみ帰せられたことに対する疑問である。レヴィナス自身は、このような時間性においてすでに、その時間性から意味づけえない「他者の他性」（EE, 145）が働いていると考える。ここに読みとりうるのは、時間の謎に対する彼の哲学的態度である。つまり、他者とのかかわりに深く侵蝕された人間が時間に与かっている以上、時間の時間化する秘密は時間だけでなく他者とのかかわりのうちにも潜んでいる、――そう主張される。

本章の目的は、時間の謎に迫るレヴィナスのこうした主張を検討し、私という場において時間が生起する仕方を明らかにすることである。そのためにまず本章第1節では、レヴィナスに固有の時間論が着想された現場に赴き、そのライトモティーフを確認しておく。つづいて第2節では、『実存者へ』や『時間と他なるもの』を代表とする前期思想の時間論に注目し、私の存在を意味づける瞬間が他者の存在を意味づける別の瞬間と関係する仕方を解き明かす。この結果、時間をめぐるレヴィナスの哲学的思考は、他者とのかかわりとしての〈倫理〉をめぐるそれに導かれていることが判明するはずである。

1　レヴィナス独自の時間論が構想されるまで

「エロスの現象学」[2]を最初期に提示した著作である『実存者へ』のなかで、レヴィナスは或る興味深い指摘を残している。これは彼がフライブルク大学へ留学したおりに出席していたハイデガーの一九二八／二九年冬学期講義『哲学入門』の第二十節をめぐるものである[3]。

> エロスが対立し矛盾することの独自性をハイデガーはとり逃がしている。彼の講義においては、性の差異を類の特殊化として提示することが目指されていた。しかし、エロスのうちでこそ、超越は根源的な仕方で思考されうるし、存在に捕らえられて避けがたく自己へと回帰していく自我に、この回帰とは別のものをもたらし、自我をその影から解放することができる。（EE, 164）

『実存者へ』の主張が手短にまとめられたこの箇所では、他性を孕んだ他者とのエロス的なかかわりのなかで自我は閉塞した現在[4]から解き放たれることが述べられている。ここに凝縮されているのは、レヴィナスがハイデガー哲学との批判的対話を通じて独自の哲学的思考を着想するに至った経緯である。最初にこの経緯を明らかにし、レヴィナスによる時間論の独自性を確かめておく。

さて、レヴィナスは『実存者へ』と同じ前期思想圏に属する「時間的なものにおける存在論」（一九四九年）

という小篇のなかでハイデガーの時間論を祖述していた。まず『存在と時間』に戻って確認しておくと、それは、超越概念との関連をふまえつつ、時間性が存在了解の地平であることを解き明かそうとしたものである。この解明にあってハイデガーは、いわゆる現在・過去・未来という三つの時間様相では見失われた相互連関をとらえるため、それらの時間様相に対応した時間性の時熟機能を彼独自の用語法で将来・既在性・現持と名づけていた（SZ, §65）。現存在と術語づけられた人間の時間性は、これら三つの脱自態が統一的に働きあってみずから時熟する。このような統一的連関は、「既在しつつ現持する将来（gewesend-gegenwärtigende Zukunft）」（SZ, 326）と定式化されている。こうした時熟の根源形態をとりわけ見てとりやすいのは、死への「先駆的覚悟性（vorlaufende Entschlossenheit）」によって現存在がみずからの本来的で全体的な存在可能性を見渡す場面である（SZ, §62）。このような時熟の統一的連関をパラフレーズしてレヴィナスは、以下のように述べる。

> 現存在は、自身が存在しうることを未来へと企投するなかで、何らかの過去を引き受ける。すなわち、過去という現象が被投性をまさしく可能にし、実存可能性は「既在性」を介してすでに引き受けられた何らかの可能性となるのだが、しかし、そうした過去を現存在が見出すのは未来を通じてなのである。現存在は結局、未来のおかげで過去へと立ち戻るがゆえに、もっとも本来的にその現（Da）を実存している。現存在は、みずからに開かれつづける世界への頽落から引き離され、瞬視のなかでみずからをまとめあげる。したがって、過去へと還帰する未来が現在において可能にするのは、世界の現持による自己完成なのである。
> （EDL, 87）

ここでレヴィナスは、ハイデガーほどに時間論の用語法へ注意を払わないにせよ、現在・過去・未来という時間様相が相互連関する仕方をうまくとり出している。もちろん、ハイデガーの考えるところ、死への先駆的覚悟性において現象する時間性、つまり、「既在しつつ現持する将来」という根源形態の場合、三つの脱自態のうちで将来の契機が第一次的に機能する。なぜなら、死という最果ての可能性とむきあうときに現存在は「みずからへと将来する（auf sich zukommen）」（SZ, 339）からである。これに対し、世事にかまける日常を規定する時間性は、そうした根源形態からの派生的変容という仕方で時熟している。目先のことにとらわれて存在する日常的現存在の時間性において第一次的に機能しているのは現持であり（SZ, 338, 345, 348, 349）、たとえば事物を了解する場面でその時間性は「忘却しつつ現持する予期（*vergessend-gegenwärtigende Gewärtigen*）」（SZ, 339）という脱自的統一の形態をとる。しかしながら、このように第一次的に機能する脱自態の種類や性格は異なるにせよ、上述の引用に示されたレヴィナスの解釈によれば、三つの脱自態が相関する仕方は共通である。時間様相で言い換えれば、過去が未来を通じて現在に関係すること自体は同じなのである。

たとえば、ひとが周囲の情況に応じて何らかの行為に没頭できるのも、そのひとが生まれ落ちた文化世界のなかで一定の行動規範をすでに習得済みであり、この規範にもとづいて形成された行為可能性へと自分自身を投げこんでいるからである。時間性がこうした行為可能性を時熟させていく仕方を、『存在と時間』の術語で次のようにまとめることができる。すなわち、そのような行為可能性を「現持」しうるのも、時間性がその可能性をみずからへと「将来」させるからであり、こうした将来にもとづいて「予期」された可能性は、すでに身につけた規範を「忘却」のうちで反復する「既在性」によってあらかじめ規定されている。このように時間性が現存在の行為可能性を時熟させる仕方は、第一次的に機能する脱自態こそ異なれ、存在了解の地平を時間性へと求めていく哲学的行為の場合も同じである。というのも、死へと「先駆」することで実存の始まりをも現事実として「とらえ返し」、時間性の全体を「瞬視」するからである。将来という脱自態に関しては特に、ハイデガーはこう述べている。

> 根源的で本来的な時間性は、本来的な将来から時熟するのであり、しかも、将来しながら既在してはじめて現在を目覚めさせる。根源的で本来的な時間性の第一次的現象は将来なのである。将来の優位は、本来的な時間性自体の変容された時熟に応じて変化していくが、そこから派生した《時間》のうちに依然としてなおあらわれている。（SZ, 329）

また、「既在性」についてハイデガーはこう指摘する。「現存在は将来的であるかぎり、そのかぎりでのみ本来的に既在しながら存在する」ので、「既在性は或る仕方で将来から発現している」（SZ, 326）。

レヴィナスが「時間的なものにおける存在論」でパラフレーズしていたのは、時間性の時熟をめぐるこうした事情である。その解釈に従えば、過去は未来を通じて現在に関係している。ここから判明するのは、未来から現在へのかかわりがなければ、未来を通路にして現在へと到来する過去はそもそも現在に到来しえないということである。未来は現在と過去の結節点であり、三つの時間様相が統一的に機能するための要《かなめ》なのだ。時間論の用語法は異なるが、ハイデガーの考える時間性の全体的統一と将来の優位とを、レヴィナスは彼なりにうまく描き出している。

当のハイデガーによれば、「現象的に根源的な仕方で時間性が経験されるのは、現存在の本来的全体存在において、つまり、先駆的覚悟性の現象においてである」（SZ, 304）。それゆえ、彼独特の哲学遂行態勢として実存論的《独我論》が採用され、死への先駆的覚悟性による現存在の「単独化」が要請されていた（SZ, §62）。しかし、『存在と時間』が人びとに読み始められた当初から、この実存論的《独我論》には他者の不在に関する多くの疑問が投げかけられている。たとえばレーヴィットの教授資格論文『倫理的諸問題の現象学的基礎づけ』もまた『存在と時間』の他者論に対する不満を胚胎していた。ハイデガーは主にこうしたレーヴィットのことを念頭に、マールブルク大学からフライブルク大学への移動をはさむ一九二八年度の二学期間、つまり、『始元根拠』講義および『哲学入門』講義において「単独化」という表現は変えながらも、「存在と時間」を根源的に問う実存論的《独我論》こそ、他者との共同存在の成り立ちを解き明かしていることを説く。特にレヴィナスの出席していた後者の講義において、ハイデガーはデカルト以降の独我論が孕む「根本的欠陥」を指摘し、「どの《孤立した自我》もそうしたものとしてすでに本質的に相互的共同（das Miteinander）であることを忘却している」（GA27, 119）と述べ、実存論的《独我論》との差別化をはかる。

こうした経緯をもつ『哲学入門』講義のなかでハイデガーは、「まさにこの性別関係が可能となる唯一の根拠は、現存在が形而上学的に中性であること（Neutralität）のうちで相互的共同によってすでに規定されていることである」（GA27, 146）と論じていた。「性の差異」に隔てられた自己他者間の「エロス」的超越に関する『実存者へ』からの本節最初の引用は（二五頁参照）、『哲学入門』講義のそのような言葉に関連している。ジェンダー論的に見れば一面的な議論だが、時代的制約もふまえ、本書ではレヴィナスとハイデガーの主張を確かめることに限定する。

ハイデガーの考えるところ、人間は事実、生物学的に男女のいずれか〈として〉日々の生活に没入している。しかし、「存在と時間」を根源的に問うためには、死への先駆的覚悟性によってそうした日常への「頽落」から「本来的実存」へと存在する仕方を転換し、このなかで現存在自身の存在意味である時間性にむきあわなければならない（SZ.§62.§65）。このような時間性にもとづいて存在了解を遂行する現存在は、自身が男女のいずれかであることの手前で、まずもって存在了解の場として開かれており、それゆえ形而上学的な中性を帯びている。相互的共同とはさまざまな情況世界における自己他者関係のことだが、或る情況世界において現存在と他なる現存在が男女のいずれかであることをふまえながら互いにかかわりうるのも、両者が共に存在了解の場として開かれているからである。こうして「性別関係」は現存在にとって副次的な事象となる。

以上のようにハイデガーは日常性の存在論的基底へとむかい、存在者の存在が時間性から了解される仕方を具体的に確かめていく。現存在が或る情況下で男性〈として〉女性である他者とかかわるさい、この他者の存在意味もまた時間性から了解される。他者への存在者的な超越も、或る情況世界への存在論的な超越を介して時間性が可能にしている。ハイデガー哲学にあって超越の根源に存しているのはあくまでも時間性なのである。

これに対して、レヴィナスはハイデガーとは逆の仕方で超越と時間の問題をとらえ直していく。つまり、自己と他者のあいだの超越関係が自己という場において時間の生起を可能にすると考える。このようにして解明が試みられる超越と時間の問題こそ、レヴィナスに固有の哲学的思考を特徴づけるライトモティーフなのである。このとき注目されたのは、自己が「性の差異」に隔てられた他者とのあいだで超越関係をむすぶ「エロス」という具体的現象であった。レヴィナスはプラトン『饗宴』のエロス論から啓発を受けつつ、この現象を分析した結果、自己と他者のエロス的関係が自己を閉塞的現在から解放し、時間的生に与かる存在者へと変様させると考えるに至る。レヴィナスにとって、人間の時間的生が成立するために不可欠なのは性的差異なのである。では、レヴィナスにおいてこの性的差異は時間の謎とどのように結びつくのか。次節では、この問題をとりあげる。

2　デカルトの形而上学から時間の倫理学へ

レヴィナスが『実存者へ』のなかで時間の成り立ちを探るさい、その念頭にあったのは、デカルトが「連続創造説」の理論的根拠として挙示する「時間の不連続性」であった[5]。デカルトは『省察および反論と答弁』（以下『省察』と略記）のなかで、「時間の本性に注意をむける者」（AT, VII, 48）には自明な事柄として次のように述べている。

……生涯の時間すべては無数の部分へと分割されることができ、そのいずれの部分も残りの部分にどんな仕方でも依存していないので、何らかの原因がいわばもう一度この瞬間に私を創造し保存するのでないかぎり、私が少し前に存在したことから、私が今存在しなければならないことは帰結しない[6]。

『省察』の時間概念から、レヴィナスがみずからの時間論にとりいれたのは、瞬間が私の存在とかかわる仕方である[7]。彼の考えるところ、現実化している今、つまり、「現在という比類なき瞬間」（EE, 130）は私の存在を意味づけるが、この現在的瞬間はそれと前後する瞬間と断絶している。それゆえ、閉塞した現在的瞬間によって意味づけられた私は孤独に存在する。こうした現在的瞬間について、レヴィナスは「それ自体から発していること（Être à partir de lui-même）」（EE, 125）および「はかなく消えること（évanescence）」（EE, 124）という働きを認める。それゆえ、現在的瞬間はみずから生成消滅することになる。[8]

こうした事態を説明するにあたって、レヴィナスは「始まりの逆説」（EE, 130f.）に注目し、これを「始まりの起点が跳ね返りとしての到達点のうちに含まれる」（EE, 131）ことだと言う。すなわち、或る瞬間の生成はそれに先行する別の瞬間によって開始されるのではなく、或る瞬間がその生成完了を到達点にしてみずから生成し始める。生成が始まることで消滅も始まり、生成が終わると消滅も終わるわけである。

とはいえ、デカルトの場合、被造物の生成は神による創造を意味し、また、被造物の消滅は「物質の観念」に「自己を保存する力という観念」が含まれていないことから導き出されていた。[9] 被造物は自身の実存を創造し維持できないという意味で無力である。かくして、「被造物の無力」および「時間の不連続性」は「連続創造説」を要請するに至る。これに対してレヴィナスはデカルトのこうした所論とは別様に、被造物の創造と消滅ではなく、現在的瞬間の生成と消滅を指摘している。この結果、『実存者へ』にあって被造物の無力は、私の孤独な存在を意味づける現在的瞬間によって補われることになる。私が現に存在することを意味づけるのは神ではなく、みずから生成消滅する現在的瞬間である。ここには、時間をめぐる問いへの一つの答えが隠されている。

現在的瞬間が生成と消滅という相反する機能をそなえていることに注目しよう。現在的瞬間がふくんでいるのは、互いに異なった機能としての生成と消滅が相即した差異化である。この差異化こそ、現在的瞬間を瞬間たらしめている。逆に言えば、この差異化なしでは現在的瞬間が或る種の永遠と化してしまう。この事情を探ることで連続的時間と現在的瞬間の関係が明らかになる。

レヴィナスは前期思想のなかで「イポスターズ（hypostase）」（EE, 107）という「個体化」概念を提示していたが、これが由来する「ヒュポスタシス」概念の意味を響かせながら、[10]大地へと身を置くことだとされる。イポスターズの結果、無名の存在者全体である「イリア（il y a）」へと「融即」して自己意識の境界が曖昧になった実存情況[11]から、自己意識が画定可能な生をいとなむ情況への転換が生じる。ここで問題は、私がイリアに融即して存在することを意味づける時間様相である。闇夜における「不眠」という現象の卓抜な分析が示すように（TA, 27）、眠ろうとすればするほど眠りが遠のく不眠の病的情況にあって、眠りという終わりの到来しない現在的瞬間は、同質的なまま極度に間延びして永遠と化してしまう。イリアへと融即した私の存在を意味づけるのは永続する現在であり、この現在において消滅という機能は休止している。裏返せば、現在的瞬間は生成だけでなく消滅も機能するときにはじめて、暗い永遠に陥ることなく瞬間たりうる（EE, pp.124-126）。それゆえ、「瞬間（instant）に本質的なのは、それが立ち止まること（*stance*）である」（EE, 133）。いわゆる「留まる今[12]（nunc stans）」を光にみちた神的永遠への通路とする哲学的思考とは違い（EE, 17）、レヴィナスの論じる現在的瞬間はその消滅によって永続せずに立ち止まる。こうしてまたたく現在的瞬間こそ、永遠とは異なった時間が成り立つために不可欠の契機なのである[13]。

しかしもちろん、現在的瞬間だけでは時間を生起させるに至らない。現在的瞬間が、それとは別の瞬間と結びつかなければならないからである。デカルトの場合、時間の不連続性が指摘されるにせよ、神の連続的創造によって私の生は或る種の連続性に与かる[14]。これに対してレヴィナスの場合、現在的瞬間はみずから生成消滅し、孤立していた。こうした現在的瞬間は、みずから脱現在化を遂行してそれとは「他なる瞬間」(EE, 160)へと変容することができない。連続的時間の成立に必要なのは、現在的瞬間とそれとは異なった瞬間との関係、つまり、それらのあいだで差異が生起する関係である。このように異なった瞬間との動的関係を私にもたらしてその孤独を解消する存在者、それが他者である。というのも、他者の存在を意味づけるのは他なる瞬間だからである。

こうした他なる瞬間は、私の存在を意味づける瞬間と決して重なることがない。重なる場合は、他者と私が合一した「われわれ」の存在を意味づける瞬間である。また、私の現在的瞬間から意味づけえない他者がすぐれて他者であるかぎり、その存在を意味づける他なる瞬間こそ、他者を他者たらしめる「絶対的他性」である(EE, 160)。ここにもう一つ、時間をめぐる問いへの答えがある。すなわち、レヴィナスの考えるところ、時間が私という場で生起するのは、私の現在的瞬間と決定的に隔たった他者の瞬間が、しかし、私の現在的瞬間とかかわるときである。一方で、現在的瞬間と他なる瞬間とが無関係であれば、そのあいだで差異が生じることもない。他方、これら二つの瞬間が関係するとき、両者は共に関係という第三項に等しく統べられ、その同等性に両者の差異は侵蝕される。とすると、現在的瞬間と他なる瞬間とのあいだで生起する差異化とは、両者が関係しつつも、しかし、両者の共通平面となる関係の同等性からはたえず逃れていく差異化のことである。この差異化が生起させた連続的時間のなかで孤立せずに生成消滅する現在的瞬間は、時間的生に与かる私のいわば「立ち止まりつつ流れる今」[15]となる。

以上のような連続的時間の成立を具体的に見てとりうる現象としてレヴィナスがとりあげたのは、エロス的な渇望を抱く男性の私が女性である他者へとむかう超越関係である(TA, pp.77-84)。もちろんこの議論に対しては、古くはシモーヌ・ド・ボーヴォワール『第二の性』、最近ではリュス・イリガライ『性的差異のエチカ』のなかでジェンダー論的な批判がむけられてきた。生物学的知見が深まり、また価値観の多様化した現代社会で顕在化しているように、エロス的関係は、ジェンダーと慣習的に結合した生物学的差異が隔てる自己他者間で独占されるものではない。それゆえ、私がエロス的な渇望をいだいて他者へとむかうのであれば、そうした生物学的差異に限定されることなく、エロス的関係によって時間が生起すると言いうるはずである。[16] いずれにせよ、他者に焦がれる私が何より求めているのは他者そのものであり、それは私の現在からは意味づけえない他者である。そうである以上、その全き他者と私がかかわりうるのは、逆説的にも、その他性に私が「接続不可能」（TA. 82）だからである。

他者に触れる私の手からその他性はすり抜け、他者と私の共通平面となるような関係の同等性からも逃れていく。しかし、それゆえにこそ他者への渇望に私は駆り立てられ、他者との関係がなおさらに求められる。このようにもどかしさのつのる体験の細部に折り畳まれているのは、他性の不在という仕方で未知なる他性が私に到来するという出来事である。端的な非知であれば問題にさえならないが、他性の場合、逃れるほどに私の渇望を増幅させる新しさとして、つまり、いまだ知られざる「未来」（TA. 69）として到来する。

これに対し、過去概念はレヴィナスの前期思想にあって現在との関係から簡単にふれられるにすぎない。「現在は過去を有しているが、それは回想という形式下での過去である」（TA. 32）。過去の回想は現在を刷新しない。現在に新しさをもたらすのは、到来する未来である。三つの時間様相に関する議論において未来の占める比重がこのように高いのも、レヴィナスがハイデガー解釈のなかで示した時間様相の相関形態を反映している。未来から現在への関係が生起するかぎりで過去はこの未来を通路に現在へと到来する以上、未来という時間様相がやはり重要なのである。こうして自己他者関係を通じて私の現在的瞬間と他性という未来が関係するときにはじめて、私は時間様相をそなえた連続的時間に与かって生きることになる。

他性とは他者の存在を意味づける他なる瞬間のことであった。エロスという限定された体験でありながらも、その襞をたどることでレヴィナスが見出したのは、他性が自己他者関係を介して私の現在的瞬間とかかわる仕方である。私という場における連続的時間の生起を条件づけているのは、他なる瞬間からその存在を意味づけられた他者と私とのあいだの超越関係である。したがって、ジェラール・ベラッシュが論じるように、そうした連続的時間は全き他者から私へと贈られると言える[17]。

しかしながら、こうした時間が成立可能であるのも、孤立した現在的瞬間がまずは私の存在を意味づけていたからである。この瞬間は、連続的時間が成り立つ手前でみずから生成消滅するがゆえに連続的時間の外部で生起しており、したがって連続的時間にとって〈不可能なもの〉である。このような瞬間は、時間的生を送る人間がみずから獲得することはできない。デリダの言い回しを模せば、人間に対しては「それが瞬間を与える[18]（Ça donné l'instant.）」。とはいえ、ここでの「それ」は、ハイデガー『ヒューマニズム書簡』に登場した"Es gibt das Sein.（それが存在を与える）"の「それ」（GA9, 334）、つまり、レヴィナスが『実存者へ』「第二版の序文」（一九七七年）でその「豊饒さや寛大さ」（EE,10）を指摘した「存在それ自体」（GA9, 334）ではない。瞬間はみずから生成消滅する以上、人間に瞬間を贈与する「それ」は瞬間そのものを指す。

瞬間が瞬間たりうるのは、瞬間の内部に限定された差異化が、つまり、生成消滅が働いているからであり、この差異化は私の連続的時間にとって〈不可能なもの〉であった。それゆえ、連続的時間から対象を了解する「表象的志向性」の主体である私に対して、差異化それ自体は現前することがなく、その私にとって〈不可能なもの〉である。だからこそ、現在的瞬間の差異化はそうした私に贈与されるしかない。また、他なる瞬間という他性は、私に贈られた現在的瞬間とは異なる瞬間のことであった。こういった他なる瞬間は、それら二つの瞬間を超えた外的視点から比較できない差異である以上、やはり、表象的志向性にとって〈不可能なもの〉である。他なる瞬間とのかかわりもまた他者から私にむけられた贈与なのである。

＊

以上、若きレヴィナスがハイデガーと出会う場面にまでさかのぼりつつ、レヴィナスのなかで超越の問題が自己他者関係論および時間論と有機的にからみあい、独自の哲学的思考が芽生えていくさまを確かめてきた。こうして形成されるレヴィナスの哲学的思考の独自性についてはなんら疑いはない。しかし、そうした哲学的思考をいとなむさいにつねに欠けることのなかったハイデガー批判は、そもそもどれほどの妥当性をもつのだろうか。われわれはハイデガー哲学それ自体の考察へとむかい、そうした妥当性を見定めるうえで尺度となる内在的なハイデガー解釈を獲得しなければならない。

たとえば、ジャン・グレシュはそのレヴィナス論「倫理学と存在論」のなかでミヒャエル・トイニッセン『他者――現在の社会的存在論研究』のレーヴィット論に触れつつ、ハイデガーとレーヴィットの関係に言及していた[19]。とはいえ、グレシュはハイデガーが超越概念にもとづいて他者の問題を解き明かしていたことを見逃しており、レヴィナスとハイデガーの交差情況を十分に把握しきれていない。

問題は、他者の不在というハイデガー批判が的をえたものなのか否か、である。次章では、ハイデガーとレーヴィットの哲学的交流に注目し、ハイデガー哲学における他者論の可能性を明らかにする。

第二章　ハイデガーのマールブルクへ

はじめに

ハイデガー哲学の全体像をとらえようとする試みにおいてつねに問題となるのは、やはり彼自身が『ヒューマニズム書簡』（一九四六年）のなかで記した「《存在と時間》から《時間と存在》への転回（Kehre）の思索」（GA9, 328）という言葉である。ハイデガーみずからが「一九三〇年」にその端緒を認めた「転回の思索」は（ebd.）、すでにハイデガーの第二主著『哲学への寄与（性起について）』を手にするわれわれにとって、その内実が見えやすいものになっている。それは思索の転回ではなく、「性起（Ereignis）における転回」（GA65, 407）をめぐる思索、つまり、「存在忘却」から「存在の守護」への転回をめぐる思索である。[1]

ハイデガーの思索がこのように深化するなか、その一九三〇年を境に人間と存在のあいだで超越の方向は逆転していく。『存在と時間』を中心とする思想圏にあっては人間から存在への超越が模索されていたのに対し、一九三〇年以降は存在から人間へのかかわりが問われたわけである。特に存在からのかかわりにおいて「脱-存（Ek-sistenz）」（GA9, 324）と呼ばれる実存は、「存在の開放性（Offenheit）」（GA9, 374）と表裏一体の関係をなしている。存在の開放性という表現は、ハイデガーが「《形而上学とは何か》への序論」（一九四九年）のなかで『存在と時間』の実存概念を説明して、「存在の開放性に開かれて立っている存在者の存在」（GA9, 374）と記していたところからの引用である。また、脱‐存は『ヒューマニズム書簡』のなか「存在の明るみ（Lichtung）のうちに立つこと」（GA9, 323）と説明され、それゆえつまり、存在の明るみと存在の開放性とは同義語としてもちいられている。『存在と時間』以来のこうした術語法をめぐる消息に鑑みれば、超越と開放性という概念に注目してハイデガーの思索を読み解く試みは、その全体を見わたす視座を形成するために不可欠であることがわかる。

では、有限的人間の超越に注目するハイデガーは開放性の問題をどのように論じていたのか。『存在と時間』を軸とした、ハイデガーからレヴィナスへの哲学的影響関係を見定めるようとする本書にとっても、焦眉の問いである。

「存在〈と〉時間」を問うハイデガーが論じるところ、「現存在は時間的なものとして脱自的に開放されて（offen）いる」（SZ, 386）。現存在がさまざまな存在者とかかわって存在する可能性に対して開かれているのも、「脱自態には、脱自（Außer-sich）によって与えられた固有の開放性（*Offenheit*）が属している」（GA24, 378）からである。この開放性を極限にまで高める単独化は、現存在が時間性の全体現象とむきあうことを可能にする。こうした単独化に導かれた実存論的《独我論》に対しては、『存在と時間』出版の直後から幾多の批判が重ねられていくが、それは主に他者の不在を指摘するものである。[2] しかしながら、そうした批判はハイデガーの思索を的確にとらえたうえでなされたものではないように思われる。本章では、実存論的《独我論》への批判が妥当性をもたないことを示すため、超越と開放性という観点から『存在と時間』における現存在と共同存在する他者との多様なかかわりを明らかにしたい。

1　ハイデガーとレーヴィットの交差

まず、超越概念と開放性概念の相関関係を確かめる。序章第1節で示したとおり、事物、道具、他者への存在者的超越の可能性の条件が存在論的超越であった。ハイデガーはこれらの超越が具体的に働く仕方を示すために開放性という概念を用意する。たとえば、日常における現存在と他者とのかかわりが可能になるのも、世界内存在という存在体制をそなえた現存在が他者に「対して開かれている」（GA24, 426）からであった。また、現存在は事物や道具などの存在者にも開かれて存在している。すなわち、諸々の存在者との具体的なかかわりである存在者的超越は、さまざまな存在者への開放性にもとづいて可能なのである（SZ, 163）。さらにハイデガーはこう述べている。

開放性はその現存在の存在に属している。現存在はその現（Da）である。その現において現存在がみずからに対して現存在し（da ist）、他者が共に現存在し、その現にむかって事物的存在者や用具的存在者が出会ってくる。（GA24, 426）

開放性については、わけても『根本問題』において、現存在が現存在以外の存在者の存在に対してだけでなく、みずからの存在に対しても開かれて存在することが明確にされる。開放性概念は、現存在から自己の実存への超越をもその射程のうちに収めているということになる。以上の確認から、存在論的超越および存在者的超越を包摂する諸超越概念と、存在論的および存在者的な開放性概念一般とは高い相関性を有していることがわかる。

本章では、こうした超越と開放性という概念に注目して『存在と時間』における自己他者関係の考察を試みるわけだが、このとき重要な手がかりを提供してくれるのが、ハイデガーとその高弟レーヴィットとの哲学的交流である。

さて、ハイデガーは実存論的《独我論》においてカントの良心論をとりあげていた。また、一九二七年四月の『存在と時間』出版直後から開始された『根本問題』講義の第一部第三章では、ふたたびカントの良心論の周辺を、つまり、カントの尊敬感情論を検討していた。同年十二月、レーヴィットはマールブルク大学へ『倫理的諸問題の現象学的基礎づけ(3)』を提出し、この教授資格論文が翌年に『共同する人間の役割における個人』(以下『個人』と略記)として出版される。ハイデガーの初期フライブルク講義『存在論(事実性の解釈学)』に提示されていた役割存在論を自家薬籠中のものとしていたレーヴィットが独自の一歩をふみ出したのは、その『個人』によってである。件《くだん》の役割存在論は、世の習いに埋没した行動のなかで現存在が匿名的な「世人(das Man)」と化すことを論じる文脈において(GA63, §6)、ハイデガーからこう語られていた。

> 現存在は自分自身について語り、みずからをしかじかだとみなすが、それは一つの仮面(*Maske*)にすぎない。この仮面は、現存在が自分自身に驚かないようにつけるものである。不安《を》阻止すること。このようにしかじかだとみなす能力は、事実的現存在が自分自身に出会われるさいの仮面、現存在がしかじ

かに《存在する》かのように思うさいの仮面なのである。公開的に解釈されていることのこうした仮面において、現存在は（仕事の）最高度の活動態としてあらわれる。（GA63, 32）

世人は世間で公開的に解釈されていることへと投げ出され、たとえば会社組織のなかでの役割という「仮面」と一体化して仕事をこなしている。このように、現存在は社会的日常において公開的に解釈されていた多様な役割のネットワークからみずからのそれを借り受け、自己了解を重ねていく。ハイデガーが上述の引用で考えていたのは、こうした役割存在論である。しかし、レーヴィットは役割存在論のさらなる根源に哲学的視線をむけ、『個人』のなかで「間柄（Verhältnis）」という概念を提示し（IRM, § 22）、ハイデガーがとりあげたカントの人格や尊敬といった重要概念、さらにはカントの義務論を間柄の観点から読み解いていく（cf. IRM, §§ 39-41）。この読み解きのなかでレーヴィットは、ハイデガーの実存論的《独我論》に対する批判をあからさまに展開することはないにせよ、ハイデガーとは異なったカント実践哲学の解釈を示し、人間存在の根源的共同性を主張することになる。

この教授資格論文に対し、主査の役をつとめたハイデガーは一九二八年二月に「所見」を記し、「著者レーヴィットには体系的な最終諸問題の解明にさいして分別のある抑制が課せられており、カント実践哲学の解釈は最終的な諸基礎にまでふみこんでいない(4)」と批評している。では、この「最終的な諸基礎」とは何であろうか。

超越概念こそ、その「最終的な諸基礎」である。

超越概念の存在論的な重要性に気づいたハイデガーは、『存在と時間』が出版された一九二七年の前後数年間、カント哲学の検討をみずからに課していた。『存在と時間』につづいて超越概念の本格的検討をおこなった『根本問題』のなかで、ハイデガーはこう述べている。「正しく理解された存在論的超越概念からはじめて生じるのは、カントにとって超越が哲学的問題構制の中心に移動し、それゆえ、みずからの哲学を超越論的哲学と特徴づけるときに、彼が根底において求めていたことの了解である」（GA24, 423）。ハイデガーの考えるところ、カントがこのようにして「根底において求めていた」のは、「存在論の可能性を問題とすること」（GA3, 16）であり、つまり、「存在了解に関する純粋理性の超越についてその本質を問うこと」（ebd.）である。このようなカント解釈を通じてハイデガーは、認識主観が対象へと超越し、実践主体が他者へと超越するとき、これらの存在者的超越を可能にする存在論的超越とは何か、これを問うていく。それゆえ、カント実践哲学の解釈の違いをめぐってハイデガーとレーヴィットが対話する場面で、ハイデガーに重んじられるのは超越概念である。

これに対し、『個人』で示されたカント実践哲学の間柄論的解釈は、実存論的《独我論》を骨法とするハイデガーが示したカント実践哲学の解釈に対する異論、他者との相互的共同存在を中心にすえる立場からの異論である。このときレーヴィットが重視するのは、やはり共同存在する他者である。

ハイデガーとレーヴィットの哲学的交流において焦点となっていたのは、超越と他者という問題であった。

2　レーヴィットの間柄論とその基底

ハイデガーは『存在と時間』でカントのいわゆる「良心の法廷」を独自に解釈し、みずからの良心論を「現存在は呼びかける者であると同時に呼びかけられる者であるという命題」（SZ, 277）として展開していた。つまり、不安にうち沈む現存在が日常にまぎれた世人としての自己に対して「良心の呼び声」（SZ,§56）を送ることで、現存在の実存的本来化が始まる。これに対してカント自身は『人倫の形而上学』において、「人間が、みずから自身を裁く生得的裁判官として、みずから自身に対して課す義務について」（VI, 437）という節で、「人間における内的法廷の意識は……良心である」（VI, 438）と述べていた。この内容を具体的に言えば、良心の呼び声が内的法廷を開き、裁きにより義務を課す理性的自己とそれを課される感性的自己という自己の二重化を介して、自己の道徳的本来化が進行する。義務をめぐる自己のこうした二重化には、自己立法された「道徳法則」への「尊敬感情」に付随する快と不快の対立的感覚の動きが対応しており（『実践理性批判』V, 80f.）、それゆえ、義務をめぐって開かれる良心の法廷の進行と尊敬感情の動きは相即した形で考えられている。

良心や尊敬をめぐるカントのこの考察をハイデガーは実存論的に解釈し、実存論的《独我論》や彼自身の尊敬感情論を示したわけだが、レーヴィットはこれらと競うかのように、『個人』でカントのその考察を間柄という視点から解釈していく（IRM,§40,§41）。

『個人』によると、たとえば父は子あっての父であり、子は父あっての子ならば、この両者にはそれぞれのイニシアティヴの及ばない関係性が先行的に成り立っている。しかも、それらは父一般や子一般といったものではなく、他の誰か「とは異なる（anders als）」、この父やこの子〈として〉出会われる（IRM,§9）。このように〈として〉で分割される役割を担う自己と他者が「相互再帰的に（korreflexiv）」規定しあうことそのもの、つまり、役割的自己と役割的他者から自立した関係性が間柄である（IRM,§22）。

レーヴィットはこの間柄という観点から、カント実践哲学のなかに自己他者関係の第一次的な相互性を見出そうとする。すなわち、人格的自己と人格的他者が相互再帰的に「目的それ自体」として尊敬しあうときに「相互承認」という形で間柄が発現し（IRM, § 40）、この間柄は、人格的自己と人格的他者とのそれぞれに対する義務が相互的な仕方で成り立つ条件となる。カント自身は義務の基本類型として「自己や他者への義務、完全義務と不完全義務」（『人倫の形而上学の基礎づけ』IV, 421）を挙げているが、たとえば「自己の完全性」を促進する自己への義務も、「他者の幸福」を促進する他者への義務も共に「同時に義務である目的」であって（『人倫の形而上学』VI, 385）、両者に優劣関係はない。それゆえ、レーヴィットのように目的それ自体としての人格的他者への尊敬と義務に注目し、カント義務論を間人格論へと開き、この義務を介した役割的存在者たちの相互関係を明らかにして役割存在論に接続していくことも可能であろう。

日常性の解釈学においてハイデガーは、現存在が事物や道具や他者と有意味にかかわる仕方を示していたが、なかでも、人格や役割といった存在意味をもつ他者とかかわる仕方を詳細に分節したものが、レーヴィットのそうした間人格論および役割存在論だと言える。間人格的関係および役割関係のからみあった自己他者関係において、自己と他者はそれぞれ、役割および役割の帰属する人格という存在意味をもち、これらの存在意味を成り立たせる間柄は、実践的現存在のさまざまな存在意味が相互連関して全体化した地平なのである。

このように読み解きうる間柄論的なカント解釈に対し、ハイデガーも「人間の根源的な相互的共同存在」の存在論的な豊かさを示すものとして評価している。[5] しかしながら、人間の根源的な共同相互存在を規定する間柄論も、ハイデガーから見れば、人格と役割にかかわる二つの存在者的超越が融合した形態を論じているにすぎない。彼にとって問題であったのは、役割の帰属する人格的な自己および他者の具体的関係である存在者的超越ではなく、これを可能にする存在論的超越である。われわれは、この存在論的超越がカント実践哲学を解釈するさいに「最終的な諸基礎」として働く仕方を『カント書』のうちに確認できる。

ハイデガーは『カント書』にあって、内在的カント解釈ではなく、存在論的カント解釈を展開していたが、そこでは現存在が存在者とかかわる経験の可能性の地平を先行形成する働きは「超越論的構想力」に認められていた（GA3,§26）。それは、経験を成り立たせる感性と悟性という「二つの幹」が「共通の根」として超越論的構想力を有しているからである（GA3,§27）。とりわけ実践的経験がなされる場面で超越論的構想力は「実践理性」と関係するが、その関係は『カント書』第三十節「超越論的構想力と実践理性」において次のように論じられる。

みずからを服従させながら……へと直接的に没入することは純粋受容性である。しかし、自由に法則をみずからへと先行的に与えることは純粋自発性である。純粋受容性と純粋自発性という両者はそれ自体で根源的に一つである。（GA3, 159）

ハイデガーの解釈するところ、義務のような道徳的行為が意味づけられる地平として道徳法則を先行企投するのが「純粋自発性」であり、その道徳法則の先行企投を可能にする道徳法則への先行被投は「純粋受容性」である。実践的現存在は道徳法則を先行企投しながら、その道徳法則によって全体的に意味づけられた行為世界のなかで個々の義務をなす仕方で存在している。実践をめぐるこのような事態が超越という観点から明らかになる。

「超越とはみずからを或る世界から了解することを意味する」（GA24, 422）。したがって、実践的現存在の超越は行為世界からみずからを了解することである。とすると、たとえば養育にまつわる人格的関係にあっては、或る現存在が母親〈として〉子どもを養育する義務を果たすとき、つまり、母親が子への義務をなす形で子への存在者的超越を実現するとき、この義務は行為世界への超越にもとづいて意味づけられている。この超越を可能にするのが時間の脱自的性格であって、超越と時間のこの関係を具体的に分節する能力としてハイデガーは超越論的構想力に注目し、超越論的構想力が「超越論的図式」によって「ア・プリオリに超越を形成する」と言う（GA3, 105）。それも、超越論的構想力による「三重の綜合」が将来・既在性・現持という脱自態を統一的に連関させ（GA3, § 33）、情況世界内における存在者の存在了解を可能にするがゆえである。だからたとえば、母親〈として〉ふるまう現存在が子への義務という必然的行為の可能性へとみずからを企投する場合、その行為可能性は、超越論的構想力が形成した存在論的超越の地平から意味づけられる。

具体的にこの時間的構造を確かめよう。

現存在はさまざまな役割が網目となって組織された日常世界のなかで、家庭にもどれば、母親〈として〉ふるまい、子どもという他者とかかわり合う。現存在は家庭という情況世界のなかで母親〈として〉みずから存在する可能性を「現持」するために、この存在可能性へと自身を企投する。こうしてその存在可能性を「将来」させうるのも、すでに習得された家庭生活の行動規範を潜在的に反復する「既在性」によって、その存在可能性があらかじめ規定されていたからである。このように母親〈として〉子育てを行なう現存在は、他者が子ども〈として〉養育される可能性を「現持」するさい、その可能性を「将来」させて自身をそこに企投しているが、こうして子どもが養育される存在可能性も、世話すべき子どもへと分節されていく人格性を反復する「既在性」からあらかじめ制約されている。

このように世界内における現存在と諸存在者とのかかわりを時間的に分節する超越論的構想力という観点から、間柄としての自己他者関係の具体例をなす義務と超越との相関関係を照らし出すとき、レーヴィットが提示した間柄論の基底はカント解釈の最終基礎たる存在論的超越概念であることが判明する。したがって、レーヴィットによる間柄論的なカント実践哲学の解釈は、ハイデガーによる日常性の解釈学とカント解釈のうちに含意されている。そうである以上、日常性の解釈学の一部をなす間柄論によって実存論的《独我論》への批判を目論んだとしても、そうした企ては空振りに終わってしまう。

「環境世界（Umwelt）」ではなく「共同世界（Mitwelt）」こそ、現存在によって第一次的に出会われる世界であることをレーヴィットが指摘した点はもちろん評価すべきである（IRM,§5）。しかし、その指摘によって実存論的《独我論》批判を成功に導くことはできない。

3　カント実践哲学のハイデガー的解釈

レーヴィットは、ハイデガーが立ち入ることのなかったカントの義務論（cf. GA24, 189）に対して詳細な現象学的分析を施したが、この分析はまた、日常性の解釈学に可能性としてふくまれているものであった。とはいえ、自己他者関係の相互的共同性よりも、他者とのかかわりのなかに折り畳まれた「自己のもとに存在すること（bei-sich-Sein）」という契機を重視するハイデガーならば、たとえカントの義務論を解釈したとしても、レーヴィットのように間柄論的方向へと開いていくようには思われない（cf. GA24, 192）。このような問題状況を前にして、われわれはハイデガーによるカント義務論の解釈可能性を問う必要に迫られる。もちろん、ハイデガーは哲学者としての生涯のなかで、いわゆる「倫理学」を語り出すことはなかった[6]。また、行為という表現は「広くとらえられて能動性が抵抗の受動性をも包括してしまう」ので（SZ, 300）、ハイデガー自身はこの表現を積極的にもちいていない。しかしながら、『存在と時間』の行為論について興味深い考察を提示するC・F・ゲートマンは、「道徳的な負い目の可能性の条件としての〝存在論的な〟負い目というテーゼ[7]」からハイデガーの義務論を導き出していた。それゆえ、ハイデガー哲学からカント義務論の解釈可能性を読みとる作業は、無謀な試みというわけではない。本節では、カント実践哲学に立ち帰りつつ、ハイデガーの開放性概念と「自己のもとに存在すること」という概念を手がかりにカント義務論の実存論的解釈を試みたい。

さてカントは、「私が他者に対して義務づけられていると認めるのは、私が同時に自分自身に対して義務づけられているかぎりにおいてのみである」（『人倫の形而上学』VI, 417）と述べていた。『人倫の形而上学』との連続性がさしあたり確認されている彼の講義記録『コリンズ道徳哲学』の「みずから自身に対する諸義務について」という節を参考にしてこの発言の意味を探れば[8]、自分自身への義務を履行し、みずからの人格的価値である「尊厳」を保つことは、他者への義務を果たす可能性の「条件」である、ということになる（XXVII-1, 340ff.）。この意味で、カントは他者への義務に対する自己への義務の超越論性を認めていたと言える[9]。ハイデガーならば、自己への義務の超越論性を認めるカント義務論のうちに、他者との義務的かかわりの開示には自己への義務的かかわりの開示が折り畳まれていることを見出すはずである。

カントによれば、有限者である人間は「感性的存在者」であると同時に「理性的存在者」であった（『人倫の形而上学』VI, 418）。それゆえ、人間は「現象界」において「傾向性」と「道徳法則」の相克に直面するが、理性的存在者として「目的の国」という「叡知界」への超出を「要請」しえた（『人倫の形而上学の基礎づけ』IV, 438f.）。しかし、ハイデガーはこれを解釈し、次のように述べている。

目的の国は諸人格の相互的共同存在そのもの、諸人格の交わりそのものであり、それゆえ自由の国である。これはみずからのもとに実存する諸人格の国である。（GA24, 197）

ハイデガーは、現象界だけでなく叡知界において人間が存在する仕方をも、叡知的理念ではない一つの実存態としてとらえている[10]。もちろん、カント自身は「純粋な義務にもとづいて行為する心術について、確実な例を一切挙げることができない」（『人倫の形而上学の基礎づけ』IV, 406）と言い、「目的の国」の非日常性、超越性を指摘していた。これに対して、ハイデガーは一九三〇年夏学期講義『人間的自由の本質について――哲学入門』のなかで、道徳法則を「啓蒙時代」の「イデオロギー」とみなし（GA31, 287）、そのア・プリオリな普遍性を認めてはいない。とはいえ、道徳法則に従って行為する人間の存在する仕方は、慣習を打破するような形式的命法を先行企投し、そこからみずからの行為可能性を意味づけていく革新的な実存態なのである。

また、カントにそくして言えば、「義務は法則に対する尊敬にもとづく行為の必然性である」（『人倫の形而上学の基礎づけ』IV, 400）はずであった。そうである以上、カントの義務論を行為可能性という観点から考察することは、一方ではやはり矛盾して見える。しかし他方、ハイデガーに従って考えれば、有限的人間は行為の失敗なき成功を約束されているわけではないから、行為の場面でその必然性ではなくその可能性へとみずからを企投している。そうだとすると、実践的現存在は義務という必然的行為の可能性へとみずからを企投すると考えればよいわけである。

カントが他者への義務に対する自己への義務の超越論性を認めるのは、自己への義務の履行が他者への義務を果たす可能性の条件だからであった。この事態は、他者への義務の開示が、その義務の遂行条件として、同時に共に自己への義務を開示することを意味している。この遂行条件を次のように実存論的に解釈することができる。すなわち、自己への義務を十全に果たすなかでみずからの尊厳を保つ自己は、道徳的本来性を帯びて「ホモ・ヌーメノン（＝叡知人、Homo noumenon）」〈として〉存在し（『人倫の形而上学』VI, 418）、このときはじめてホモ・ヌーメノンとしての他者に開かれて自己が存在する可能性を発見し、他者への義務を果たす可能性をすぐれて自分のものにする。義務の場面において行為的自己が自己のもとに存在するとき、他者に開かれて存在する可能性も自己にとってより明確になる。

カント義務論のこのような実存論的構造は、現存在と共同存在する他者とのかかわりをめぐる開放性概念を基礎とする。つまり、他者に対する自己の開放性は、その基底に自己に対する自己の開放性をもつ。他者に対する自己の開放性がさまざまに変容することに応じて、他者への義務が自己に強制されることの可能性もまた、その地平を変化させる。自己への義務は他者への義務に対して超越論性を有するので、他者への義務を強制する可能性の地平がもつ広がりは、自己への義務を強制する可能性の地平がもつ広がりに制約される。具体的に言えば、自己自身に対する自己の義務も、自己に対する自己の開放性の変容に応じて、その強制可能性の地平を伸縮させるから、他者への義務のこうした強制可能性は結局のところ、自己への義務の強制可能性のあり方に条件づけられている。これがカント義務論のハイデガー的解釈であり、この解釈もまた共同存在する他者とのかかわりをそなえており、他者の不在という批判はあたらないと言える。

4　実存論的《独我論》における他者

わずかな所見のなかにハイデガーがこめた意味を手がかりに、われわれはハイデガーとレーヴィットのあいだでなされた哲学的交流とハイデガーの超越論的哲学が内蔵する他者論の可能性とを確かめてきた。ハイデガーの思索に対して透徹した理解をもつ高弟レーヴィットだから、彼も所見の意味を確認できていたように思われる。実際のところ、レーヴィットは『個人』の出版（一九二八年）から間もない一九三〇年に、今度は間柄論を介してではなく、実存論的《独我論》をふくむ『存在と時間』の「本来性分析」に対する直接の検討を通じて、実存論的《独我論》への違和感を語り出している。これは、その年に発表された論文「現象学的存在論とプロテスタント神学」で示されたものだが、そこでレーヴィットはキリスト教倫理の中核にある「隣人愛」に言及する。もちろん、単独化した現存在の本来性を語るハイデガーに対して隣人愛を抱くキリスト者の本来性を主張し、単独化に隣人愛を素朴に対抗させているわけではない。むしろ、そういう主張をキリスト教神学の立場から提示するケップやクルマンといった人びとの、ハイデガー哲学に対する誤解を指摘し、実存論的《独我論》や「気遣い（Sorge）」概念の含意を説明する。[11]そのうえでなお、レーヴィットは『存在と時間』の先駆的覚悟性を「自分自身へとむかうが（先駆的覚悟性と同様に原理的かつ存在論的に選ばれてもよいはずの〈隣人愛〉へとむかうようなものではない）[12]」と述べ、実存論的《独我論》への不信をもらす。

しかしながら、実存論的《独我論》にあって他者は本当に不在なのであろうか。実存論的《独我論》という哲学遂行態勢は、他者とのかかわりを一切断つのであろうか。

実存論的《独我論》はそもそも、独我論という語を囲う二重山括弧が示すとおり、「存在〈と〉時間」を問うために採用された哲学遂行態勢であって、私のなかに世界がある「独我論」を意味するのではない（GA27, 146）。とすると、先駆的覚悟性によって単独化した現存在が他者とかかわる可能性は、実存論的《独我論》から排除されているわけではない。その可能性を検討することこそ、実存論的《独我論》に対する他者の不在という批判が誤りであること示すために必要であろう。ハイデガーは実存論的《独我論》のなかでこう論じていた。

> みずから自身への覚悟性は現存在をはじめて或る可能性へと連れ出すのだが、その可能性とは、共同存在する他者たちを彼らにもっとも固有な存在可能において《存在》せしめ、この存在可能を先導的で解放的な顧慮（die vorspringend-befreiende Fürsorge）において共開示する可能性である。覚悟する現存在は他者たちの《良心》になりうる。覚悟性という、自己が本来的に存在することに、とりわけ本来的な相互的共同（das eigentliche Miteinander）は由来する。（SZ, 298）

実存論的《独我論》を導く覚悟性は、しかし、他者と共に存在することをも規定するとハイデガーは言う。矛盾するかに見えるこの発言の意味を開放性概念にもとづいて解きほぐす必要がある。

さまざまな存在者に対して開かれて存在する現存在は、そうした存在者の存在意味があみこまれた世界のうちで時間性にもとづいて存在了解を遂行する場であった。このような存在体制をそなえた現存在の存在意味である時間性の全体現象をみずからへと開示すること、そのために要請されたのが単独化である。現存在はこの単独化によって、事物、道具、他者などとのかかわりに没入することなく、存在了解の場を開く時間性という存在意味にむきあい、みずからの存在に対する開放性を極限にまで高める。「存在〈と〉時間」の〈と〉を問うことが問題構制の中心であるハイデガーにとって、現存在の存在に対する開放性を単独化によって高めることは、存在了解の成り立ちを見定めるための最良の方法となる。しかし、このような単独化は、事物、道具、他者などの現実存在を消去していくことではない。それは、これら存在者の多様な存在が意味づけられる源泉へとむかい、究極的意味源泉としての「存在〈と〉時間」の豊饒さを現存在自身に開示することなのである。

現存在の自己性もまた、先駆的覚悟性の単独化による自己開示から明らかにされていく（cf. SZ, 322-331）。すなわち、現存在は時間性が脱自的にみずから時熟する場であることが開示されるとき、自己性は「自身から出て……へとむかい、自身へと帰る」（GA3, 191）脱自的超越の運動において生起していることが判明する。「現存在の存在の超越は、そこにもっとも根源的な個体化（*Individuation*）の可能性と必然性が存しているかぎり、際立ったものである」（SZ, 38）。ハイデガーの超越論的哲学にあっては現存在の自己性さえ、自己概念と他者概念の必然的相関性からではなく、根源的時間性の脱自的性格から導出されるのであり、『カント書』ではさらに「時間は純粋自己触発として根源的に有限な自己性を形成する」（GA3, 190）と指摘される。これに対し、レーヴィットは『個人』において若きヘーゲルの『キリスト教の精神とその運命』をとりあげ、大成したヘーゲルの『大論理学』における「差異（Unterschied）」概念を見すえつつ[13]、自己は他者なしに成り立たず、他者は自己なしに成り立たない相関性を「愛」の観点から説いている（IRM, § 41）。自己性をめぐる論じ方のこの相違にこそ、ハイデガーとレーヴィットがすれ違う最大の原因がある。もちろん、こうしたヘーゲル解釈にもとづくハイデガー批判というレーヴィットのアプローチは、ロバート・B・ブランダムがハイデガーとヘーゲルの現象学を全体論的プラグマティズムの観点から読み解く試みを提示して以来、日常性の解釈学をヘーゲル的に大きく豊饒化する可能性を秘めている。[14] ただし、ハイデガーから見れば、それはやはり日常性の解釈学という次元の問題となる。

先駆的覚悟性による実存的本来化が十全に遂行されるならば、現存在はみずからの存在への開放性を十全なものにするはずだが、この実存的開放性は『存在と時間』を著した時期のハイデガーにとって根源的なものである以上、「存在〈と〉時間」の根源的連関に開かれて存在する本来的自己は他者に対しても十全に開かれ、その結果、本来的な他者と共同存在する条件を手に入れる。というのも、他者の存在を意味づけるのが時間性であるかぎり、本来的他者の存在も、「瞬視」が際立つ仕方で時熟する時間性にもとづいて了解されるからである。ハイデガーはこう述べている。

> 瞬視は覚悟して実存することの様態であり、その様態において現存在は世界内存在としてみずからの世界を眼差しのうちに収め、とどめておく。さてしかし、現存在は世界内存在として、同時に他の現存在との共同存在であるから、実存する本来的な相互的共同存在もまた第一次的に単独化の覚悟性から規定されなければならない。覚悟する単独化からはじめて、そのなかではじめて、現存在は汝に対して本来的に自由であり、開放されている。
>
> （GA24, 407f.）

瞬視にあって非本来性を打開して本来化した現存在と他者とのかかわりを案内するのが「先導的で解放的な

顧慮」であった。レーヴィットも『個人』の第二十一節において、この先導的解放的顧慮に関するかなり的確な理解を示している。しかし、“freigeben”（SZ, 122）という一語の解釈から平凡な自由論を導き出し、ハイデガーが考える現存在の存在論的自由概念をとらえきれず[15]、最終的に先導的で解放的な顧慮を誤解してしまう。もっとも、先導的で解放的な顧慮の具体的内実は『存在と時間』においても十分に示されておらず、その理解が難しいことも確かである。それゆえ、「存在」について哲学することの「形式的告示」を重視する（GA61, SS.56-61）、初期フライブルク講義『アリストテレスに関する現象学的諸解釈』の流れをくんだ一九二九／三〇年冬学期講義『形而上学の根本諸概念』第七十節に手がかりを求めよう。

ハイデガーはそこで『存在と時間』の構えを自己解釈しつつ、その聞き手に「存在への問い」をみずから引き受けて、自身に固有な存在意味に対する開放存在へと実存的に変容することを要請していた。この要請こそが他者に対する先導的で解放的な顧慮である。「存在〈と〉時間」を問うハイデガーにとっての本来的な他者とはやはり、「存在〈と〉時間」への問いを自分自身の問いとして引き受けている他者である。非本来性を打開していない他者にその問いの引き受けを求めるためには、そのように求める自己自身がまずはみずからに固有の存在意味に対して開放されていなければならない。自己自身が単独化によってみずからの存在意味に対して開かれているならば、先導的解放的顧慮によって、他者の実存的本来化を導くことができ、ひいては、単独化した自己が、しかし、単独化した他者と共同存在することが可能になる。つまり、「存在〈と〉時間」を問うてみずからの存在意味に対して開かれ、存在了解の場が「現（Da）」に生起することの自己性にむきあう現存在同士こそが、瞬視において共に存在する。これが、実存論的《独我論》を導く先駆的覚悟性は、他者と共に存在することをも規定するというさきほどの引用の意味である。

実存論的《独我論》には他者が不在なのではなく、共同存在する他者とのかかわりが現存在の存在開放性の高まりに相即した仕方で考えられているわけである。

5　カント解釈と他者論をめぐる情況

ハイデガー哲学にあっては、一九三〇年を境にして人間と存在とのあいだの超越関係の方向が逆転する。本章第二章第4節で確認したとおり、開放性という概念はそうしたハイデガー哲学の全体をつらぬくものであった。それゆえ、「転回をめぐる思索」以降における現存在と共同存在する他者との関係、換言すれば、存在そのものに応答する「死すべき者ども（die Sterblichen）」（GA10, 188, TK, 47）のかかわりを存在開放性の観点から解き明かす試みが、これ以降、本章につづいてなされることも可能である。。

とはいえ、ハイデガーとレヴィナスのあいだで〈超越の倫理〉を照らし出すことを課題とする本書は、つづく第三章「ホモ・ヌーメノンの実存感情」および第四章「道徳的人格性と物在性の交差」において、ハイデガーによるカント実践哲学の解釈をいっそう詳しく検討したい。というのも、『存在と時間』を中心とした思想圏における他者論のさらなる可能性を物在性の観点から描き出すことで、他者へと超越していく有限的人間のエートスを徹底解明できるからである。

このような解明のために、本章を閉じるにあたり、ハイデガーによるカント実践哲学の諸解釈と他者論を時系列の順に整理しておく。①から⑨までの番号は、本節最後の年譜に対応したものである。

ハイデガーがカント解釈をまとまった形ではじめて提示したのは、若きアレントも出席した一九二五／二六年冬学期講義『論理学——真性への問い』であった[16]。この講義以降、カント『純粋理性批判』（以下『第一批判』と略記）に関する解釈の背後で、カント実践哲学の諸解釈が静かに積み重ねられていく。しかし、この諸解釈はそのときどきのハイデガーが見せる思索の揺らぎを反映しており、それゆえ、いくつかのテーマへと分散していくこととなる。

まず①『論理学』講義では、カントの「目的それ自体」という概念にそなわる存在論的なポテンシャルが評価され、自己や他者への「気遣い（Sorge）」という構造がとらえられていたと指摘される（GA21, §17）。これを受けて②『存在と時間』では、良心論や自由論が本来性分析のなかで重要な位置を占める一方、「人格性」や「自由にもとづく因果性」といった概念への細かな言及もちりばめられている。③『根本問題』講義では、そうした言及から一歩すすみ、人格性や因果性の問題が物在性の観点からまとまった形で論じられる。後者はのちに一九三〇年夏学期講義『人間的自由の本質について』のなかで詳細な検討をほどこされる。

こうした『根本問題』講義に後続する『カント純粋理性批判の現象学的解釈』講義が行なわれた一九二七／二八年冬学期中には、レーヴィットがその十二月にカント実践哲学の解釈をふくむ④教授資格論文（のちの『個人』）を提出していた。ハイデガーはこの教授資格論文に対して、⑤所見を記し、彼自身の超越論的哲学に関する理解が不十分であることを示唆する。こうした二人の哲学的交流において、カント実践哲学の解釈と他者論がいっそう融合していく。わけても超越と他者という問題に関しては、ハイデガーがマールブルク大学で最後に行なった、⑥『始元根拠』講義と、フライブルク大学教授として最初に行なった、⑦『哲学入門』講義で興味深い考察が提示されている。

カント解釈と他者論がこのように交錯しつつ進展するなかで、ハイデガーは一九二九年三月にダヴォスでエルンスト・カッシーラーとカント哲学をめぐって互いの解釈を提示しあい、この⑧「ダヴォス討論」を受けて同年七月に、⑨『カント書』を刊行する。当然、これら二つのなかでもカント実践哲学の解釈が試みられているが、特に『カント書』では、尊敬感情による自己開示を手がかりに実践理性と超越論的構想力の関係が指摘される。次章では『カント書』のこうした指摘をとりあげつつ、カント実践哲学の諸解釈が分布する様子を明確にしたい。

年譜

① 一九二五／二六年冬学期、アレントが受講したマールブルク講義『論理学』（ハイデガー）
② 一九二七年四月、『存在と時間』を刊行（ハイデガー）
③ 一九二七年夏学期、マールブルク講義『根本問題』（ハイデガー）
④ 一九二七年十二月、マールブルク大学へ教授資格論文『倫理的諸問題の現象学的基礎づけ』を提出（レーヴィット）
⑤ 一九二八年二月、レーヴィットの教授資格論文への所見（ハイデガー）
⑥ 一九二八年夏学期、マールブルク講義『始元根拠』（ハイデガー）
⑦ 一九二八／二九年冬学期、レヴィナスが受講したフライブルク講義『哲学入門』（ハイデガー）
⑧ 一九二九年三月、レヴィナスも聴衆の一人であったダヴォス討論（ハイデガーとカッシーラー）
⑨ 一九二九年七月、『カント書』を刊行（ハイデガー）

II

役割としての人間——ハイデガーのカント解釈にそくして

第三章　ホモ・ヌーメノンの実存感情

はじめに

ハイデガーによるカント実践哲学の諸解釈にあって「尊敬感情」の現象学的分析は良心論や自由論の影に隠れ、実際のところ、とりたてて目立つところのない議論の一つである。とはいえ、われわれが「日常性の解釈学」の射程を見定めようとするとき、その尊敬感情論は注目すべき「現象学的行為論」を見えやすくしてくれる。

彼のカント実践哲学解釈に関する研究状況をふりかえれば、良心論や自由論に定位した論考がほとんどである。たとえばハイデガーの自由論について大著をものしたギュンター・フィガールも「尊敬」概念には軽く言及するだけで、その内実を示すことはない。しかし彼は、ハイデガーのカント実践哲学解釈における尊敬感情論の位置価を、消極的とはいえ、的確に示している。(1) まずはこの内実について確認し、本章の目的を明確にしておく。

カントは道徳的行為の原因を考えるさいに「善意志」(『人倫の形而上学の基礎づけ』IV, 393) と尊敬とを区別している。道徳法則を表象する善意志は道徳的行為の客観的原因とされるのに対し、道徳法則によって引き起こされる尊敬は主観的原因とされる（cf. IV, 400f.）。フィガールはこの区別をふまえ、『存在と時間』の本来性分析における「覚悟性（Entschlossenheit）」概念はカントの尊敬概念ではなく、善意志概念と結びつくことを強調する。したがってハイデガーの尊敬感情論は、現存在に「全体性」を招く「死への先駆」と、「本来性」を招く「良心の呼び声」とが二契機をなす覚悟性について論じる本来性分析（SZ, §62）と同様の位置価をもたない。われわれはフィガールのこの判断に同意し、またその正しさを確かめつつ、彼がその内実を示すことなく終わったハイデガーの尊敬感情論について、『根本問題』と『カント書』を手がかりに、その具体的な成り立ちを考察する。

この考察の観点は現象学的なパトス論と行為論の二つである。ハイデガーは現存在の実存論的構造を開示するパトスを「情態性」概念として規定したが[2]、尊敬感情もその一つだとされる。尊敬はまた、カント実践哲学において行為の動機とされるから、尊敬感情論は必然的に現象学的行為論をふくみこむことになる。ここから判明するのは、ハイデガーは『存在と時間』の良心論から一歩退き、あらためてカントの良心論の周辺を歩み直すことで、ハイデガー独自の尊敬感情論を成立させていることである[3]。

こうした歩み直しの問題は、尊敬感情論は『存在と時間』の良心論からどのように差異化されたのか、という問いに換言できる。この問いに答えるために、本章第1節でハイデガーの尊敬感情論を成り立たせる二つのパトス論を確認し、第2節の準備とする。それらはカント自身の尊敬感情論と、日常的パトスの構造を示した『存在と時間』の情態性論とである。次に第2節では、『根本問題』における尊敬感情の存在論的な開示性を吟味し、この存在論的な開示性によってあらわになる自己の諸相を見届ける。つづいて第3節では『根本問題』および『カント書』の尊敬感情論と、『存在と時間』の不安における良心の考察とがそれぞれカント自身の良心論に対していかなる対応関係を保持しているのか、を確かめる。以上をふまえて最後に第4節では、ハイデガーの尊敬感情論中に提示された実践的現存在の実存態は、『存在と時間』においてすでに論じられた本来的もしくは非本来的な実存態とは異なる独自の内実を有していることを指摘する。この結果、『根本問題』および『カント書』におけるカント実践哲学の解釈は、日常性の解釈学の新たな可能性として立ちあらわれていることが判明するはずである。

1　尊敬感情論の周辺

カント批判哲学はその要諦の一つに、人間能力における広義の理性的な自発性と感性的な受容性という区分をもつ。この区分はもちろんカント実践哲学にも反映し、「主体にとって規則（習慣）としてもちいられる感性的欲望」である「傾向性」と（『人間学』VII, 265）、道徳法則を定立する自由な「実践理性」とが対置される。人間は感性をもつがゆえに「有限な理性的存在者」である。しかし、こうしたカント哲学の基本内容をめぐってハイデガーとカッシーラーは、一九二九年の春、レヴィナスも聴衆の一人として同席していたダヴォス討論において互いの意見を交わしている。カッシーラーのそれは次のようなものであった。

重要なのは叡知界への移行である。この叡知界は倫理的な事柄にあてはまり、この倫理的な事柄においては、認識する存在者の有限性に対してもはや相対的ではない地点、いまやそこに絶対的なものが定立されるところの地点に到達する。

（GA3, Davoser Disputation, 276）

カント実践哲学においては最終的に、人間が理性を純粋に実践的な仕方で使用するとき、感性的有限から理性的無限への超出を要請しうる、と考えられていた。この点に関するカッシーラーの発言に応じてハイデガーが答えるところでは、神は「根源的直観（intuitus originarius）」（GA3, 24）によって存在者を創造できるのに対し、人間は認識の次元であろうと実践の次元であろうと、他なる存在者を経験するためには存在了解を必要とし、このような必要性が人間の有限性を示しているとされる（GA3, Davoser Disputation, 278, vgl. GA3, § 41, § 42）。というのも、神ではない有限的人間だからこそ、永遠ではなく時間にもとづいて存在了解を遂行するとハイデガーは考えていたからである。時間という大地に根差す「超越論的構想力」を「共通の根」にして、自発性と受容性という「二つの幹」が人間的経験を可能にしている（GA3, Davoser Vorträge, 272f.）。このように超越論的構想力を有限的人間にそなわる諸能力の「未知の根」だとするハイデガーのカント解釈は、ディーター・ヘンリッヒが「根本力」概念に注目して「根」という表現の由来を明らかにしたとおり[4]、カント哲学の内在的解釈として妥当性をもたない。しかし、ハイデガーのカント解釈の当否ではなくその内実を問う本書では、カッシーラーへの応答内容から、ハイデガーがカント哲学を解釈するさいに人間の根源的な有限性という洞察を手放さず、カント哲学の存在論的意味を読みとっていたことを確認できれば十分である。本章でとりあげるハイデガーの尊敬感情論もまた同様の洞察にもとづき、その存在論的な開示性が探られている。ハイデガーはこう述べていた。

道徳的な自己意識は、理論的に〈私がみずからを思惟する〉という意味での理論的知と区別される場合、感情でなければならない。それゆえカントは、「道徳的感情」もしくは「私の実存の感情」のことを語り出している。この感情は、……自我自身を行為者としてあらわにする。（GA24, 188）

ここで登場する「道徳的感情」が「尊敬」（ebd.）である。まずはカントに即してその基本的な事柄を確認しておく。

カントが尊敬概念を主題的に論じているのは『実践理性批判』「純粋実践理性の動機について」である。その論述によれば、尊敬は道徳法則に対して抱かれる感情であり、しかし、感情と言っても、外的触発によって引き起こされる感性的感情ではなく、「或る知性的根拠によって引き起こされる感情である」（V, 73）。この知性的根拠とは実践理性のことであり、尊敬は道徳法則の自己定立のために理性が実践的に使用される場面において生じる感情である。このような場面としてカントは具体的に義務を想定し、次のように規定している。

この道徳法則に従い、傾向性にもとづいた規定根拠のすべてを排除し、客観的に実践的である行為は義務と呼ばれる。この排除ゆえに義務はその概念のうちに実践的強制をふくむ。（V, 80）

このような義務を果たすさい、傾向性を排除する道徳法則の強制は「法則への服従」を求めるがゆえに「不快」を引き起こし、同時に「この強制は固有な理性による立法を通じてのみなされるので、強制意識から生じる感情は高揚感をもふくむ」（V, 81f.）。尊敬感情は不快と高揚感といった対立的な感覚をともなって生じるが、それも有限な理性的存在者である人間は感性界に属すると共に叡知界に属するがゆえである。

尊敬についてカントはこのような基本理解を示しているが、それに対してハイデガーは、「尊敬という現象をめぐるカントの解釈はおそらく、われわれがカントを通じて所有する、道徳性という現象についての現象学的分析のなかでもっとも見事なものである」（GA24, 189）と評価する。とはいえ、ハイデガーはカント哲学を内在的に解明することはなく、『根本問題』においてカントの尊敬感情論を実存論的に解釈していく。このとき、ハイデガーは分析の方法をあらためて確認している。それは自己、「内存在」にかかわる情況世界（SZ, § 12）、「内世界的存在者」（SZ, § 16）を同時に開示する実存論的構造を示したパトス論、すなわち、『存在と時間』における「情態性」論の方法である（SZ, Fünftes Kapitel, A）。尊敬感情の現象学的分析を検討するために、『存在と時間』第三十節における情態性論の成り立ちを確かめておく。

この節でハイデガーは「恐れ」を例にパトスの構造を解明するが、この選択は第四十節における不安との対比を見越してのことである。この対比は、アリストテレスが『弁論術』のなかで、苦痛や破滅などが間近かに思われる場合に恐れは生じるが、遠い先のことである死に対しては恐れを感じない（1382a20-27）、と論じていることに由来する。アリストテレス自身は「怒り」を例にパトスの三契機を、①怒りがむかう「相手（誰に τίσιν）」、②怒るときの「心の状態（διακείμενοι）」と③「何ゆえ（ἐπὶ ποίοις）」だとしている。[5] アリストテレスのこうしたパトス論をハイデガーは独自に解釈し、恐れという情態性の三契機として、①「恐れがむかう先（das Wovor der Furcht）」、②「恐れること自体（das Fürchten selbst）」、③「恐れにおいて案じられるもの（das Worum der Furcht）」を挙げる。

ハイデガーはこうした三契機の一体性を示すために、「……を恐がること（Sichfürchten vor）としての、……を案じて恐れること（Fürchten um）はつねに、欠如的にであれ積極的にであれ、内世界的存在者をその脅威性において、内存在をその脅威性に関して、等根源的に開示する」（SZ, 141）と言う。具体的には、かつて犬にかまれたことのある私が、私を吠え立て脅かす犬を（vor）恐がる（mich fürchte）とき、こうした脅威的な情況内でその犬に脅かされる自分を案じる（um）仕方で私は存在する、ということである。或る内世界的存在者が情態的に開示されると同時に、その情況内に投げこまれている自己もまた情態的に開示される。情態性の三契機がそれぞれ開示するのは、①パトスのむかう先が内世界的存在者である犬、②パトスをもつこと自体が脅威的な情況世界、パトスにおいて案じられるものが自己である。『存在と時間』のこうした情態性論を念頭にハイデガーは尊敬感情の現象学的分析を提示していく[6]。

2　尊敬感情の実存論的開示性

尊敬感情の現象学的分析では次の方針が立てられていた。

尊敬において感情一般の本質構造が示されなければならない。それはつまり、尊敬はまず或るものに対して感情をもつことであり、次にこのような……に対して感情をもつこととして、自分自身を感じる者をあらわにしうるものである、という構造である。

（GA24, 188）

尊敬感情においても、それがむかう先とその感情自体、それにおいて案じられるものがあり、それらが同時に開示されている。これらを明確化するためにハイデガーは『実践理性批判』「純粋実践理性の動機について」へと赴く。

まず尊敬感情のむかう先だが、カントが「尊敬の対象」（V. 73）は道徳法則であると論じることをふまえ、ハイデガーは「尊敬は人倫的行為の規定根拠としての法則への尊敬である」（GA24, 190）と言う。道徳法則は、エコノミー的な活動に没頭して生きる世人（das Man）に抱かれたパトスが開示する内世界的存在者とは異なり、「人倫的行為」を意味づける地平として開示される。また、道徳法則はその特異性が「意志の自律」（『実践理性批判』V. 33）にもとづいて自己立法される点にあり、それゆえ、尊敬感情は強い自己開示性を発揮する。つまり、尊敬感情において案じられるものは「行為者としての私自身」（GA24, 191）であり、『カント書』の指摘によれば、道徳法則という地平を先行企投する自律的自己である。しかも、この自律的自己は道徳法則を先行企投してみずから開いた道徳世界のなかで義務という必然的行為の可能性へとみずからを企投していく。このように二重の企投を行なう自己が尊敬感情によって開示されるが、同時に、道徳法則を自己定立して開いた道徳的世界へとその自己が先行被投されていることを開示する。(7)

尊敬は義務をなすさいに抱かれるパトスだから、そうして義務を果たす人間の企投を日常的パトスよりも詳細に分節して開示する。ここでハイデガーの考える道徳法則を具体的にイメージするために、たとえば慣習と抵触するような自律的行為が行なわれる場合を想定してみよう。この場合、われわれは自身の価値判断を慣習にゆだねることなく、或る理念的規範を地平として先行企投し、その地平から自律的行為を意味づけている。こうした理念的規範が、ハイデガーにとっての道徳法則である。もちろん、彼はこのような道徳法則を啓蒙時代のイデオロギーと呼んでそのア・プリオリな普遍性を認めなかったが、自律的命法であるがゆえにみずから道徳世界を開き、既存の慣習を革新していく先行企投の構造を評価するはずである。

つづいてハイデガーは、カント自身が尊敬感情には不快の感覚と高揚感がともなわれると述べることに注目し、その成り立ちを検討する。この検討は『人倫の形而上学の基礎づけ』のわずかな部分を手がかりとしており、それはカントが尊敬に関して付した註のなかに登場する「同時に類似したもの」（IV, 402; GA24, 193）という部分である。この部分がふくまれるのは、カントが尊敬感情の不明瞭さを否定するために尊敬感情と感性的感情を区別しながらも、その類似性を指摘した次の箇所である。

> 尊敬とは元来、私の自己愛を破壊する価値についての表象である。それゆえ、法則は傾向性の対象とも恐怖の対象ともみなされない。法則はこの両者と同時に類似したものを有しているけれども。[8]

ハイデガーはこの「同時に類似したもの」という部分に対し、「この註を理解するために簡潔に思い起こすべきは、すでに古代哲学が、より広義の実践的なかかわり（das praktische Verhalten）、つまり欲求（ὄρεξις）を、追求（δίωξις）と回避（φυγή）によって特徴づけていることである」（GA24, 193）と指摘する。[9]この指摘もやはりハイデガー流のアリストテレス解釈を背景にしているわけだが、そのうえでカントの註を、「尊敬感情は傾向性と恐れという両現象、つまり、むかおうとすること（Hinstreben）および離れようとすること（Wegstreben）という両現象に類似し対応するものをもつ」（ebd.）と読み解く。この読解は、ハイデガーが尊敬感情と感性的感情との構造的対応から、道徳法則に対して実践的自己が二重の態度をもつことを導き出すためのものである。さらにハイデガーはこう述べる。

法則に服従することは或る仕方で、要求としての法則に面して恐れること、尻ごみすることである。他方ではしかし、回避としてこのように法則に服従することは同時に、追求、むかっていく傾向性であり、それは自由なものとしての理性がみずから自身に与える法則への尊敬において、理性がみずからをみずからへと高め、みずから自身にむかって努力するという意味でそうなのである。（ebd.）

カント実践哲学において道徳法則を希求する志向は傾向性ではなく「道徳的関心」（『実践理性批判』V. 79）であって、ハイデガーがこの志向を傾向性と表現するのはおかしいとも言える。しかし、彼は道徳法則に対する態度を論じるために傾向性と恐れに注目しているだけで、傾向性という表現に術語的な意味をこめているわけではない。ハイデガーはカントの尊敬概念とアリストテレスの欲求概念の構造的類似性に注目して、道徳法則への尊敬に動機づけられて行為する自己が道徳法則に対して相反する態度をもつことを指摘し（GA24, 192）、その態度を「人間は自分自身の主人にして奴隷である」（GA24, 195）と表現している。

カント自身が『実践理性批判』「純粋実践理性の動機について」の章で論じるところでは、義務を遂行するさい、強制する自己が服従する自己に対して義務を強制することで不快が生じる。その強制はみずから立法した道徳法則にもとづくから、強制する理性的自己には高揚感がわきあがる。理性を実践的に使用することで義務を規定する自己と、傾向性にまかせて行為しようとしても理性的自己にそれを否認される自己との相互関係の動きを、不快の感覚と高揚感という快の感覚が示すとカントは考えている。

ここでハイデガーは強制的自己と服従的自己のあいだの二重的自己関係と、尊敬感情に付随する二つの対立的感覚の動きとが対応することに着目する。彼はその結果、道徳法則への尊敬のうちに主人的自己と奴隷的自己の対立的志向を認め、さらにこの対立的志向と、相反する二つの感覚を重ねあわせる。ここにおいて、道徳法則とこれにもとづいて行為する自己を同時に開示する尊敬感情はさらなる開示性を明らかにする。それは尊敬感情に随伴する、快と不快という対立的感覚が有する開示性のことである。これらの対立的感覚によって、道徳法則に従い義務を強制する仕方で存在する主人的自己と、義務に服従する仕方で存在する奴隷的自己とが開示される。

尊敬感情によって開示される諸相を整理すれば、第一に尊敬のむかう先として開示されるのは、意志の自律に従って立法された道徳法則である。第二に尊敬において案じられるものとして開示されるのは、道徳的行為を遂行する自己である。この自己はさらなる区別を受け、まず尊敬感情にともなう不快の感覚が開示するのは、傾向性にとらわれた感性的存在者としての自己である。次に尊敬感情にともなう快の感覚が開示するのは、みずから定立した道徳法則によって自己規定する理性的存在者としての自己である。

尊敬は義務の場面における自己の多様な相を開示しながらも、しかし、実践的現存在として統一的に実存する情況を開示していく。それゆえ、世事にとらわれた世人のもつパトス、つまり、或る内世界的存在者を開示しそれに固着した自己の存在情況を開示するパトスと尊敬とを比較したとき、ハイデガーが重視する「自己のもとに存在すること」の具体的形態を開示する尊敬は、自己の存在の仕方に集中的に迫る力を有するがゆえに、実存論的な重要性をより強く帯びた情態性だと言える。

3　尊敬感情論の行方

前節では尊敬感情がそなえる実存論的開示性の特徴を示し、行為する人間が尊敬感情を抱くとき、日常的パトスに比べ、すぐれて自己のもとに存在することを確認した。この自己のもとに存在することの実存論的卓越性は、とりわけ『存在と時間』の良心論が示すところでもある。ここでハイデガーは、現存在に本来性をもたらす「良心の呼び声」を可能にするのは「不安という根本情態性」であると述べていた（SZ.§57）。われわれ人間はみずからの存在理由を問うても、判明するのは、私はなぜか世界へと投げこまれてしまっていたという始原的被投の原事実だけである。私は世界のなかで現に存在することを引き受けてさまざまな存在可能性へとみずからを企投していくが、このように被投されつつ企投して存在することの理由は最終的に判明し〈ない〉。この〈ない〉にあらわれている根源的な「無性」を人間は孕んでいることを良心の呼び声は告げるが、この呼びかけに耳をかたむけうるのは、不安に気分づけられた人間だけである（SZ.§58）。良心は不安というパトスと実存論的に深く結びついている。

ハイデガーはこうした良心論のなかで、「良心を呼び声として特徴づけることは、たとえばカントによる良心の法廷という表象のような《イメージ》にすぎないのでは決してない」（SZ. 271）と述べる。この一文がカント哲学に内在的な解釈として正しいか否かはさておき、ハイデガーはみずからの良心論を「現存在は呼ぶ者であると同時に呼びかけられる者であるという命題」（SZ. 277）として具体的に展開している（SZ.§55,§56）。

このような良心論にあって呼ぶ者とは不安にうち沈む自己のことであって、実存的な本来化を「沈黙」によって行為遂行的に指示する。また呼びかけられる者とは「世人である自己（das Man selbst）」（SZ, 274）という非本来的自己のことである。

では、カント自身は良心の法廷をどのように論じているのだろうか。『人倫の形而上学』では「人間が、みずから自身を裁く生得的裁判官として、みずから自身に対して課す義務について」（VI, 437）という節のタイトルのもと、「人間における内的法廷の意識は……良心である」（VI, 438）と言われていた。カント実践哲学において良心論と義務論は非常に近しい関係にあって、裁く自己は義務づける自己であり、裁かれる自己は義務づけられる自己である。「良心の声」はわれわれ理性的存在者に「人間の内奥」で「内的法廷」を開廷させ、そこで道徳的本来性の獲得を呼びかけていくが、このとき人間は「畏敬（恐怖と結ばれた尊敬）」を感じる（VI, 438）。本章「はじめに」でカントの尊敬感情論について確認したことをふまえれば、裁きと義務を与える自己とそれを受ける自己が出廷する場で抱かれるこの畏敬とは尊敬のことである。なぜなら、良心の法廷においても道徳法則にもとづいて判決が下されるからである。

このようにカントが論じているのを受けてハイデガーは、裁く理性的自己を実存的本来性への変容命令が内蔵された不安な自己へ、裁かれる感性的自己を呼びかけられる非本来的自己へとわりふり、みずからの良心論にとりこんでいる。しかしながら、ここにおいて或る錯綜した対応関係が立ちあらわれている。それはハイデガーが言うところの実存的本来性と、カント実践哲学で想定されるところの道徳的本来性との対応関係である。この対応関係は『存在と時間』の良心論から照明されたときと、『根本問題』の尊敬感情論から照明されたときとでは相貌を異にする。ここに錯綜性が生じる。

まず『存在と時間』の良心論とカントの良心論とを対比すると、カントの良心論で義務をめぐる裁きによって道徳的本来性の獲得を呼びかける自己に対応しているのは、ハイデガーの良心論にあって実存的本来化を呼びかける自己である。変容先として指定される実存態に注目して言えば、ハイデガーの実存的本来性は、カントの道徳的本来性に相当する。そして、ハイデガーの良心論における自己の実存的本来化は、不安という根本情態性によって可能となるのであった。

次に『根本問題』の尊敬感情論とカントの尊敬感情論とを比較する。カント実践哲学において尊敬感情に随伴する対立的感覚は、理性的存在者としての自己と感性的存在者としての自己を開示するとされていたが、この両者はそれぞれ、「義務づける私」と「義務づけられる私」が言い換えられたものである(『人倫の形而上学』VI, 417f.)。とすると、ハイデガーの尊敬感情論において快の感覚が開示する理性的存在者としての自己は、カントの尊敬感情論における義務を課す自己に対応している。

ハイデガーの良心論と尊敬感情論を、これらが関係するカント実践哲学へと差し戻したとき、自己に働きかける自己は、良心論と尊敬感情論のいずれにせよ、カントにおける裁きにより義務づける自己に帰着する。しかし、ハイデガーの良心論と尊敬感情論にかかわる情態性はそれぞれ不安と尊敬である。こうした情態性の違いが、ハイデガーの良心論と尊敬感情論それぞれとカント実践哲学との対応関係を錯綜させる原因である。ハイデガーの良心論において不安が呼びこむ実存的本来性はカント的な意味での道徳的本来性に対応する。それに対し、ハイデガーの尊敬感情論においてカント的な意味での道徳的本来性に対応するのは、尊敬感情に随伴する快が開示するとハイデガーが言うところの、理性的自己が裁きとして下す本来性である。では、彼の尊敬感情論におけるこの本来性は彼の良心論における実存的本来性と同義なのであろうか。われわれのこのような疑問は、カントの道徳的本来性に対するハイデガーの評価を問うていることになる。

ハイデガーは、「世界の無意義性」にさらされた現存在が自覚的に自己のもとに存在することを開示する根本情態性として不安をとらえていた（SZ. §68）。『根本問題』で分析された尊敬が、不安と同様の事象を開示するならば、その尊敬感情に随伴する快が開示する理性的本来性もまた実存的本来性と同じである。そうでないならば、尊敬が開示する理性的本来性は実存的本来性とは異なることになろう。それゆえ、カント的な意味での道徳的本来性に対する評価の問題は、尊敬感情は不安と同様の事象を開示するのか、という問いへと収斂する。

この問いに対して、われわれは「尊敬感情は不安と同様の事象を開示しない」と答える。ハイデガーは一方で、『存在と時間』において自由論の観点から「良心をもとうとする意欲」（SZ. 288）に注目し、ここにカントの道徳的本来性を実存的本来性へと読み換える可能性を見出していた（SZ. §58）。他方でしかし、ハイデガーは無性を孕んだ人間のことを「負い目ある存在」と術語化し、「この本質的に負い目ある存在は等根源的に、《道徳的な》善と悪の可能性の実存論的条件、つまり道徳性一般とその事実的に可能な、具体化の可能性の実存論的条件である」（SZ. 286）と言う。つまり、ハイデガーは実存論的本来性と道徳性を超越論的な視点から区別している。これを受けてカントの良心論の周辺が『根本問題』において道徳法則への尊敬という観点から再検討されたとき、ハイデガーはカントの道徳的本来性と実存的本来性とを一致させる作業は行なわず、道徳性の事象をめぐる考察をパトス論とからみあった現象学的行為論として素描していく。

こうしたハイデガーの解釈情況に対して、そのカント論に精力的にとり組んでいるフランク・シャロウは、フィガールのように尊敬と善意志の違いに注意を払わず、カントの道徳的本来性を形づくる尊敬、道徳法則、善意志、実践的自由という諸契機をひとくくりにして『存在と時間』における実存的本来性と結びつけてしまう[10]。ハイデガーが『存在と時間』の良心論の延長上に立つならば、カントの道徳的本来性のうちに、道徳法則の自己定立にふくまれた善意志の純粋遂行がハイデガー独自の自由論への通路となる可能性を見出しうることは確かである。しかしながら、ハイデガーは『根本問題』において、道徳法則への尊敬に動機づけられて行為することを実存的本来性としては考察しない[11]。すなわち、ハイデガーは存在への問いという観点からカントの道徳的本来性の諸契機を序列化し、善意志や実践的自由を実存的本来性へととりこんでいくが、尊敬や道徳法則を実存的本来性へと回収することはない。

それゆえ、フィガールに従うわれわれは、道徳的本来性の諸契機を腑分けしないシャロウの試みとは異なった解釈視点を設定し、情態性論の歩みにあわせてカント実践哲学の解釈をたどり直してきた。本章ではこの歩みを保ち、尊敬と不安とがそれぞれ開示する事象を比較するため、『カント書』におけるカント実践哲学の解釈をふたたび検討したい。というのも、こうした検討を通じて尊敬感情論と『存在と時間』との関係がより明確になるからである。

4　尊敬感情論の独自性

『カント書』第三章「形而上学の根源性における形而上学の根拠づけ」（§§ 26-35）においてハイデガーが述べるところでは、「超越は根源的時間において時熟する」（GA3, 197）が、「超越の地平を形成するのは超越論的時間規定としての純粋図式である」（GA3, 198）。この純粋図式を形成することで感性と悟性を接続するのが、根源的時間に根差す超越論的構想力である。このように存在論的超越によって開かれた知覚世界や行為世界のなかで、事物の認識や他者への義務といった存在者的超越が時間から意味づけられていく。

わけても実践的経験がなされる場面では、超越論的構想力が実践理性と関係し、道徳法則を先行企投して道徳的世界を開きつつ、この世界へと自身が投げこまれることを可能にする（GA3, § 30）。或る義務を意味づける地平として道徳法則を先行企投するのが「純粋自発性」であり、そうした地平への先行被投を可能にするのは「純粋受容性」である（GA3, 159）。このように純粋自発性と純粋受容性という二つの幹が相関して機能しうるのも、超越論的構想力を共通の根としているからである。

ハイデガーはさらに、こうした超越論的構想力という根がはりめぐらされる大地を根源的時間とみなし、みずからのカント解釈から「存在〈と〉時間」という問題の次元へと深化する必然性を指摘して、『カント書』第三章を締めくくる（GA3, § 35）。この指摘の具体的内容はつづく第四章「とらえ返しにおける形而上学の根拠づけ」で示されている。つまり、「無へとさらす根本情態性」である不安は、「超越という最深の有限性」を問うさいに導きの糸となり（GA3, 238）、この有限性に立ち戻って時間性の超越論的構造を明らかにすることが基礎存在論の目標であって、「この目標への途上で、つまり、人間の有限性を克明にする務めのなかで、良心、負い目、死の実存論的解釈が必要となる」（GA3, 242）。ここで彼が不安をとりあげるのは、不安から世界の無意義性にさらされて自覚的に自己のもとに存在する現存在においてこそ、世界内存在にかかわる超越の構造を存在論的に解明しうるからである。このように『カント書』の第四章はわれわれをその第三章における構想力論から『存在と時間』の不安論や良心論へと連れ戻す。

こうした導き方から判明するのは、尊敬がとりあつかわれる『カント』書の第三章と不安や良心に言及する『カント書』の第四章とは、存在論的な事象の水準を異にしているということである。『カント書』の第三章や『根本問題』が明らかにするとおり、尊敬感情が開示するのは実践の場面で超越論的構想力が純粋自発性や純粋受容性として働く仕方である。この純粋自発性は『根本問題』において尊敬感情に付随する快によって開示される理性的自己のことであり、道徳法則の先行企投によって現存在の道徳世界を開く。これに対して不安は、『カント書』の第四章や『存在と時間』が明らかにするとおり、超越論的構想力が根差す根源的時間を問うさいに人間がさらされる世界の無意義性を開示し、この無にさらされた自己を開示する。このように尊敬も不安も現存在が自己のもとに存在することを開示する点では共通するが、それぞれが開示する自己の存在する仕方は相違しており、またそれぞれが開示する世界は地平としての成り立ちを異にする。ハイデガーのこのような考えのうちに、「尊敬感情は不安と同様の事象を開示するのか」という問いに対して、われわれが「否」という解答を提示した理由がある。

しかしながら、この「否」は消極的なものではない。というのも、目的の国という叡知界を「みずからのもとに実存する諸人格の国」とみなすハイデガーの解釈に従えば（GA24, 197）、カント哲学にあって要請されるにとどまる道徳的本来性は理念ではなく、自律的規範を先行企投して道徳世界を開いていく有限的人間の一実存態となるからである。『根本問題』や『カント書』のハイデガーは、道徳法則への尊敬に動機づけられて行為する人間の実存態を『存在と時間』の実存的本来性へと吸収しようとしたのではない。そうではなく、『存在と時間』におけるカントの良心概念とハイデガーの本来性概念との重ねあわせから一歩退くことで、『存在と時間』のなかですでに提示されていた本来性や非本来性とは内実を異にする実存態、つまり、カント実践哲学における有限的人間の道徳的本来性という実存態にそなわる存在論的構造をパトスと行為の観点から解明することを目論み、達成したのである。

＊

以上、カント実践哲学に関する諸解釈の錯綜をときほどき、ハイデガーとレーヴィットの交差する領域の要をなす尊敬感情論の独自性を確定した。次章では、ここを起点にしてふたたび二人の哲学的交流によりそい、物在性の観点からハイデガーの他者論の新たな可能性を明らかにする。

第四章　道徳的人格性と物在性の交差

はじめに

カントはその実践哲学において、「目的それ自体」である「人格（Person）」と「手段」である「物件（Sache）」とを「価値」の観点から区別していた。加えて、そうした人格と叡知的な理念である「人格性（Persönlichkeit）」とが概念的に区別される。こういった諸区別をそなえるカント実践哲学に対して、ハイデガーはとりわけ後者の区別に注意を払うことなく、いくつかの存在論的解釈をほどこしていた。本章では、このような存在論的解釈のなかでも、有限的人間の超越という哲学的問題を解き明かすためにカント哲学へとむかったハイデガーによるそれ、すなわち、『存在と時間』を中心とする思想圏においてなされたカント解釈をとりあげる。特に『根本問題』の第一部第三章「近世存在論テーゼ――存在する仕方で根本的なのは、自然（res extensa）の存在と精神（res cogitans）の存在である」（GA24, 172, vgl. SZ, 89）では、カント実践哲学に関する或る程度まとまった存在論的解釈が提示されている。それは、目的それ自体であるはずの人格が存在論的に見れば「もの（res）」であるという解釈である（GA24, § 13.C）。

一見して奇妙なこの解釈を支えているのは、ハイデガー独自の存在概念である「物在性（Vorhandenheit）」

がカントの「道徳的人格性（personalitas moralis）」概念を規定するという超越論的哲学である。物在性はそもそも『存在と時間』において近世認識論の主観客観図式を批判することを目的の一つとして用意された概念であった。したがって、「思惟するもの（res cogitans）」と「延長するもの（res extensa）」という認識論的区別がその物在性に規定されていることの同一線上に、人格性と物在性をめぐる「日常性の解釈学」は位置づけられることになる。

とはいえ、物在性が過度に強調されたこの解釈は、「存在論の歴史の解体」というハイデガー哲学の基幹プロジェクトの一帰結であるにしても、実践哲学的な内実を有していなければ、その恣意性を疑われてしまう。膨大な講義録群の片隅にある小さな解釈が賭け金としているのは、実は、われわれ人間の実践的生に対して彼の思索がもつ解明力である。したがって、本章の目的は、ハイデガーによるカント実践哲学の解釈が有する現象学的行為論の内実および可能性を提示することにある。

このためにまず本章第1節では、人格がもの（res）であるという存在論的解釈の具体的内容を確認する。つづいて第2節では、カント解釈をめぐってハイデガーがレーヴィットに反論したさい、その論拠となった超越概念をふまえつつ、「ペルソナ」概念の二重性に注目して人格性と物在性の相関関係を明らかにする。このとき、和辻が『根本問題』の近世存在論テーゼに示された議論のいくつかを利用しながら試みたカント解釈を手がかりに、ハイデガーのペルソナ論と用在性の関係を明らかにする。こうした考察の結果、物在性が人格性を規定するという存在論的解釈の射程が照らし出されるはずである。

1　人格性と物在性の存在論的関係

ハイデガーがカント哲学を主題的にとりあげて以来、『第一批判』解釈の影に隠れながらも、これと並行してカント実践哲学に対するハイデガーの存在論的な理解は着実に深まっていく。この深化を見定めるために、本節では『存在と時間』と『カント書』のあいだに位置する『根本問題』のそれを再検討する。とはいえまずは、『根本問題』における存在論的解釈の核心を予告した『存在と時間』の言葉に注目したい。それは、「カントは根本において、やはり内世界的な事物的存在者（das innerweltlich Vorhandene）の不適切な存在論という地平の内部で人格という自己の存在論的性格を《実体的なもの》としてとらえていた」（SZ, 320, Anm.1）というものである。

しかし、ハイデガーも『純粋理性批判』「純粋理性の誤謬推理」を確認して述べるとおり、自然認識にもちいるカテゴリーを「霊魂的実体としての自我」に適用しても、「何も言明することはできない」（GA24, 204）。ここですでに純粋自我の実体視は封じられている。したがって、カント哲学を新カント派の認識論偏重から解放し、その存在論的な重要性を示そうとしていたハイデガーも、「超越論的人格性」や「道徳的人格性」は物在的に存在するという持論（GA24, §13）を展開するさい、慎重にならざるをえない。

このような問題状況にあって、ハイデガーは道徳的人格性と物在性の関係をあらためて問い直すために、フランツ・ハイムゼートの「存在論的カント解釈」に助けを求める。つまり、『根本問題』はハイムゼートの論文「批判的観念論の形成における形而上学的動機」（一九二四年）を「カント哲学の存在論的諸基礎を照らし出す資料」（GA24, 216, Anm.6）として重要視していたが、すでに『存在と時間』でも同様の理由からさきほどの引用をふくむ註（SZ, 320, Anm.1）で、ハイムゼート「カント哲学における人格性意識と物自体」（一九二四年）を参照している。これら二つのカント論は「実践的ドグマ的形而上学」をカント哲学の頂点と見定め（PDK, 230）、そこへとむかうカントの歩みを前批判期から考察したものである。カントはその「実践的ドグマ的形而上学」において、自由、神、魂の不死という「超感性的なものへの実践的ドグマ的超出」の可能性を論じていた（「形而上学の進歩に関する懸賞論文」XX, 293ff.）。ハイムゼートはこれらのカント論において、「実践的自我」の「精神的実在性」がその実践的ドグマ的超出への通路となる点を強調し、この精神的実在性を中心にしてカントの自我論を再構成する。カント哲学の存在論的・形而上学的契機を強調したこの自我論は、道徳的人格性と物在性の関係を問うハイデガーにとって格好の考察材料を提供していた。近世哲学テーゼにかかわる議論は、ハイムゼートが提示したカントの自我論をハイデガーが独自の存在論的観点から再解釈したものだったのである。

さて、本書第七章「認識論的転回の地平を求めて」の内容を先どりして手短にまとめれば、近世存在論テーゼを立証するためにカント認識論の存在論的基底をハイデガーが彼なりの仕方で突き止めたさい、認識判断におけるその判断主体は「主語的基体（subjectum, ὑποκείμενον）」だとされている（GA24, 178f., 221）。また、客観的対象に対する認識判断の述語は、「本質存在（essentia）」や「現実存在（existentia）」といった伝統的な存在概念を反映した認識カテゴリーによる分節を受ける。基体や本質存在、現実存在という諸概念は、ハイデガーの考えるところ、現在（Gegenwart）が中心に位置する直線的時間にもとづいて了解される事物的存在者の主要な存在意味として支配的であった。そうした伝統的な存在概念の理念的地平となっているのが物在性である。物在性にかかわるこうした主張をカント批判哲学の全体に貫徹させるためには、道徳法則の自己定立を遂行する実践主体もまた物在的であることが解明されなければならない。つまり、道徳的人格という実践主体のうちに基体や本質存在、現実存在という存在概念の刻印を見出す必要がある。

ハイムゼートの見るところ、実践的自我の「人倫的意識」において「人格としての私の叡知的現存（Dasein）」が或る種の直接的意識にもたらされること、これがカントの問題構制の中心である（PDK, 254）。ハイデガーはそうした道徳的人格が物在性と関係していることを確かめるため、『人倫の形而上学の基礎づけ』における人格と物件のいわゆる「法廷的区別」に注目する。(1) その区別に関するカントの記述にハイデガーはカッコ［　］のうちにパラフレーズをもりこみ、次のように示している。

なるほど、その現存がわれわれの意志ではなく、自然［この自然は物理的組織の意味である］にもとづく存在者が存在するけれども、しかし、それが理性を欠いた存在者であるなら、手段として相対的価値しかもたず、それゆえ、物件と呼ばれる。これに対し、理性的存在者は人格と呼ばれる。というのも、その自然本性［この自然本性は本質存在（essentia）と等しいピュシスを意味する］は、人格をすでに目的それ自体として、つまり、手段としてのみもちいられてはならない何かとして際立たせているからである。……この人格は、客観的目的、すなわち、その現存それ自体が目的であるような物［広義でのもの（res）］である。

（IV, 428; GA24, 195f.）

手段にすぎない「物件（res corporalis）」（『人倫の形而上学』VI, 223）は交換可能性によって保証された「相対的価値」をもつだけであるのに対し、道徳的人格としての理性的存在者は代替不可能な目的それ自体として「絶対的価値」をもつ。こうした事態のうちに見出せるのは、価値にはその担い手たる基体が必要だということであり、絶対的価値を担う道徳的人格もまた基体である。また、「人格とは何か」と問われれば、「目的それ自体だ」という答えがなされ、目的それ自体が人格の本質存在である。しかも、こうした人格は「現存」という現実存在を目的としている。道徳的人格は基体や本質存在、現実存在という伝統的存在概念に規定されたもの（res）であり、ここにハイデガーは道徳的人格の物在性を確認する。こうしてカント実践哲学の主要概念は、それが養われた源泉へと、つまり、「存在の歴史」へと差し戻され、存在論的な眼差しのもとに置かれることとなる。

そもそもカント哲学は、人間能力における広義の理性的な自発性と感性的な受容性という根本区分を堅持していた。これは現存在の有限性を重視するハイデガーが特に注目する点であった。人間が感性的存在者であると同時に理性的存在者であることはもちろんカント実践哲学にも反映し、習慣化した感性的欲望である傾向性と実践理性とが対置されている。このような対置を強調したハイデガーの解釈によれば、道徳的人格は傾向性を駆逐して義務を純粋に遂行するとき、目的それ自体として絶対的価値を担うもの（res）となる。ハイムゼートも論じていたように、道徳的人格は道徳法則の自己立法に与かる行為遂行的な理性的存在者としてその実在性をあらわにする（PDK, 250f.）。

ただしこのとき、道徳的人格は感性と結びついた傾向性が駆逐され、ハイデガーが根源にすえる時間への通路を喪失しているはずである。とはいえハイデガーのカント解釈にあっては、前章で確かめたとおり、実践にかかわる超越と時間性とを接続する働きはすべて超越論的構想力にゆだねられている。わけても道徳法則が自己定立される場面では、超越論的構想力という共通の根からのびた、自発性と受容性という二つの幹が相関的に機能する様子を尊敬感情は開示していた。叡知界への超出を希求する崇高な精神の発露としてのカント実践哲学とは別の仕方で、ハイデガーはそのカント実践哲学のうちに社会的現実を生きる有限的人間の実存態を読みとろうとしている。

「尊敬はつねに諸人格だけにかかわり、物件には決してかかわらない」（『実践理性批判』V, 99）。この一文をハイデガーは『根本問題』において引用していたが（GA24,191）、尊敬において案じられるものとして開示された実践的自己は、道徳的人格という目的それ自体である。「道徳的人格は自己自身の目的として実存する」（GA24, 195）。こうした目的それ自体をとりあげてハイデガーは、行為にかかわる目的手段連関の最終目的である「主旨（Um-willen）」（SZ, 84, vgl. GA24, 242）と重ねあわせている。[2] とはいえ、重なりの程度は限定されたものであり、『根本問題』におけるカント実践哲学の解釈のなかで彼はこう述べる。

現存在はみずからの世界内存在のために存在する。ここに示されているのは、主旨に特有の構造とその存在論的可能性に関する問いを追究しないままに、人格を存在論的に目的として規定するようカントを動かした構造契機である。　（GA24, 242）

こうして『存在と時間』の「世界内存在」という独自の存在論的概念からカント実践哲学を一方的に裁断しつつ、みずからの主張を提示していくハイデガーの立場は、次の言葉によくあらわれていた。つまり、「正しく理解された存在論的超越概念からはじめて生じるのは、カントにとって超越が哲学的問題構制の中心に移動し、それゆえ、みずからの哲学を超越論的哲学と特徴づけるときに、彼が根底において求めていたことの了解である」（GA24, 423）。ハイデガーの解釈によれば、カントが「根底において求めていた」のは、「存在了解に関する純粋理性の超越についてその本質を問うこと」（ebd.）（GA3, 16）であった。これは、時間性が世界への存在論的超越を介して存在者的超越を意味づけるという構図のもと、世界内存在という現象を考察して現存在の全体的な存在体制を明らかにしたハイデガーならではのカント解釈だと言える。こうした彼から見て、カントは、認識と実践の両方を股にかけて「存在と時間」の相関関係を図式化する超越論的構想力に関する卓見（『カント書』）や、超越論的自我、心理学的自我、実践的自我といった多様な自我の存在形態とその中心をなす目的それ自体としての道徳的人格に関する卓見（『根本問題』）を提起したこと、またこれらを統べる全体性へと迫っていたことにおいて高く評価される。

2　人格と役割の物在性

レーヴィットはハイデガーが立ち入ることのなかったカントの義務論に対して現象学的分析をほどこしていたが、この分析はハイデガー哲学のうちに日常性の解釈学の一可能性としてふくまれていた。本書第二章第2節と本章第1節をまとめれば、道徳的人格は目的それ自体という絶対的価値を中心にさまざまな役割が帰属する基体だということになる。

しかし、日常性の解釈学で展開された議論を思い返してみれば、用在性（Zuhandenheit）は現存在へと集約される目的手段連関において用具的存在者（das Zuhandene）の存在性格を意味し、こうした用在性の欠如態が物在性であった（SZ, §16）。とすると、目的それ自体である道徳的人格性が物在的であるという『根本問題』のカント解釈はやはり奇妙に響く。しかも、役割に応じた義務がスムーズに遂行可能であるのも、さまざまな役割の編みこまれた間柄的地平にもとづいて行為者がその役割を了解しているからである。そうであるかぎり、役割と役割に応じた義務遂行の責任とが帰属する道徳的人格は、そうした間柄的地平の結び目となっているはずである。現存在もまた「手段（Um-zu）連関」の結び目となる「主旨（Um-willen）」であり（SZ, §18）、これを考慮すれば、役割の地平連関は物在性よりも用在性に関する議論にむしろ近しく、また、目的それ自体である道徳的人格は用在的でもなければ、まして物在的でもなく、それなりに現存在に対応している。

物在性と道徳的人格性のあいだには、いまだ断絶がある。本節では、カント実践哲学それ自体からは遠く離れ、ハイデガーによるカント解釈の可能性において、断絶の解消を試みたい。考察の鍵となるのは、存在論的に見て現存在は世界内存在であるのに対し、ハイデガーの考えによれば、道徳的人格がいまだ内世界的であり、これにともなって基体という存在性格をとどめていることである。この点をおさえながら道徳的人格をひろく実践的人格ととらえ直すことで、彼のカント解釈は、さまざまな役割に分節された社会的生の物象化がそもそも成り立つ仕組みを、物在性の観点から解き明かす力をそなえていることが判明するはずである。

ここで注目すべきは、人格と仮面という二重の意味をもつペルソナ概念である[3]。レーヴィット『個人』とハイデガーの所見とを比較しながら、ペルソナの成り立ちを確認しよう。レーヴィットはこう述べていた。

　共同する人間たちは、自存する多様な《諸個人》として出会われるのではない。みずからの共同世界の内部で、みずからの共同世界に対して或る《役割》をもった《ペルソナ》として出会われる。こうして共同する人間たちはその共同世界からみずからを人格的に（personhaft）規定している。

（IRM, 67）

「ペルソナ」、「役割」、「人格」という表現が登場するこの引用においてレーヴィットは、役割をもったペルソナのことを人格だとみなしている節がある。『個人』「第一版への前書き」によれば、「人間的な個人」とは「《ペルソナ》という存在の仕方における個人」のことである（IRM, 11）。この個人は「共同世界的な或る《役割》において……実存しており、一般的に言えば、その個人に対応する他者によって定着させられている」（ebd.）。この事態を「形式的」に言えば、「個人は汝の私として、いわば可能的な第二人称の第一《人称》における個人として、共同する人間として、これらの原理的な《役割》によって規定されている」（IRM, 11f.）。以上は、『個人』で展開された分析の結果をレーヴィット自身がまとめたものである。ここに人格という語は登場しておらず、ペルソナ、人称、役割の関係に注目して論述がなされている。

これに対して、ハイデガーはその所見でみずから表現をおぎないつつ、次のようにパラフレーズしている。

相互的共同存在の構造に関する中心的分析［IRM, SS.46-126］が明らかにしているのは、共同世界は《諸々のペルソナ》による間柄連関であり、これらの《ペルソナ》はみずからの共同世界の内部で、みずからの共同世界に対して或る《役割》を果たし、この共同世界から《諸々のペルソナ》は自己自身を人格として規定することである。

（K.Löwith Sämtliche Schriften 1, S.471; ただし、［ ］で示した IRM の参照頁は、このレーヴィット著作集の編者によるもの）

二重山括弧にはさまれたペルソナと役割という表現は『個人』からのものであるが、ハイデガーは人格という語をより際立った形で加えている。ここから判明するのは、ハイデガーの考えるところ、ペルソナは人格と役割という二重の意味を担うということである。こうして人格と役割がペルソナ概念の二つの側面だとすると、両者の存在性格は相即した形で変容するはずである。つまり、目的それ自体としての道徳的人格はさまざまな役割が帰属する基体であったことをふまえれば、内世界的な人格が物在的に存在するとき、同時にまた役割も物在的に存在していると言いうる。

たとえば、手にしたハンマーの不具合という実践的関心の頓挫からハンマーを眼差す理論的関心が前景化するように、或る日常的情況で或る役割行為をうまく遂行できない場合、現存在もふだんは特に意識することなく没入していたその役割が理論的視点からとらえ直される。役割は組織図を埋める一コマとして立ちあらわれ、その物在的な存在意味が浮かびあがってくる。このように物在的な役割の帰属先が、基体としての内世界的人格である。たとえば、交渉相手がわからずに「この仕事の担当者は誰ですか」と交渉先の社員に問うとき、その社員は「彼が営業担当部長の○○です」と紹介を行なう。これに対して私も、「△社営業部の□□です」と自己紹介をする。このように役割行為の主体は誰か、あらためて明示的に問われるさい、その応答言明の主語的基体（subjectum）となるのが「人称（Person）」としての「人格（Person）」である。

ふたたび『個人』「第一版への前書き」に戻れば、「個人は汝の私として、いわば可能的な第二人称の第一《人称》における個人として、共同する人間として、これらの原理的な《役割》によって規定されている」のであった。役割行為の主体は誰かが明示的に問い返される場面で、役割の帰属する人格は人称として立ちあらわれ、しかも、他者の役割や人称と相即して間柄的に顕在化する。ペルソナは理論的視点からとらえ直されるとき、その二重的意味は間柄において役割の帰属する人称なのである。

こうしてペルソナの二重性に着目して『根本問題』のカント解釈を延長していくと、それはカント実践哲学のカントらしさを一方で削りとりながらも、人格と役割の物在性に関する存在論的事情を解き明かしていることがわかる。社会的生における役割の物象化が可能であるのも、ペルソナが物在性という存在性格をそなえうるからであり、特に明示的なコミュニケーションにおいてペルソナは役割を担う人称的人格という意味での主語的基体なのである。

3　役割の用在性と人格

ハイデガーによるカント解釈の場合、認識論と比べて実践哲学にかかわるそれはとりわけ目立つものとは言いがたいと本章第1節で述べた。とはいえ、『根本問題』の近世存在論テーゼは、和辻哲郎が一九三一年の時点ですでに注目していたところのものでもある。彼は近世存在論テーゼの部分部分を一方で利用しながら、他方ではハイデガーと異なり、カント哲学における「人格性」と「人格」の区別が成り立つ仕組みを彼なりの仕方で明快に語り出している。

和辻はまず、「人格における人間性を手段としてのみとりあつかうのではなく、いかなるときにも同時に目的としてとりあつかうように行為せよ」という「実践的命法」を解釈し、人格は「人格性」と「物」という「二重構造」をもつと言う[4]。有限な理性的存在者である人間は現実世界において目的としてのみあつかわれることはないし、また、手段としてのみあつかわれてはならない。人間は目的であると同時に手段である。和辻の考えるところ、こうして人格が目的および手段としてあつかわれうるのも、「人格性の物化」によって叡知界の理念が地上に降りたったからである[5]。

ここで和辻の行為論に注目し、人間が人格かつ物としてあつかわれる事例をとりあげたい。和辻は「肉体を純粋に生理学的対象として取り扱う場合の手続き[6]」を説明してこう述べている。

医者は手術台においてかかる取り扱いをする。もしそうでなければ手術は冷静に行なわれ得ないのである。しかしそのためにはあらかじめ「手術」という境位が作られていなくてはならない。人の身体にメスを加えることは、他の場合には犯罪的行為であるが、この場合には為すべきことになる。……治療の目的のために必要とあらば医者は遅疑するところなく手術を加えねばならぬ[7]。

患者は生命の尊厳を担う人格として尊重されているからこそ、医者は患者の身体を物としてあつかい、患部の処置を即座に行なうことができる。もちろん、患者の「家族にとっては『親』とか『子』とかが手術を受けているのであり、従って単なる肉体がメスを受けているのではない[8]」が、しかし、医者と患者という役割関係において患者は人格かつ物〈として〉あつかわれなければ、治療行為がスムーズにすすむこともない。こうした行為情況をハイデガー的に説明すれば、医者〈として〉現存在は手術室という情況世界のなかで患者〈として〉の他者へと存在者的に超越している。これは、人格的他者の生存を目的として他者の身体を物〈として〉

あつかうことであり、また、医者〈として〉現存在は患者〈として〉の他者に対する手段となることである。ここに読みとりうるのは、役割の帰属する人格として自己と他者がかかわりあうなかで、他者が目的となり自己が手段となる行為連関も成り立つということである。ここでは多様な役割が集約していく人格と、自己他者関係における目的手段連関とが区別されなければならない。

或る情況下で役割に応じた行為を他者に対して即座に遂行可能であるのも、すでにさまざまな役割が編みこまれた間柄的地平にもとづいて、行為者がその役割を了解しているからであった。このとき、役割連関は人格的自己と人格的他者とのかかわりにおいて多少の差異化をふくみつつ反復され、自己他者間には共同世界が開かれている。しかし、こうした共同世界へと存在論的に超越するのはあくまで現存在である。共同世界も、それが開かれるのは現存在という場からでしかないかぎり、役割連関が集約していく先も人格的現存在である。上述の医療行為のように他者を目的としたときに自己が手段となりうるのも、自己が医者という役割を担う人格だからである。他者に対して手段となりうるのは役割的自己なのであり、ここに役割の用在性が立ちあらわれている。

会社組織が部署ごとの役割の相関図で示されることからもわかるように、人間関係の規定性格であったはずの役割は物象化して自存しているように見える。こうした役割がそもそも成立可能であるのも、人格を結び目とした間柄的地平が形成されているからである。そして、役割が明示的に問い返される場面で、役割を担う人格は人称という基体となり、このとき、人格は物在的なのである。こうしてハイデガーの物在性概念と用在性概念は、物象化という現象の手前で、もの（res）の存在とはそもそも何かを明らかにしている。ここで思い起こしたいのは『存在と時間』における次の言葉である。

> ギリシア人たちは、《事物（Dinge）》をあらわすのに、行なわれたもの（πράγματα）という適切な術語をもっていた。それは、ひとが配慮的な交渉（Umgang）、つまり、行ない（πρᾶξις）においてかかわるものである。彼らは……《さしあたり》行なわれたものを《単なる事物》として規定している。われわれは配慮において出会われる存在者のことを道具と名づける。（SZ, 68）

われわれは「行なわれたもの（πράγματα）」が「もの（res）」と訳されていく概念史をすでに知っている[9]。ハイデガーにとってもそれは周知のことであり、彼は「行なわれたもの（πράγματα）」と「もの（res）」の連続性を利用し、「行なわれたもの（πράγματα）」の用在性の欠如態として「もの（res）」の物在性を考えている。つまり、人格が人称という主語的基体となって物在的に存在する事象をとらえて、人格がもの（res）だと述べるわけである。

以上のようにハイデガーとレーヴィットによるカント実践哲学の存在論的解釈を日常性の解釈学という光源から照らし出すとき、それはカント哲学とは別の姿となりながらも、二つのことが明らかになる。まず、用在性と物在性の転換関係はとりわけ役割の存在性格に適用可能であること。それゆえ次に、物象化がすみずみまで浸透する社会的現実をその存在構造から解明していく力をハイデガーとレーヴィットのカント解釈はそなえていることである。道徳的人格性が物在性に規定されるというハイデガーの存在論的解釈は、日常性の解釈学が有する新たな可能性なのである。

*

次章では、第二章「ハイデガーのマールブルクへ」から第四章「道徳的人格性と物在性の交差」までをふまえつつ、アレントのハイデガー批判を読み解き、物在性と用在性という存在了解のカテゴリーと役割存在論がドイツ第三帝国の全体主義的組織を規定する様子を確かめる。

III　第三帝国の存在論——アレントのハイデガー批判

第五章　ナチス・ドイツの定言命法？

はじめに

カントの道徳法則をやすやすと講釈できたとアレントに指摘されていたナチス官僚のアドルフ・オットー・アイヒマン（cf. Eichmann, S. 232f.）。この彼が「親衛隊（Schutsstaffeln）」の中佐〈として〉ユダヤ人移送業務を熱心に仕切りえたドイツ第三帝国は、歴史的に見ても特異な全体主義の社会心理構造をそなえていた。

この第三帝国から人種差別を身に受けたユダヤ系ドイツ人が、政治思想家のハンナ・アレントである。彼女は、一九三三年にドイツを離れ、フランスでの生活を経てアメリカに亡命する。戦後もドイツに帰ることはなく、アメリカに居を移してから覚えた英語で記したのが一九五八年の主著『人間の条件』であった。ハイデガーとの関係から、この本を著したアレントの思想的背景を簡単に見ておきたい。

さて、古代ギリシア以来の「存在の歴史」を独自の視点から読み解いたのは、二十世紀最大の哲学者ハイデガーである。すでにこの読解視点をそなえていた彼のマールブルク大学時代の高弟がアレントであり、一九二四年の秋から一九二五年度末までの三学期間、同大学に在籍していた。(1) ハイデガーがカント解釈をまとまった形ではじめて提示した一九二五／二六年冬学期講義「論理学――真性への問い」にも参加している。このような「哲学修業時代」を経た彼女は、やはり古代ギリシア以来の哲学的概念史をたどる手法で、とはいえ一九三三年にフライブルク大学総長としてナチスに協力した彼に抗して、ハイデガー批判の書をものしていく。その代表的著作が『人間の条件』であり、『イェルサレムのアイヒマン』はその哲学的基調低音を受け継いでいる。

以上の経緯をふまえ、本章では、第三章「ホモ・ヌーメノンの実存感情」とは異なるアプローチでカントの「定言命法」が解釈される様子を確かめたい。進行は以下になる。まず第1節「自律を擬装する他律」では、ナチスがカントの「定言命法」論を利用し、ドイツ第三帝国民がヒトラーに自発的に服従するよう、仕向けた仕方を明らかにし、これに対するアレントの批判を確認する。第2節「ナチス的ユートピアの制作」では、ナチスがプラトンの「哲人王」論を利用し、人種差別とジェノサイドが自己増殖する論理を生み出した仕方に迫り、これに対するアレントの批判を確かめる。第3節「ナチズムの運動とパトス」では、藤田省三「全体主義の時代経験[2]」を手がかりに第三帝国の内部と外部の差異を際立たせていくナチズムの運動性を確かめ、その運動性が有したパトスを情態性の観点から明らかにする。

1 自律を擬装する他律

アレント『人間の条件』第五章では、「行為（action/Handeln）」と「言論（speech/Sprechen）」を通じて政治にかかわる自己と他者の成り立ちと、これら両者の具体的な関係とが解き明かされていた。

この解明のなかで描き出されていたのは、ヒトラーの暴虐を阻止しえたはずの「政治的人間」（Human.

p.159/S. 189）の姿であった。[3]

本節ではアレントが問題視した全体主義的国家像をあらわにするため、彼女が本来視する政治的人間の成り立ちをまずは確かめたい。全体主義国家とこれに抗する政治的人間とが交錯する場は、「レッシング考」の副題をもつ『暗い時代の人びと』「序言」（一九六八年）で次のように説明されている。

あらわれの空間（Erscheinungsraum）で人びとは、自分は誰で何をなしうるのか、このことを良かれ悪しかれ行為と言葉で示すことができる。公共領域（des öffentlichen Bereichs）の機能は、こうしたあらわれの空間を準備することで人間的な事柄に光を投げかけることにある。〝信頼性の欠如〟や〝見えない統制〟によって、あるいは存在する何かを……掃いて絨毯の下に隠してしまう語り（Rede）によって、さらには古き真理の護持を口実に他のどの真理も意味のない月並みな言葉へと変えてしまう道徳的説教などによって、公共的領域の光が消されるとき、暗闇が到来する。

（Dark, S. 8. Cf. Human, p 177/S. 216）

日常的現存在とは「誰」のことなのかという問いに対してハイデガーは「世人（das Man）」だと答えていたが（SZ.§§26-27）、日常的現存在の「語り（Rede）」（SZ.§34）への批判を意図するアレントが考える問いの形では、匿名化した大衆の被支配をもたらした「暗闇」で、「見えない統制」は大衆に対して何をしたのか、となる。

第三帝国にあっては、ナチスによる他律の体制でありながら、ドイツ国民が自律しているかのように思いこませる全体主義的支配の拡大が進められた。その様子を一般市民がより具体的に知ることができるようになったのは、「絶滅収容所」や「強制収容所」へのユダヤ人移送業務[4]を仕切ったナチス官僚アイヒマンがイスラエルで裁判を受けたことが大きな契機となったであろう。

その裁判レポートをアレントは『イェルサレムのアイヒマン――悪の凡庸さに関する報告』として一九六三年に出版する。同書で指摘されていたとおり、ナチス法学者ハンス・フランクが『国家の技術』（一九四二年）で定式化した「第三帝国の定言命法」のことをアイヒマンも知っており（cf. Eichmann, p. 136/S. 232）、この定言命法は、「総統が、あなたの行為を知ったならば、それを是認するように行為せよ[5]」というものであった。カントの道徳法則を講釈するほどの彼は、第三帝国の定言命法に従うにとどまらず、それを模した定言命法を自分で作り、みずからに課してもいたと彼女は記している[6]。ただし、フランクとアイヒマンの命法は、いずれにせよ、「仮言命法」にすぎないことは言うまでもない。

カント『実践理性批判』にあって「意志の自律」とは、「道徳法則」を自分が自分に立法する「自由」のことであり[7]、こうして「理性的自己」が「感性的自己」を克服するカント的自律の構造は、本書第三章で確認したとおり、ハイデガーが『カント書』で注目していたものである。カント実践哲学のそうした存在論的解釈と、本書第四章で明らかにした役割存在論とによって、カント的自律が第三帝国の定言命法を通じて曲解され、悪用されていく様子が見えやすくなる。簡潔に言えば、ナチス党員〈として〉、ドイツ第三帝国民〈として〉生きる世人には、総統ヒトラーの規範をみずから内面化する擬似的自律が第三帝国の定言命法によってすりこまれ、けっきょくはヒトラーへの服従を当人たちが自発的に受け入れることになる。こうして自発的隷属へと陥ったナチス党員らドイツ第三帝国民の姿は、アレント『イェルサレムのアイヒマン』に知的刺激を受けたスタンレー・ミルグラムのいわゆる「アイヒマン実験」報告書『権威への服従』でこう説明されている。

忠誠、規律、自己犠牲といった価値、つまり、個人として大きく称揚される価値こそがまさに戦争という破壊的な制度上のエンジンを作り出し、人びとを権威の悪意あるシステムに縛りつけるというのは、何とも皮肉なことである。

各個人は、他者への破壊的な衝動の無制限な流れを抑えるための良心を大なり小なりもっている。とはいえ、そのひとが自分自身を組織構造に埋めこむと、自律的な人物にとって代わる新しい生き物が生まれ、それは個人の道徳性という制約にはとらわれず、人道的な抑制から解放され、権威からの懲罰しか気にかけなくなる。(8)

総統ヒトラーを頂点とした全体主義ヒエラルキーの役割存在論にあってドイツ第三帝国民はいわゆる「服従の心理」に縛られ、同時に、このヒエラルキーの外部にユダヤ人は追いやられる。こうして自律を擬装した他律によって第三帝国民が自律の喪失から権威への服従に進むプロセスにおいて、「結果責任」を問わない「義務論」としてのカント道徳哲学は、ナチスの定言命法へとねじ曲げられ、服従の心理を広めるのに悪用されてしまう。

しかしもちろんアレントは、ナチス的命法の自律擬装を見抜き、これに対して行為と言論によって遂行される政治的人間の本来的な自律を対置する。これは、『存在と時間』における世人の日常性や実存論的《独我論》へのアレントの批判を孕んでいた。本節では最後に、全体主義に抗う人間の政治的自律を理解するために、アレント哲学の基本構図を確かめておく。

『人間の条件』のドイツ語版はその書名が『活動的生（*Vita activa*）』であった。この「活動的生」という概念でアレントが指していたのは、「労働、仕事、行為」といった、人間に「根本的な活動性（Grundtätigkeiten）」であり、それぞれは「生命」、「世界性」、「複数性」という「人間の条件」ゆえになされていた（cf. Human, p. 7/S. 16）。この構造を、あえてハイデガー『存在と時間』を中心とした超越論的哲学の構図や術語をもちいて説明すれば、活動性は他者や事物との「存在者的（ontisch）な」かかわりであり、人間の条件はそうした活動性を可能にする「存在論的（ontologisch）な」条件だと言える。もちろん、時間性が存在論的超越を介して存在者的超越を意味づけるという超越概念のハイデガー的構図の垂直的構造と比べれば、アレントの場合、人間の諸活動性が人間の条件を形成していく面も指摘されるから、存在論的超越と存在者的超越の両者が相互依存の循環構造をもつ点において異なる。この循環構造をふまえ、彼女は、ハイデガーにとって「存在〈と〉時間」を問うための思索的手法であった実存論的《独我論》とは距離をとり、複数性という人間の条件のもとで生きる政治的人間の本来性を探っていた。

アレントのそうした活動性のなかでも、政治的人間の本来的な自律にかかわるのは言論と行為の二つであった。「自分とは誰か」を他者に伝える言論は、人間を「政治的存在」にする活動性であり（cf. Human, p. 179/S. 219）、これに対して「行為は、質料や素材、事物の媒介なしに直接に人びとのあいだで行なわれる、活動的生で唯一の活動性である」（Human, p. 7/S. 17）。行為や言論という「この活動性に対応する根本的条件は、複数性（plurality/Pluralität）という事実（Faktum）であり、一人の人間ではなく、多くの人間が地上で暮らし、世界の住民であるという事実（fact/Tatsache）である」[9]。つまり、アレントが眼差したのは、この世界で複数の人びとが生まれ暮らし死んでいく事実であった。この事実にこそ、人びとのあいだで行為と言論が必要とされた理由がある。

しかしながら、政治的人間の一人ひとりが織りなす行為や言論に、「工作人（homo fabel）」（Human, § 21）の活動性である「制作（Herstellen/work: 仕事）」がとって代わるとき、政治を制作してしまうことがある（cf. Human, § 31）。ハイデガーは、「ナトルプ報告」と呼ばれることになった『アリストテレスの現象学的解釈（*Phänomenologische Interpretationen zu Aristoteles*）』を一九二二年に記して以来、存在概念が「制作されていること（*Hergestelltsein*）」という意味をもつ点に注目していたが[10]、これに対してアレントは、ドイツ第三帝国で、自律を擬装した他律を一人ひとりにすりこむ全体主義的組織が制作されたことに注目する。この仕組みをアレントは、歪曲された或るプラトン解釈の検討を通じて明らかにしている。次節でその内実を確かめる。

2　ナチス的ユートピアの制作

古代ギリシアのポリスとは「城塞を中心として集住する共同体[11]」のことである。そのポリスをプラトンは「大文字で書かれた人間」（Human, p. 224/S. 284）の魂に喩えていたが、アレントは、この喩えを次のように説明している。

プラトンにとって自己支配は、他者を支配する能力に対する最高の基準になる。〔理想国家において〕哲人王の命令権が正統であるのは、魂が肉体に命令を下すことができるからであり、理性が情熱を支配する能力を有しているからである。

(Human, p. 224/S. 284)

アレントのこの解釈は、もちろんプラトン・テキストに正しく内在したそれではない。[12] プラトン『国家』篇は、とりわけ第二次世界大戦以降、少なくはない論者によってファシズムの危険性を批判されてきた書物であり、その解釈史は佐々木毅『プラトンの呪縛』で説明されていたが、彼女の場合、ナチスが恣意的に行なったプラトン「改釈」をおそらく意図的にとりあげて批判している。[13] この批判に従えば、プラトンは『国家』篇のいわゆる「魂三部分説」で国家と人間的魂の共通構造を想定したとき(cf. 434e-444a)、自己支配をモデルにして他者支配の仕組みを考えていた。自己他者関係のこうした形態に孕まれた問題点は、行為と言論で育むべき政治を制作に委ねてしまうことにあった。[14] 政治の場面で行為と言語を制作にすりかえる、活動性のいわば「カテゴリーミステイク」(ギルバート・ライル)である。「……プラトンは、行為を支配と服従へと解消するにさいし、制作と生産の分野からとられた事例を引き合いに出していた」(Human, p. 225/S. 285f.)。この事例としてアレントが挙げたのは、職人である(cf. Human, p. 227/S. 289)。

本書第三章で確認したとおり、カント的自律にあって理性的自己は感性的自己を支配していたが、プラトンが『国家』篇で国家との構造的類似性を指摘した人間的魂にあっては理性が欲望を支配する(cf. 439c-441c)。こうした自律モデルがナチス的カント゠プラトン改釈を介して外的な自己他者関係に適用されるとき、ドイツ第三帝国の内部では総統〈として〉支配すべきは理性的自己となり、支配される第三帝国民は感性的他者へと貶められる。ナチス的プラトン改釈と連続した第三帝国の定言命法にあって、理性的自己はヒトラーなのだ。これに対してドイツ第三帝国民は、ゲッペルスのプロパガンダ[15]にあおられながら、ヒトラーにみずから従属していく心理を埋めこまれた感性的他者にして被支配者となる。しかもユダヤ人の場合、こうした第三帝国の内部に感性的他者として住まう居場所さえ存在しない。被差別者〈として〉ひたすらに第三帝国の外部へと追いやられていく。

とりわけ第三帝国の内部では、ミルグラムがのちに「権威への服従」と呼んだ存在論的心理機制が、ナチス的改釈を受けた『国家』篇のうちに見出される。「哲学的解明と概念に固有な力にもとづいていたので、プラトンは、知を命令や支配と同一視し、行為を服従や命令の執行と同一視することを……貫徹しえていた」(Human, p. 225/S. 285)。理想国家のなかで哲人王の知は支配的命令となり、この命令に服従し、それを執行することが理想国家の市民に課されることになる。

> すでに『国家』篇において、職人が尺度や物差しを使うのと同じように、哲人王は〝イデア〟を政治的領域に適用している。彫刻家が像を作るのとまったく異なるところなく、哲人王はポリスを制作する。そうした物差しと尺度が法律になったプラトン最後の作品では、統治する〝技芸(Kunst)〟を正しく行使するため、特別な熟練はもはや必要なかったし、あるいは近代的な言い方をすれば、何らかの人格的権威は必要でさえなかった。〔中略〕
> 制作の経験を通じて入手された概念群がとりわけ政治的ユートピアの構築に適していることは、自明なことである。(Human, p. 227/S. 289)

ここで「人格的権威」とは、政治的腐敗と一線を画す品位をそなえた権力者の権威のことであり、もちろんヒトラーはそれを欠いていた。[16] 彼は、いやらしい暴力的権威であった。アレントは、『人間の条件』を出版した翌年の一九五九年に、同書の思考法で予告された論文「権威とは何か[17]（Was ist Autorität?）」を発表し、哲人王の理性による政治支配がもつ暴力性を権威の観点から指摘していたが、ミルグラムがその論考を読んでいたかどうか、この点は不明である。

戦前戦中の思想状況をふまえたナチス的プラトン改釈に抗するアレントの批判のなかでは、「ユートピア社会工学[18]」を試みた最初のひとがプラトンであった（cf. Human, p. 227/S. 289）。彼の『国家』篇以降、著名なところだけでも、「ユートピア」という表現をはじめてもちいたトマス・モア『ユートピア[19]』、フランシス・ベーコン『ニュー・アトランティス』、トマーゾ・カンパネッラ『太陽の都』と理想国家論が連なるけれど、「これらのユートピアが担っていた役割は、理論的な自己理解と政治的思考の伝統にあって重大であり、その政治的思考は、ユートピア的性格を自覚的には帯びていない場合でも、政治的行為を概念的に理解するため、仕事とそのカテゴリーにむかっていた」（Human, p. 227/S. 289）。工作人による作品や道具の制作でその槌音を響かせながら、社会工学者のユートピア制作は、政治的人間の行為と言論にとって代わっていくわけである。

「このとき、ユートピアの伝統の歴史的発展のなかで見落としてはならないことが一つある」（Human, p. 228/S. 289）と述べてアレントは次のように指摘する。「たしかに暴力的な活動性は……、政治的システムすべてとそのカテゴリーにあっても、或る本質的な役割を果たしているが、しかしながら、近代の始まりまでは暴力のそうした契機は道具的機能に制限されたままであり、つまり、暴力の契機は目的に対する手段であった」（Human, p. 228/S. 289）。このように近代以前にも暴力は目的手段連関において不可欠の役割を与えられていたが、しかしナチスの全体主義に孕まれた決定的な誤りは暴力が一線を越えてしまう点にある。なぜか。

ヒトラーは『わが闘争』（一九二五年）の人種差別的な善悪二元論にもとづいて「民族共同体」というユートピアの実現を最高目的に掲げて、[20]ユダヤ人ジェノサイドを実行し、アーリア民族の「ドイツ東方帝国」建設のため、スラブ人ジェノサイトをも想定していた。[21]直視すべきは、アーリア民族が優生学で与えられた人種的優位が稚拙な善悪二元論と結びつくとき、こうして人種差別の終わりなき自己増殖の論理が生まれ、ジェノサイドの限りない継続を現実に呼びこんでしまう点である。[22]人種差別とジェノサイドの自己増殖にあって、その手段をアレントは次のように語っている。

あらゆる手段が、効果的であれば、そのかぎりで正当化されるという考え方がある。つまり、手段すべてを弁護できる或る目的が存在し、この目的だけにその手段が役立つときは正当化されるという考え方である。こうした考え方が血腥《ちなまぐさ》い結末をもたらすことを確信する機会にこれほど多く直面した世代は、ひょっとすると、われわれ以前にはいなかったかもしれない。

（Human, p. 229/S. 291）

ナチズム体験以降、終わりなきジェノサイドへと足をふみいれる目的手段連関にもとづいてユートピアを制作することに人びとは酔えなくなる。

アリストテレスに倣う「実践哲学の復権[23]」という一九六〇年代の思想的潮流に寄与した一人であるアレントは、その行為概念を彫琢するさい、ハイデガーの講義『プラトン、ソフィスト』（GA19）でまとまった形で示されたアリストテレス『ニコマコス倫理学』解釈の批判的受容から出発していた。[24]アリストテレス倫理学にあっては、「実践（πρᾶξις）」は「目的（τέλος）」を内蔵する一方、「制作（ποίησις）」ではその目的が外在している（1140b6-7）。だから、この構造が政治に反映されるとき、目的が内在する政治的実践では手段の選択が制限されるのに対して、ナチス的ユートピアの制作にあっては目的が手段を制限するどころか、目的実現のためにますます暴力的な手段が求められていく。民族共同体の実現という目的を稚拙な善悪二元論にもとづいて掲げたとき、人種差別とジェノサイドという手段を抑制する歯止めはなくなり、その自己増殖が止まらなくなるからである。

ナチス的ユートピアの制作にひそむ、目的手段連関の一線を越えた暴力性に自覚的なアレントは、ナチス的プラトン改釈を次のように説明している。

> プラトン的ユートピアが特に供する利点は、市民たちには公共領域でなすべきことがあり、とはいえその結果、市民たちすべてがまとめて一人の人間（one man/*ein* Mann）のように扱われることにある。こうしたプラトン的ユートピアでは党派争いや内戦の可能性は原理的に封じられ、肉体的外観だけを別にすれば、〝どの仕方でも多数の人びとから一人の人間が生まれる〟。
>
> （Human, p. 224/S. 284）

制作はそもそも素材の形を変える暴力を契機として孕んでいたが、アーリア民族の優生思想を「善」とするナチス的ユートピアの制作にあってドイツ第三帝国民は、その自由と多様性が抹消されて匿名的で熱狂的な大衆に変わり、画一的役割が割りふられていく。もちろん、第三帝国の外部であるユダヤ人には、割りふられる画一的役割さえ存在しない。

こうした全体主義的組織で「党派争いや内戦」が起きないのは平和だからなのではなく、ナチス党員を中心にドイツ第三帝国民の一定数が、その全体主義的独裁に自発的に従属するにとどまらず、熱狂するまでの世人となったからなのである。この仕組みを確かめるため、次節では、ハイデガーの情態性概念を参照しつつ、藤田省三「全体主義の時代経験」を検討する。

3　ナチズムの運動とパトス

アーリア民族による民族共同体の実現という目的をヒトラーが稚拙な善悪二元論にもとづいて掲げたとき、人種差別とジェノサイドという手段を抑制する歯止めはなくなり、政治的制作の場において両者の終わりなき自己増殖の論理が現実を汚染する。こうした自己増殖を許したナチスの全体主義における世人の熱狂は、どのように生まれたのか？

この問いに答えるため、藤田省三がアレント『全体主義の起源』に刺激を受けて著した「全体主義の時代経験」を参照したい。『全体主義の起源』は、木前利秋がマーガレット・カノヴァンと共に『人間の条件』を読み解くにさいして、両著作の思想的連続性をふまえるべきと指摘したアレント最初の代表作であった[25]。彼女がそこで考察するところによれば、全体主義の信奉者は、優生思想を勝手に必然的法則とみなしてこれに盲従する一方、自分たちが望むことはすべてが可能だと盲信し、これらを結びつけて排除の論理を徹底していく。こうした「全体主義批判において、以上のような絶対の必然性と無限定の可能性を峻拒したところに、活動的生活のための人間の条件が問われたのである[26]」。

さて、藤田は全体主義を「三つの形態」に区別し、つまり、「戦争の在り方における全体主義」、「政治支配の在り方における全体主義」、「生活様式における全体主義」を挙げていた[27]。なかでも、「政治支配の終末的形式」である政治的全体主義は、人類史上初の「全く新しい性質の専制」であり、「普通の専制政治や独裁政治とは全く違う新しい性質と形と徹底力とをもったところにこそ特徴があった」[28]。以下、政治的全体主義の特徴を確かめていく。

藤田が注目していたのは、アレントが「二十世紀は難民の世紀になった」と告発していた点である[29]。一九四四年の論文「パーリアとしてのユダヤ人——隠された、或る伝統」のなかでアレントは、同化政策の失敗をふまえてみずからをウェーバー的な「パーリア民族（a "pariah people"）」とみなしたユダヤ人のなかから、社会の除け者であると同時に創造性にあふれた新たな「パーリア（pariah）」が生まれたことを指摘していたが[30]、パーリアとしてのユダヤ人は『全体主義の起源』で「難民（displaced persons）」として特徴づけられ、つまり、政治的全体主義の本質である排除の論理によって〝場所を奪われた人びと（displaced persons）〟と理解されるようになった[31]。こうした排除の論理にあっては難民の拡大再生産は終わることなく遂行されつづける[32]。

このようにナチス的全体主義に支配されたドイツ第三帝国は、民族共同体に対する帰属と排除という観点から国民と難民の区別を強化して民族共同体の境界を際立たせていくのだが、ユダヤ人がその民族共同体から排除され、難民にされる仕方は徹底したものであった。つまり、「市民としてのすべての法的保護を剥奪されたかもしくは喪失した者」、「一切の社会のうちに居場所をもつことを許されない存在」が難民なのである[33]。すべてを剥奪された者がわずかでも「法的保護」を受けたいと思うなら、その社会で「犯罪者となる以外に方法はない」[34]。「監獄法の一定の保護規定、あの最小限の生存保障に頼る以外には」、国家における「如何なる方法の保護からも見捨てられている」ほどの徹底ぶりで難民は排除されていく。[35]

では、その難民はどのように拡大再生産されるのだろうか？

このような拡大再生産のためには、ワイマール共和国で「今まで市民権（住民権）を得て居た者を法体系の中からあらためて追放しなければならない」[36]。こうした「追放行動の運動体」[37]を表現する言葉が政治的全体主義であった。制度的安定性を成立条件としていたはずの政治体制は政治的全体主義に至ってその安定性を放棄し、政府から国民までが「追放の運動体」と化す。[38] こうした追放の運動体がユダヤ人らを難民へと追いやるターゲットは「運動行動の綱領」である「イデオロギー」にもとづいて決定されていくのだが、たとえば、「ナチスは、最も手軽に、卑俗な集団的『虚偽意識』としての反ユダヤ人差別を利用し、それに大衆小説型の『陰謀家の集まり』というフィクションをつけ足して『綱領』の母胎（すなわちイデオロギー）らしく見せかけた」[39]。難民追放の基準は、こうして「差別の伝統」、「陰謀説の創作」、「意義を認めぬ独善」によってつくり出されていく。[40] もちろんナチスの言説が虚構や虚偽であれ、あるいはそれが実は虚構や虚偽をよそおう真実であれ、追放の運動体を加速することができれば、大衆扇動としてはそれでいいわけである。ヒトラーに熱狂する世人をあおるのは、いわば「謀略のプラグマティズム」である。

以上のように難民を生産しては追放していく政治的全体主義の組織的運動性は反復強迫的に高まり、ついには難民たちを囲いこむナチス独自の組織として「強制収容所」が立ち上げられるに至る。「刑法の法的保護体系の存在を前提」とした刑務所でもなく、国民の徴兵によって形成された軍隊でもなく、こうした既存の制度を否定して構築された隔離組織[41]、それが政治的全体主義を象徴する「強制収容所」である。

追放と拘留なら、それを支配の部分として含まなかった政治支配はかつて無かった。しかしそれは何処までも支配体系の部分であって、全体が追放と拘留の両極運動体になることなど予想もできなかった。その点にこそ此の「新しい政治」の政治形態の終末形式があった。[42]

こうして追放と囲いこみの無限運動のなかで生きる大衆は、「次は私か」という「恐怖と不安」に駆り立てられ、これらをぬぐうためだけに、ナチスへの「忠義な帰属心」を高進させていく。[43] つまり、「新種の奇妙な熱狂主義の出現」なのである。[44] このように相反する感情が強制的に増幅された政治的全体主義は、「その未体験性が恐ろしさを最大化しながら、同時に怪しげな大衆的『魅力』をも付与していた」。[45] 他者を追放する運動に対する疑問を押し殺し、あるいはアイヒマンのようにそれを当然視さえし、他者の追放を通じてドイツ第三国民である喜びを見出す異様な熱気が国全体に張りめぐらされていく。

ここで、『存在と時間』の情態性概念を手がかりに、恐怖と熱狂の混淆感情というドイツ第三帝国国民のいわば「群集心理」(ギュスターヴ・ル・ボン)に対して「現象学的分析」を試みたい。

まず本書第三章第1節の議論をふりかえっておくと、ハイデガーは「恐れ」を例にパトスの構造を解明し、情態性の三契機として、①「恐れがむかう先(das Wovor)」、②「恐れること自体」、③「恐れにおいて案じられるもの(das Worum)」を挙げていた。これら三契機は一体であるから、「……を(vor)恐がることとしての、……を案じて(um)恐れることはつねに、欠如的にであれ積極的にであれ、内世界的存在者をその脅威性において、内存在をその脅威性に関して、等根源的に開示する」(SZ, 141)。

具体的には、ナチスの犠牲になった第三帝国国民の存在を知る大衆が、「次の犠牲者は誰かと脅すナチスを

（vor）恐がる（uns fürchten）とき、こうした脅威的な情況内で、ナチスに脅かされる自分を案じる（um）仕方で大衆は存在する、ということである。或る内世界的存在者が情態的に開示されると同時に、その情況内に投げこまれている自己もまた情態的に開示され、つまり、ナチスである他者と第三帝国民である自己の情態的な共開示が遂行される。こうした情態性の三契機がそれぞれ開示するのは、①パトスのむかう先が内世界的存在者であるナチス、②パトスをもつこと自体がナチスの脅威的な全体主義という情況、③パトスにおいて案じられるものが大衆自身である。

つづいて熱狂の現象学的分析である。①「熱狂がむかう先（das Worauf）」、②「熱狂すること自体（das Aufregen selbst）」、③「熱狂において案じられるもの（das Worum）」が情態性の三契機であり、これら三契機は一体であるから、熱狂の快楽を知る大衆が、ヒトラーに（auf）熱狂する（uns aufregen）とき、こうした陶酔的な情況内で、ヒトラーに熱狂する自分を忘却的に案じる（um）仕方で大衆は存在する。ヒトラーに熱狂するナチス党員や第三帝国民は、我を忘れて熱狂に酔うということである。熱狂という情態性の三契機がそれぞれ開示するのは、①パトスのむかう先が内世界的存在者であるヒトラー、②パトスをもつこと自体がヒトラーのオカルト的全体主義的組織という情況、③パトスにおいて欠如的に案じられるものが大衆自身である。

ちなみに「次は私か」という不安は、それへの恐怖と比べて漠然とした感情として藤田は例示しているので、このことを指摘するにとどめる。

以上のように恐怖と不安、熱狂など相反する感情が混淆すると、恐怖にあって自他の違いが際立つ自己突出と、他者に溺れる自己喪失とがつねに入れ替わり、大衆は日に日に自己精神を衰弱させていく。これがナチスの狙いであった。というのも、権威への服従を大衆にすりこみやすくなるからである。ナチスによる大衆の感情支配をこうして駆動するのは、もちろん体制なき組織運動であるナチスの政治的全体主義であった。

ここでナチスのそうした政治的全体主義がドイツ社会をおおう手前、つまり、紙幣がただの紙切れになる天文学的インフレに襲われた一九二三年のワイマール・ドイツをふりかえっておく。この年、ユダヤ人哲学者のマルティン・ブーバーが『我と汝』を出版していたが、その言葉を借りて藤田が指摘するところでは、そうしてワイマール・ドイツでは「我と汝」という全人格的関係が市民たちから失われ、それどころか「我とそれ」という道具的関係に根差した経済社会からも、明日の生活を思い描きうる安定性が欠落していく[46]。この存在論的構造は、本書第四章と第六章の確認によれば、ブーバーではなく、ハイデガー＝レーヴィットの日常性の解釈学でこそ、優れて説明可能である。

ハイデガーが「ナトルプ報告」を記した翌年である一九二三年以降、ワイマール・ドイツでは、人びとは「無社会的孤立者」として根無し草のごとく漂い、「『身も心も我を喪った者』の群れだけがその状況を埋め尽くしている[47]」。中産階級の没落と労働者階級の赤貧である。

それは「身も心も失って」いるだけにちょっとした機会さえあれば、己れに都合の良い「指導者」や「組織体」に「身も心も」任せようとして待っている。それは「機会主義」的な「英雄待望論」の持ち主であり、同時に「己れが無い」だけに機械的な組織規律の歯車としては冷徹な技術者でもあった。二十世紀的現象としての「社会的結合なき大衆」とはそういう存在であった[48]。

この大衆は一時的なその場しのぎをくりかえして日々の生活をやりくりしていくのに精一杯であり、だから、心はつねに強い不安にとらわれている。そのぶん、不安がリミットを越えたときにあらわれる大衆暴動は、抑制の効かない奔流となった。この「変転極まりない無社会状況」を利用して大衆を引きつけ[49]、国家権力を掌握したのがヒトラーである[50]。ヴィクトーア・クレンペラーがナチスの術語法を説明した『LTI 或る文学研究者の手帳』で指摘していたように、「……ナチズムは、一つひとつの単語や成句、文形を何百万回もくりかえして強制し、機械的かつ無意識的に受け取らせることで、大衆の血と肉へと浸透した」[51]。当の“LTI”は、略号が多用された「第三帝国の言語（Linga Tertii Imperii）」をクレンペラーが揶揄し[52]、これを略したものであったが、ドイツ第三帝国では、そうした“LTI”が公用語となり、また図像と身体表現をもちいた形象的シンボルや音響的シンボルも蔓延していた[53]。稚拙で浅薄な人種差別的善悪二元論を頭脳に巣喰わせた英雄ヒトラーと、虚実皮膜のあいだで大衆感情をたきつける宣伝相ゲッペルスとは、ヒトラーの顔をした政治的全体主義のもとで饒舌に“LTI”を話し、各種のシンボルで着飾って無社会的孤立者をナチズムへと誘いこんだわけである。

ナチスのこうした「政治美学」の裏側で進んでいたのは、第一次世界大戦によって産み出された「無社会状況に遍在する不安と恐怖と怨恨、すなわち不安定性をそのまま制度化しようとする」[54]、政治的全体主義であった。もちろん「不安定性をそのまま制度化しようとする」とは逆説的な物言いである。しかし、「絶えず一切の安定性を打ち毀し、安定性をもたらす社会的制度の萌芽はことごとく摘出し切除し続ける」[55]というネガティヴな連続が、ヒトラーのもと、国民のあいだで共有された国家的制度となってしまう。国家政策であるユダヤ人排斥運動のことである。こうしてワイマール・デモクラシーの政治制度は終末を迎え、「全く新しい政治支配形式」として政治的全体主義が誕生する。追放の運動体において「自己の不可欠の基礎としての不安定性を絶えず創り出し続けるままの姿で制度の名を僭称する」に至った政治組織が政治的全体主義なのだ[56]。

指導者が「諸君には、闘いと危険と死とを約束する」と言う場合、その闘いとは全ての安定性の種子に対する闘いであり、「危険と死」はもちろん終わりなき戦闘的運動のもたらす運命である。その「公約」は無社会的状況の不安定性の上に自暴自棄となって開き直る「死への衝動」の動員以外からは生まれない。飽き飽きした「終わりなき恐怖よりも、（イッソノコト）恐怖とともに終わろう」と言う恐るべき否定的決断主義に満ちた大衆運動が組織化（「制度化」）されるのは、この状況の下でのこの最新政治支配においてだけであった[57]。

その指導者はもちろんヒトラーである。「否定的決断主義」の政治美学にあって「死への衝動」は「死への覚悟」として高尚な見映えを与えられ、『存在と時間』は戦地に赴く若い兵士たちのリュックにつめこまれる。ナチスの雰囲気に盲従する無社会的孤立者たちは死への覚悟という美辞が植えつけられた全体主義者となり、それが心の虚しさにとって代わる。絶命までの苦しみや当人の死後に残された家族の苦しみには思いが及ばないほど、未知なる死がまぶしく輝いて見える。死の前後に存続する現実の厳しさを見つめるリアリズムは、その全体主義者たちに無縁である。美しいと勘違いされた死とその死が成就すると勘違いされた勝利に、全体主義者たちはすっかり陶酔しているからである。どこにむかっているのかもわからない前後不覚の政治的酩酊が政治的全体主義者の実情であった。

ふたたびクレンペラーの言葉を聞こう。

第三帝国の言語は徹底して次のことを目指していた。すなわち、個々人からその本質的個性を奪い、人格をもった個々人に麻酔をかけ、一定の方向へと追い立てられ煽られた畜群の一頭のごとく、思考の欠如と意志の欠如を穿たれた部品（gedanken- und willenlosen Stück）となるように個々人を仕向けることである。こうして個々人は、転がっていく一つの石塊を構成する原子にされてしまう。LTI は大衆的狂信主義の言語であった。LTI が個々人に向かい、つまり、個々人の意志だけでなく、その思考にも向かうとき、LTI が教説である場では、LTI が狂信と集団暗示の手段を授けている。[58]

クレンペラーがこうした文章を書きつけた『LTI　或る文学研究者の手帳』は、アレント『人間の条件』が出版される前年の一九五七年に世に問われた著作だが、『LTI』の影響下で『イェルサレムのアイヒマン』の術語法は吟味されていたのかもしれない。こうしたクレンペラーが着目する「大衆的狂信主義」は、政治的陶酔によって忘我をさそうナチス的ジャーゴンの一つであった。[59] とはいえ逆説的にも、この大衆的狂信主義と結びついたナチズム運動こそ、ヒトラー自身を自滅へと駆り立てる構造をもっていた。

坂井栄八郎はこう述べている。

支配の正当性を国民の支持に求めるカリスマ支配は、めざましい成功の連続によってのみ維持されるものである。そこには運動の止まるところのないダイナミズムが組みこまれているが、「歯止め」の装置は完全に欠落している。[60]

止まることなきナチズム運動が、とはいえ止まるのは、ナチズムに内蔵された自己崩壊のときであった。全体主義のピークに達した組織が自滅的行動の乗数的な加速を始め、ヒトラーに関しても、「あの男は宗教的狂乱に陥って最後を迎えるだろう[61]」と市民に予見される始末であった。ドイツ第三帝国で息をひそめて暮らす良識的市民の、こうした政治的直観が正しかったことは、歴史が示すとおりである。こうした市民の存在に、アレントは当時から気がついていた。

しかしながら、暴虐のかぎりを尽くすナチスが自壊するのを待つだけでよかったわけではない。ヒトラーとナチスが自壊するまでのあいだ、多くの人びとがナチスの歯牙にかかり、犠牲となりつづけるからである。ヒトラーの暴虐を阻止する政治的人間たちが声をあげ、行動しなければならない。

アレントの「レッシング考」をふりかえってみれば、「公共領域の機能は、自分は誰で何をなしうるのか、このことを行為と言葉で示しうるあらわれの空間を準備し、そうして人間的な事柄に光を投げかけることにある」。この公共領域では、自由で多様な住民たちがそれぞれに固有の見解を表明して話し合う「共通世界」(Human, p. 52/S. 66)が開かれる。政治的人間は、共通世界での行為と言論の「卓越(Excellence/Vortreff-lichkeit)」によって自己の生を成就し(Human, p. 49/S. 61)、とりかえのきかない私の「唯一性(uniqueness/Einzigartigkeit)」を高進させていく(Human, p. 176/S. 214)。政治的人間は、欠員が出れば補充される役割社会の匿名的大衆ではない。

アレントが読み解くレッシングは、そうした共通世界の外部で押しつけられる専制的な真理を批判していた。彼女がこの批判のうちに見出したのは、ナチス的プラトン改釈に孕まれた政治的危険性である。

多くの声が響く空間の外部で崇められる真理があるとするなら、それは……すべての人間が突如としてただ一つの意見にまとまり、したがって多数の人びとから一人の人間が生まれる結果に至っていたからである。こうした真理のもとで地上から消えていくのは、多様性をあらわす人びとのあいだにのみ成り立ちうる世界であった。

（Dark, S. 45）

この「世界」は共通世界を指している。政治的人間一人ひとりが行為と言論を通じてその多様性をわかちもっていた共通世界は、ナチス的ユートピアからは消去されしまうわけである。ヒトラーの夢は「完璧な官僚政治（Bürokratie）」だったとアレントは指摘していたが（Eichmann, S. 59）、ヒトラーの顔をしたナチスは、第三帝国という身体に官僚政治という神経網を行き渡らせている。ドイツ第三帝国民は、と言えば、ヒトラーの支配的命令に自発的に服従しつつ、官僚政治を介して、それを執行することがひたすらの義務となる。これが、第三帝国の定言命法によって課される義務であった。

＊

次章では、ひきつづき役割存在論の観点からアレント政治思想を読み解き、アイヒマン問題を事例にナチスの官僚政治が孕む「悪」の成り立ちを明らかにする。

第六章　凡庸な悪とその日常性

はじめに

蒸気機関車は草原を疾走している。汽笛が虚空に響く。[1]

一九八五年に公開された、クロード・ランズマン監督作品『SHOAH（ショアー）[2]』を目にしたわれわれは、それが、ユダヤ人を強制移送する列車を引いた「1TT2 型」と同型の機関車であることを知る。[3] ギリシア語で「ホロコースト」、イディッシュ語で「フルバン」とも呼ばれるヘブライ語の「ショアー」を、本書では歴史学者ヤコヴ・M・ラブキンの術語法をふまえ、「ユダヤ人ジェノサイド」と呼ぶが、[4] こうしていくつかの名をもつ出来事の一部は、数十年が過ぎ去っても、現実の一部でありつづけていたということになる。

ここで再考したいのは、強制移送の列車に押しこめられることがなければ、ユダヤ人は虐殺の現場に到着することもなかった……という端的な事実である。

では、誰がその列車運行を管理し、ユダヤ人強制移送業務を仕切っていたのか？

ナチス親衛隊の中佐アドルフ・オットー・アイヒマンである。本章で明らかにするのは、ナチスによるユダヤ人ジェノサイド[5]に対して、彼はいかなる「責任[6]」があったのか、このことである。この問題を「思考」の観点から考え抜いたアレントは、マールブルク時代からハイデガーの高弟であったが、いわゆる「アイヒマン問題」に対する彼女の哲学的考察と、その前提になったハイデガーの思索への理解と批判は、彼の『存在と時間』がどこまで現実の成り立ちを明らかにしうるのか、その射程を教えてくれもする。具体的に言えば、「日常性の解釈学」が全体主義的組織の存在論的構造を解き明かすポテンシャルをどのくらいそなえているのか、このことが明らかになる。というのも、その日常性の解釈学は、本書の第二章から第五章で明らかにしたように、「物在性」や「用在性」といった存在理念、レーヴィットがハイデガーから引き受けて具体化した「役割存在論」、パトス的開示である「情態性」概念から成り立っていたからである。

ナチスによるユダヤ人ジェノサイドに対して、ナチス官僚アイヒマンにはいかなる「責任」があったのか、この問いに対する本章の回答を先に示そう。アイヒマンのユダヤ人強制移送業務には、戦争遂行における「ロジスティクス」[7]の不可欠さに比例する形で、ユダヤ人ジェノサイドへの責任が帰せられる。

日常性の解釈学と、これへの批判をふくむアレント政治思想という観点から、その回答を提示する場は、それぞれの仕方で戦争にまつわる研究を徹底した、最広義の「ユダヤ系学者」たち[8]、政治思想家アレント、社会心理学者スタンレー・ミルグラム、軍事史家マーチン・ファン・クレフェルトの理論的考察が織りなす「布置（constellation）」のうちに見出される。著作名を交えて言えば、その布置は以下である。

①一九六三年に初版が出たアレント『イェルサレムのアイヒマン――悪の凡庸さに関する報告』[9]で論じられた彼の道徳上の「悪」と法律上の「罪」の内実を見定める。②このとき、『イェルサレムのアイヒマン』に知的影響を受け、「アイヒマン実験」と後に呼ばれる社会心理学的実験を試みたミルグラム『権威への服従――実験的観点から』（一九七三年）を検討し、ヒトラーという権威にアイヒマンが服従するさいの存在論的心理機

制を明らかにする。[10]③これら二つの考察をふまえたうえで、ナチスが「ユダヤ人問題の最終解決」[11]と呼んだジェノサイドの実行に対してユダヤ人強制移送のロジスティクスがどれだけの効果を有していたか、この点を明確にする。そのため、従来の軍事史で見逃されてきたロジスティクスの決定的重大さを一九七六年にはじめて歴史的に前景化したクレフェルト『補給戦――ウォレンシュタインからパットンへのロジスティクス』を参照する。[12]

「道徳哲学の諸問題」（一九六五年）や「独裁体制下の個人的な責任」（一九六四年）を収めたアレントの遺稿集『責任と判断』（二〇〇三年）は、ドイツ語版のタイトルが『悪論（*Über das Böse*）』であったけれど、その両論考でアイヒマン問題があらためて哲学史の観点から検討されたことに注目すれば、彼女は、アイヒマンの悪と罪とを織りあわせた図柄として彼の個人的責任を浮かび上がらせていることがわかる。この図柄をクレフェルトのロジスティクス論が見えやすくしてくれる。

以上の見通しをふまえ、本章の進行を示す。第1節「ジェノサイドに対する個人的責任」ではアレントがアイヒマンにいかなる「悪」を認め、どのようにそれについての個人的責任を彼に帰したのか、罪と良心の観点から明らかにする。第2節「極限的な悪と凡庸さ」では彼女が彼に見出した悪の成り立ちと、悪にコミットするアイヒマンの凡庸さとを具体的に示す。第3節「思考の欠如と判断の有無」では凡庸な悪が可能となった思考の欠如と他者の不在との相関性について考察する。第4節「アイヒマンのロジスティクス」ではユダヤ人ジェノサイドで彼が果たした役割をクレフェルト『補給戦』を参照して確認する。第5節「多層的人間の自己同一性」ではユダヤ人ジェノサイドに反対した「政治的人間」たちのさまざまな「活動性」が「物語り的自己同一性」へと織りあわされ、とりかえのきかない「私の唯一性」となることをアレント流の「哲学的人間学」の観点から明らかにする。第6節「アレント時間論の手前で」では織り上げられた物語り的自己同一性の組成が前提とする時間論を素描する。

アイヒマンがユダヤ人ジェノサイドに対する責任をみずから認めざるをえない光のもとにまで彼を連れ出せたなら、ハイデガーとアレントの哲学的ポテンシャルを本章で示しえたと言えるであろう。

1 ジェノサイドの個人的責任

一九三三年、ドイツで「全権委任法」が成立する。ナチスの暴力的な強行によるワイマール立憲主義の徹底的破壊がここに始まり[13]、この年、ナチス党員となったハイデガーはフライブルク大学の総長職を引き受ける。これ以降のドイツ社会をふりかえってアレントは、「独裁体制下の個人的な責任」においてユダヤ人ジェノサイドの実務を担う「官僚政治（bureaucracy）」の「歯車」にすぎなかったと言い逃れをする個人に対して、次のように問うている。

……あなたは、そうした状況のもとでなぜ歯車の一つ（a cog）となったのか、もしくは、なぜ歯車の一つでありつづけたのか。

（Responsibility, p. 30）

『イェルサレムのアイヒマン』では、この問いがアイヒマンに対してむけられていた[14]。アレントは、一九四四年十一月に記した小論「組織化された罪と普遍的責任」のなかで、「行政的大量殺人」において第三帝国官僚に共犯関係を強いる「大量殺人機構」の成り立ちをすでに考察していたが（Guilt, p. 126）、こうした官僚組織の一部をなす歯車の法的責任ではなく、当人がその歯車になることを選び、あるいは拒まず、その後も歯車でありつづけたことの個人的責任を焦点に、彼女はアイヒマン論を進めていた。

アイヒマンの個人的責任を見えやすくするため、「罪」[15]と責任の関係、そして「良心[16]（conscience）」と責任の関係をそれぞれ確かめておく。とりわけ良心概念から照らし出すとき、アレントが法廷で目にして驚いた彼の「凡庸な悪」（Eichmann, S. 56）は、その構造が読みとりやすくなる。

最初に、罪と責任の関係の問題である。第三帝国の暴力的権威であるヒトラーへの服従にあっては、ナチスの職務で責任を果たしたがゆえに、敗戦後、たとえばアイヒマンはその罪を問われた。これとは逆に、ナチスの価値観と規範を疑い、そうした責任を戦中に果たさなかったがゆえに、戦後は罪を問われなかった人びともいる（cf. Responsibility, pp. 43-45）。アレントの考えるところでは、ユダヤ人ジェノサイドに加担すれば、自分が精神的に壊れて「思考」という「活動性」を失ってしまうから、「私にこんなことはできない」（Responsibility, p. 78）と、それを拒否した人びとが後者である。第三帝国下でアイヒマンのようにユダヤ人ジェノサイドに積極的に加担した人びとと、反対に非協力だった人びととのそうした対比を見てわかるのは、法的に許されること／許されないことの基準と法的責任の有無とが第三帝国と戦前戦後ドイツとで反転している点である。

つづいて良心と責任の関係の問題だが、ミルグラム『権威への服従』のいわゆる「服従実験」で的確に示されたとおり、ワイマール共和国下でドイツ国民がそなえていた良心と比較すれば、ヒトラーという暴力的権威に服従するナチス党員らドイツ第三帝国民はその良心を変質させており、たとえばその極端な例とも言えるアイヒマンの場合、ユダヤ人強制移送業務の責任を果たせないことに良心の呵責が感じられ、その責任が果たされると、満足感がいだかれた。

アイヒマンのこうした官僚的心理を説明してミルグラムは次のように述べている。

代理執行者への移行（agentic shift）の結果としてもっとも射程が大きいのは、そのひとは自分を指導する権威に対しては責任を感じるのに、権威が命じる行動の中身については責任を感じないことである。道徳性は、消えたわけではないが、根本的に別の焦点をもつようになる。従属的な立場の人間が感じる恥や誇りは、権威に求められた行動をどれだけきっちりこなしたか、これで決まる。

この種の道徳性をずばり示す用語は、言葉のなかに無数に存在する。忠誠心、責務、規律といった、その用語は、すべてに道徳的な意味合いが重くつきまとい、ひとが権威に対する義務をどれだけ果たしたのか、このことを示す。これらの用語は、その人物の「善良さ（goodness）」そのものを指すのではなく、従属する立場のひとが社会的に規定された役割をどれだけきちんと果たしたのかを示すのである。[17]

この引用に登場する「道徳性」は、上述した良心と入れ換え可能な言葉である。「ヒトラーの道徳」とでも呼ぶしかないものが、当時のドイツ社会を支配していた。[18]

本書第四章では、ハイデガーの役割存在論が物在性や用在性という存在理念に規定される仕組みを考察したが、これを光源にしてこそ、第三帝国でヒトラーに「従属する立場のひとが社会的に規定された役割をどれだけきちんと果たしたのか」、しかも、その役割行為が人格尊重なき物在性と用在性にどれだけ侵蝕されていたのか、これらのことを哲学的に照らし出すことができる。ハイデガーの思索と彼に学んだアレントの思考、そして彼女に知的刺激を受けて第三帝国の社会心理に迫ったミルグラムの心理学的考察とを同じ有機的地平に乗せて検討する所以である。

第三帝国の道徳的価値観とヒトラーへの忠誠心のなかで、ワイマール・ドイツまでは妥当していた善悪の基準は反転して人びとに内面化され、アイヒマンの良心もそうして形成されていた。"conscientia"という語の成り立ちに即して考えれば、神や世間、自分自身と「共に（con）」、なすべきこと／してはならないことを「知る（scientia）」働きが良心であるかぎり[19]、第三帝国の定言命法に従うか否かで満足や疾しさが生じる心理において、アイヒマンたちはヒトラーと「共に（con）」、彼らなりの善悪を形成していた。「私の良心はアドルフ・ヒトラーである」（ヘルマン・ゲーリング）。だから、アイヒマンはユダヤ人強制移送とその結末であるジェノサイドという「中身」に良心の呵責を覚えることもなければ、責任を感じることもなかった。

このアイヒマンが一九六一年にイスラエル法廷で問われた法的な罪は以下である。「ナチス体制のあいだ、とりわけ第二次世界大戦中、彼は《他の人びとと一緒に》、ユダヤ民族に対する罪、人類（Menschheit）に対する罪、戦争犯罪を犯した[20]」。価値観の政治的で社会的な反転にあっても変わらないと考えられた、人類に対する法的罪が問われたわけである。本書第五章で考察したように、ヒトラーの稚拙な善悪二元論が優生思想や人種差別と結びついたとき、人種差別は自己増殖してジェノサイドを拡大する無限運動となった。長距離を射程におさめた大量殺戮兵器が存在する二十世紀世界で、そのようにして人種対立が極まった果ての「絶対戦争」は、人類の滅亡で終わりかねない[21]。

こうしたアイヒマン裁判を目にしてアレントが唯一の関心をむけていたのは、『責任と判断』を編纂したジェローム・コーンが解説するところによれば、「〝それなしにはまさに〈人類〉や〈人間性〉といった言葉の意味が失われる、人間の多様性そのものや……人類全体〟の複数性、これを侵害したことに対する、アイヒマンの責任を明らかにする」ことであった。[22] この責任とは、人類に対する法的罪を犯した彼が一人の大人として負うべき個人的責任のことである。権威への服従と歯車理論を組み合わせれば、彼は命令に従っただけの歯車の一つとなり（cf. Responsibility, p. 30）、法的罪と道徳的悪の観点から責任逃れが試みつづけられていくけれど、しかしながら、アレントは彼に個人的責任を問うて、それを許さない。

このようなアイヒマンに対してイスラエル法廷の判事たちが語るべきであったとアレントが考える判決理由は、『イェルサレムのアイヒマン』「エピローグ」の最後にこう記されている。

> 内外のどんな偶然を通じてあなたが犯罪者となる道に足をふみいれてしまったのだとしても、あなたがしてしまったことの現実性と、同じ状況下で他の人びとがしてしまったかもしれない可能性とのあいだには、架橋しえない裂け目がある。〔中略〕
> あなたが大量虐殺組織の従順な道具となったのは紛れもない不遇だったと想定してみても、それでもなお、あなたが大量虐殺の政治を実行し、それゆえ、この政治を積極的に支持した加担の事実に変わりはない。というのも、あなたが〔ヒトラーへの〕服従を理由にしていたかぎり、私たちはあなたを次のように非難したいからである。すなわち、政治は、子ども部屋で行なわれるわけでは決してない。大人の政治という領域にあって服従（Gehorsam）の言葉は、同意（Zustimmung）や支持（Unterstüzung）の言葉に他ならない。[23]

アレントは、「大人」と「子ども」の区別を指摘して「同意」と「服従」の違いを説明している。「子どもが服従する領域で大人は同意する（consent）のであり、大人が服従するように言われる場合、〝服従（obedience）〟が求められる組織や権威、法律のことを実際はその大人が支持している（*support*）」（Responsibility, p. 46）。

ヒトラーという暴力的権威への服従は、彼への支持なのだ。

「統整的原理」から「構成的原理」への「すりかえ（Subreption）」が理性の誤用によって生じることを指摘したのはカント『純粋理性批判』「アンチノミー論」であったが[24]、一人の大人が政治的に同意した服従をヒトラーの強制とすりかえて隠蔽し、責任逃れをすることはできない。ユダヤ人ジェノサイドへの加担にあっては、ヒトラーに対する政治的な同意をふまえ、凡庸な悪に対するアイヒマンの個人的責任が問われていく。

次節では、その凡庸な悪の内実を明らかにする。

2　極限的な悪と凡庸さ

アレントにとって、ユダヤ人ジェノサイドとは何だったのか？

一九六四年講義「道徳哲学の諸問題」第一講で彼女は、哲学、文学、宗教の悪概念を列挙して検討したのち、「とはいえ本当の悪とは、『これは決して起きてはならなかった』とだけもらし、あとは言葉を失ってしまう恐怖を私たちに引き起こすもののことである」（Responsibility, p. 75）と規定していた。

ユダヤ人ジェノサイドは、「決して起きてはならなかった」ことを現実化した悪である。それは、アレントが考えるところでは、狂想的な人種差別にもとづいてジェノサイドの遂行に至らせ、そうした凶行の自己増殖の果てに人類の破滅を招きうる悪であった。[25] こうしたユダヤ人ジェノサイドは、人類存続が普遍的道徳であるならば、犯してはならない悪であり、同時に、人類に対する法的な罪なのである。ヒトラーに対する政治的同意のもとで遂行されたユダヤ人ジェノサイドへの加担によって、大人のアイヒマンはその個人的責任を問われなければならない。「あなたはなぜ歯車の一つでありつづけることを選んだのか」という問いに答える必要がある。

アイヒマンは、ヒトラーへの政治的同意のもとでナチス官僚〈として〉生きることを選んだ。その凡庸さゆえにユダヤ人を虐殺の地へと強制移送する業務の歯車でありつづけた。アレントの説明は以下である。

> 悪は凡庸でありえた。このことが見過ごしえない現象の一つとして、法廷でもひたすら事実的な水準において話題となる。……自分の昇進に役立ちうることであれば、何でもする熱心さが常軌を逸していたことのほかには、彼にそもそも動機はなかった。こうした熱心さも、それ自体ではまったく犯罪的ではなかった。……俗な言い方をすれば、彼は、自分が本当にやったことを決して思い描きはしなかった（*niemals sich vorstellen*）だけである。このように思い描く能力（Vorstellungsvermögen）がまさに欠けていたから、彼は、警察の尋問担当であるドイツ系ユダヤ人とむかい合いに座って自分の心の丈を打ち明け、自分が親衛隊で中佐にまでしか昇進しなかったのはどうしてだったのか……、何カ月ものあいだずっと、［そ

の不満を〕担当官に再三再四説明できた。

(Eichmann, S. 56f., cf. S. 126)

アレントに恐れられた彼の凡庸さがよく示された場面である。自分が絶滅収容所や強制収容所への強制移送を仕切ったがゆえに、ユダヤ人は移送先で虐殺されたことを思い描く能力が、アイヒマンには欠けていた。アレントが「思考の欠如[26]（Gedankenlosigkeit）」と呼んだ事柄の一端である。

こうした「思考の欠如は、或る意味まったきその欠如は――愚かさと決して同じではない何かだが、彼にとっては、当時最大の犯罪者の一人となりえた素質だった」（Eichmann S. 57）。ジェノサイドのロジスティクスという自分の仕事が呼びこむ、ユダヤ人の過酷な現実を思い描く思考の欠如ゆえに、アイヒマンの心は、その仕事で昇進することを願う凡庸さで満ちる。

「忠実で従順なことに与えられる報酬はさまざまな形をとるが、もっとも巧妙なのは、ヒエラルキーのなかで個人が地位を一つ引き上げてもらえるというものであり、こうしてその人物が動機づけられる同時に、その構造は永続化にむかう[27]」。ここに、彼が熱心にジェノサイドのロジスティクスにとりくみつづけた理由がある。「アイヒマンの凡庸さ、つまり、自発性の全体的な欠如ゆえに彼は、『怪物』か『悪魔』になったわけではなかったけれど、それにもかかわらず極限的な悪の代理執行者（agent）になっていた」（Responsibility, p. xvf.）。ユダヤ人ジェノサイドの遂行にあっては、欧州のユダヤ人を地上から滅亡させようという極限的発想と、これに孕まれた非人間性への感受を停止して昇進に熱中する凡庸さとの、想像を超えた組み合わせが、ナチス官僚〈として〉生きるアイヒマンのなかで一体化していたわけである。

「この事実にアレントは一人打ちのめされていた」（Responsibility, p. xvf.）。しかも、アイヒマンは、ユダヤ人強制移送の残酷な結末を知らなかったわけではない。「彼は、移送がなされた先の諸施設を見ており、そのショックでほぼ正気を失うほどであった[28]」。そうでありながら、「彼の課では《輸送計画が作成され》、移送手段が組織されていた」（Eichmann, S. 251）。ジェノサイドの悲惨を直視することに耐えきれない彼が、しかし、ナチス官僚〈として〉熱心にロジスティクス業務をこなして昇進に執着する心理の複雑さは、ミルグラム『権威への服従』でこうときほぐされている。

邪悪な行動の連鎖の中間段階でしかなく、行動の最終的な帰結から遠く離れていれば、責任を無視するのは簡単になる。アイヒマンですら、強制収容所を視察したときには気分が悪くなったけれど、でも実際に大量殺人に参加するにあたり、彼は机に向かって書類をやりとりすればいいだけだった。……ここには、人間行動総体の断片化がある。邪悪な行動を決断してその帰結に直面しなければならない一人の人物というのがいない。行動の全責任を負う人物が消え去っている[29]。

結末を知りながら、ジェノサイドに加担した責任を無自覚に逃れ、ユダヤ人強制移送業務に日々勤しんだナチス官僚アイヒマン。その姿を法廷で目にしたアレントにとって、思考の欠如は何を意味していたのか？　それを次節で確かめたい。

3　思考の欠如と判断の有無

アイヒマンが見せる思考の欠如を考察するため、アレントは「道徳哲学の諸問題」において「思考」と「判断」の哲学的概念史をふりかえっていた（Responsibility, p. 92）。とはいえ彼女はすでに一九五四年の講義「哲学と政治」で、思考が「一人のなかの二人（two-in-one）」による二重的自己内対話であることを説明している。[30] 思考がそうした「活動性」であるかぎり（Responsibility, p. 98）、「私にこんなことはできない」（Responsibility, p. 78）という孤独な良心に反して自分がユダヤ人ジェノサイドに加担しては、思考という私の活動性それ自体が破壊されてしまう。私は、思考の対話相手となる内的他者を、つまりは良心をジェノサイド加担ゆえに失うからである。残るのは、自分で満たせない空虚を穿《うが》たれて自律が欠落した私だけである。

とはいえ、ドイツ第三帝国にあっても思考を手放さない人びとがいた。こうした人びとは「私はこんなことをすべきでない」（Responsibility, p. 78）と考えたわけではなく、つまり、ユダヤ人ジェノサイドへの加担を「当為（Sollen）」ゆえに拒否したのではなく、「私にこんなことはできない」とその加担を拒否している。だから、そうした人びとがユダヤ人ジェノサイドを積極的に阻止する社会的な力になりえたわけではなかったが、とはいえ、個人的にはジェノサイド加担を拒否してその消極的阻止を実行し、二重的自己内対話の思考を維持することができた（cf. Responsibility, pp. 89-93）。

問題は、アイヒマンのように、自己内対話の思考という活動性を欠いた者が存在したことにある。こうした思考の欠如は、アイヒマンという現存在に開かれる世界を、人格尊重なき物在性と用在性の世界へと変えてしまう。

本書第四章で確かめたハイデガー＝レーヴィットの役割存在論をふりかえってみれば、息子をもつ私は家庭という情況世界で父〈として〉ふるまう一方、もしその子が自分の働く僻地の診察所に運びこまれれば、医師〈として〉私は息子を患者〈として〉扱う。普段は子どもを甘やかし放題の気弱な父も、僻地ゆえに麻酔薬を切らした情況下では、錆びた鉄片を足から抜いて消毒する〈ために〉、暴れる子どもの足を力づくで抑える。これは、医師〈として〉破傷風を予防する〈ために〉迅速な措置が必要だったからである。患者の人格と生命を尊重するがゆえに私は医師〈として〉息子の足を物理的身体〈として〉つかみ、そこにメスを入れる。大怪我をした子どもを見て私は、気弱な父〈として〉オロオロしているわけにはいかない。

以上の例からわかるのは、医療行為の場面で身体を物在性にもとづいて了解し措置することが人格の尊重ゆえに必要とされたということである。つまり、家庭から手術室へと情況世界が変化し、これに応じて役割行為も変化する。

こうした情況世界と役割行為の相即的変化は通時的にも生じる。一九〇六年に生まれたアイヒマンは、一九一八年のドイツ革命後に成立したワイマール共和国の価値観が浸透する情況世界ではユダヤ人をワイマール国民〈として〉扱い、列車に同乗したユダヤ人の自由と権利を尊重して座席を奪うことはなかったはずである。しかし、ワイマール共和国が崩壊した一九三三年以降、その価値観が反転した第三帝国でナチス官僚〈として〉働いたアイヒマンは、移送列車につめこむべき積荷〈として〉ユダヤ人を扱い、ジェノサイドのロジスティクスで成果をあげることにナチス的良心の満足を感じつつ、昇進の希望をいだいていた。家にもどれば、良き家庭人〈として〉家族に接したアイヒマンも、同時に従順なドイツ第三帝国民〈として〉総統ヒトラーの価値観を内面化し、思考の欠如という精神状態にあって家族にヒトラー称賛の言葉をはくこともあったろう。

しかしアイヒマンとは異なり、二重的自己内対話である思考を手放さない人びとがいた。この思考こそ、判断の超越論的条件となっている。つまり、他なる人間という外的他者の視点から私が世界の出来事を判断できるのも（cf. Responsibility, p. 146）、思考する私が失われていなかったからである。アレント『精神の生活』を準備した「道徳哲学の諸問題」でも、思考は二重的自己内対話であるという規定は保持されており、つまり、思考が内的他者に私が「応答する（response）」営為であるかぎり、こうして思考する私こそ、外的他者に「応答可能（responsible）」なのであった。

未完に終わった『精神の生活』で第三巻は「判断」と予告されていたのに鑑み[31]、『カント政治哲学の講義』はドイツ語版で『判断（*Das Urteilen*）』という書名を与えられていたが[32]、そこでは、カント『判断力批判』の「センスス・コムニス（*sensus communis*）」という理念が他者に対する私の開放性という観点から考察されていた[33]。つまり、カントが説明するところによって、センスス・コムニスは「或る共同体感覚の理念（die Idee eines gemeinschaftlichen Sinnes）」であり、私が「反省において、どの他者が表象する仕方であっても、その仕方を思想（Gedanken）のうちで（ア・プリオリに）考慮する判定能力の理念」である[34]。このようなセンスス・コムニスと政治的判断の関係を探るアレントのカント解釈によれば、思考を手放さない私は外的他者に応答可能であり、センスス・コムニスの理念に照らし出された判断空間で「ユダヤ人ジェノサイドをやめるべきだ」という政治的判断を下すことができる。

これは、コーンによる以下のアレント解釈を手がかりに言えることである。

……或る程度確信をもって言えるのは、アイヒマンに欠けていた思考能力は判断の前提条件となっており、世界に侵入して世界を汚染する悪は、その判断が拒絶されたからこそ、呼び寄せられたということである。こうした悪は、あなたの判断力が思い描いて応答する（respond）他者を目の前にして、その他者のことを想像し判断する能力が欠如しているときにも、呼び寄せられてしまう。

（Responsibility, p. xxix）

ジェノサイドを世界に招く悪が人間精神を侵蝕し汚染すると思考が失われる。その結果、他なる人間に対する私の「応答 - 可能性（responsi-bility）」も奪われ、これに裏打ちされた判断が遂行不可能になってしまう。この解釈を本書では引き受け、凡庸な悪の本性に迫るため、『人間の条件』に遡って判断とその超越論的条件をなす思考の関係を解明したい[35]。この関係には、ユダヤ人ジェノサイドに反対する「行為者[36]（actor/handelnde Menschen）」の判断というポジティヴな公共的事象が孕まれているからである。

あらためて確認すれば、ユダヤ人ジェノサイドを積極的に阻止する社会的な力にはなりえなかったが、思考を欠いたアイヒマンと違い、自己内対話である思考を保持することで自分だけはユダヤ人ジェノサイドへの加担を拒否できた人びとがいる[37]。

これに対してアレントが『人間の条件』でアウグスティヌスの「政治哲学」（Human, p. 177/S. 216）を手がかりに論じたように、世界における人間の誕生は「誰か（somebody/Jemand）」の「始まり（beginning/Anfang）」であり（Human, p. 177/S. 217）、したがって、その人間に孕まれているのは、「あなたは誰か」（Human, p. 178/S. 217）と問いかける他者に対して、〈私〉という「主語」（Human, p. 178/S. 218）のもとで「答え（answer/

Antwort）」（Human, p. 178/S. 217）を差し出す可能性である。「私は誰か」を他者に伝える言論は、人間を「政治的存在」にする活動性であった（cf. Human, p. 179/S. 219）。

彼女がその著作を通じて求めたのは、「第三帝国が支配するこの世界でも、ユダヤ人ジェノサイドはなされるべきではない」という普遍妥当的な政治的判断を通じて行為者たちが、ジェノサイドに反対する声を社会であげ、それを積極的に阻止する可能性であった。彼女の小論「組織化された罪と普遍的責任」を見れば、一九四四年十一月の時点で彼女は、この可能性を考えていたと言える（cf. Guilt, p. 132）。

ここで思い出したい。稚拙な善悪二元論に裏打ちされた人種差別の自己増殖ゆえに人類滅亡を招きかねないナチス的ジェノサイドという極限的な悪に加担したアイヒマンの凡庸さにアレントは「恐怖」を覚える一方（Responsibility, p. 146）、しかし、すでに『人間の条件』序論でこう指摘していた。「複数形の人びと、つまり、この世界で暮らし、行動し、行為するかぎりでの人びとが充実した意味を経験できるのは、人びとが互いに話して（speak）意味づけ合っているからにほかならない」（Human, p. 4）。思考と言論は判断の形成と言語的明示を可能にするが、『イェサレムのアイヒマン』にあって判断は「特殊」が包摂されるべき「普遍」を探す「反省的判断力」[38]概念を手がかりにこう説明されている。

> 社会の指導層全体は何らかの仕方でヒトラーの犠牲になっていたので、〔ワイマール時代までの〕道徳的格率や宗教的戒律といった社会的形成物も同様に消え去っていた。〔これに対して〕判断した者たちは自由に判断した（Diejenigen, die urteilten, urteilten frei）。判断した者たちは何らかの規則に従ったのではないし、だから、何らかの規則のもとに個別事例を包摂したわけではなかった。判断した者たちはむしろ、どの個

別事例がその者たちに提示されたときでも、それむけの普遍的規則がまるで存在しないかのように（als ob）その個別事例に判定を下した。

（Eichmann, S. 64f.）

「……かのように」としか言われていないのは、ジェノサイドを禁止する規範意識は雲散霧消し、ナチスによってそれは実行されてしまったからである。とはいえこうしたなか、ユダヤ人ジェノサイド阻止の声を社会であげた行為者たちがいた。上記の引用で「判断した者たち（Diejenigen, die urteilten）」と言われる人びとのことである。裁判官や歴史家のように過去の出来事に対して事後的な反省的判断を下す「観察者」ではなく、当事者として現在の事態に臨む政治的人間が行為者なのである。

ナチスのユダヤ人ジェノサイドに加担するか否か、住民が判断するのに頼るべき規則も先例も存在しなかった。しかし、ジェノサイド加担を拒否し阻止した人びとは確かに存在しており、アレントの考えるところ、人類的普遍を探し求める反省的判断力によってそう判定されたわけである。『イェルサレムのアイヒマン』を著したのち、アレントがカント『判断力批判』の検討にむかった所以はここに存する。

一九五八年に『人間の条件』をすでにものしていたアレントは、一九六三年の『イェルサレムのアイヒマン』では思考の欠如と判断を並列的に論じていたが、コーンのアレント解釈を引き継いで言えば、一九六五年の「道徳哲学の諸問題」では思考と判断の超越論的関係を見出すに至る。こうしたアレント政治思想の深化をたどることで明らかになるのは、『人間の条件』における言論概念と「道徳哲学の諸問題」の思考と判断の超越論的関係とを一体化して解釈する可能性である。つまり、第三帝国下でユダヤ人ジェノサイドを阻止しえた政治的積極性に迫るために、アレントが、言論、思考、判断という三者の超越論的関係をとらえていた可能性を検討しなければならない。

国際法の歴史をすでに知るわれわれから見れば[39]、戦勝国の政治性をそこから差し引いても、こう言える。前例なきナチス的ジェノサイドという特殊事例を目にして、「ジェノサイドを許してはならない」という人類普遍の政治的判断を下す可能性をもっていたのは、他者への応答可能性を孕む自己内対話の思考を手放さなかった住民たちである。この住民のなかからジェノサイドに反対する声があがり、それが公共的領域に供された「言論」となるとき（Human, p. 3）、ジェノサイドを積極的に阻止する社会的な力となる。

複数性の観点から、こうした言論の成り立ちを言い換えよう。

言論という活動性に従事しながら、「地球上で暮らし、世界に住まうのは、ひと（Man）ではなく、複数の人びと（men）である[40]」。「こうした複数性が際立っているのは、それが政治生活すべてのまさしく条件だからであり、しかも必要条件であるだけでなく、最大の条件だからである[41]」。複数の人びとのあいだで政治的判断が行為者の声を通じてわかちもたれうるのは、言論を通じてなのである。

アレントは『イェルサレムのアイヒマン』でこう述べている。

もし人びとが自分独自の判断以外に頼るものが現に存在しない場合、たとえそうであっても、人びとは正と不正を区別する能力をそなえている。加えて、自分独自の判断がそのような状況下でも反対の叫び声（schreiendem Gegensatz）をあげていたのは、周囲の人びとすべてがいだく全員一致の意見に自分たちも賛成していなければならないという点に対してであった。

（Eichmann, S. 64）

思考を手放さず、「ナチスのユダヤ人ジェノサイドを許すべきではない」という政治的判断を言論にして社会に呼びかける行為者たちがいた。人類滅亡を招きかねないナチス的ジェノサイドに対する社会的阻止を試みた、この行為者たちは、そうして人類に普遍妥当的な道徳的地平を切り開いていたわけである。

これに対し、思考の欠如ゆえ、政治的判断をみずから形成さえできないアイヒマンがいた。この彼が体現していた悪を説明するために、アレントは『新約聖書』の術語 "*skandala*" を交えつつ、こう指摘する。

> 自分の範例や同伴者を選ぶ能力や意志がない場合、また、判断を通じて他者にかかわる能力や意志がない場合、本当の罠（*skandala*）、つまり、本当の躓《つまず》きの石が生まれる。これは、人間や人間に理解できる動機が原因で生まれたものではないから、人間の力でとり除くことができない。ここに悪の恐怖があり、同時に悪の凡庸さがある。
>
> （Responsibility, p. 146, cf. p. 109f.）

アレントにとって、思考の欠如は、世界のうちで共同存在する他者に応答し、その生を思い描く判断をも停止する多層的欠如を意味する。思考の欠如は、この世界で人間的自由をもつ他者への応答－可能性（responsibility）の、つまりは責任（responsibility）の放棄に至るプロセスの端緒となる。これに対して、自己内対話で思考する人間は外的他者に応答する人間となることができ、それゆえ、間主体的に判断する人間となってその判断を他者たちにむけて話し、行為する人間となることができる。

アレントのアイヒマン体験は『人間の条件』から『イェサレルムのアイヒマン』や「道徳哲学の諸問題」を経て『精神の生活』への展開を促し、人間の条件だけでなく、人間が従事する多層的活動性の超越論的構造を明らかにしたわけである。

ふりかえってみれば、本書第五章第1節で確かめたとおり、ドイツ第三帝国民は自律を擬装した他律を課され、つまり、仮言命法にすぎない「第三帝国の定言命法」に自発的に服従していく。ミルグラムが明らかにした「権威への服従」という、その役割存在論的心理機制のなかで、アイヒマンは自身から思考を欠落させ、ユダヤ人ジェノサイドへの加担責任を感じることもなかった。それどころか、ユダヤ人移送業務に熱意を傾け、自分の昇進ばかりを考えていたのである。このような凡庸さがユダヤ人ジェノサイドという極限的な悪をヨーロッパに蔓延させた。

次節では、アイヒマンが従事した、そのユダヤ人移送業務の中身を確かめ、アイヒマンの具体的な個人的責任をいっそう明確にしたい。

4　アイヒマンのロジスティクス

ナチス的ジェノサイドは、人類滅亡に至りかねない自己増殖の論理を孕んでいた。極限的な悪を凡庸さでつらぬいたアイヒマンがナチス官僚〈として〉総統ヒトラーの狂想を現実化するのにどれほど熱心だったのか、奇しくも『補給戦』の著者クレフェルトは、ヒトラーの短所から、その点を明らかにしている。すなわち、「主な問題は、他分野すべてと同じく、その〔補給と輸送（supply and transportation）という〕分野にあっても、ヒトラーは行政上の細部にまったく関心がなかったことであり、バランスよく自動車化された軍隊を彼に供給したかもしれない、ともすれば唯一の長期的計画を実行する忍耐もなかったことである」[42]。行政上の細部や装備の長期計画に対するヒトラーのこうした無関心は、アイヒマンがひたすら昇進のためにユダヤ人移送業務に熱意を傾ける異様な凡庸さをいっそう際立たせている。

だからと言うべきか、ヒトラーは、官僚政治の本質を暗に見抜いてユダヤ人ジェノサイドの実務をナチス官僚に丸投げしていたとアレントは指摘してもいた[43]。いわゆる「役人の生理学」（オノレ・ド・バルザック）に対するヒトラーの類まれな嗅覚が、「第三帝国の、全体が見えない官僚政治」（Eichmann, S. 252）を駆動していたがゆえにこそ、実行できた丸投げなのであった。アレントが引用した、アイヒマンの言葉は以下である。

「今や彼が自分の両目両耳で見聞きしたのは、ヒトラーだけでなく、ハイトリヒや《スフィンクス》ミュラー、親衛隊や党だけでもなく、古き良き国家官僚のエリートたちまでもが、この《非業な》問題で最前列に立とうと互いに優位を争っていることであった」。「あの瞬間、私は内心、ピラトのような満足を感じたが、それは自分にどんな罪もないと感じたからである」。

（Eichmann, S. 205）

「《非業な》問題」とは「ユダヤ人問題の最終解決」のことであり、この言葉をもらした「私」は、当然アイヒマンを指している。

本書第五章で確かめたが、ナチスという全体主義的組織の内部に第三帝国民が順応することが第三帝国の表だとすれば、第三帝国の外部へとユダヤ人やナチスへの反逆者を追放し、ユダヤ人ジェノサイドを遂行することが第三帝国の裏であり、こうして順応と追放が表裏一体の無限運動が生じていた。このなかでドイツ第三帝国民は、「次の犠牲者は私か……」という、終わりなき恐怖に駆り立てられ、その恐怖をぬぐうためだけに、ヒトラーという暴力的権威への服従をますます強めていった[44]。昇進で頭がいっぱいのアイヒマンの心理は、藤田が「全体主義の時代経験」で描く、そうしたドイツ第三帝国民のそれと比べても、様子を異にしている。

こうした彼が、国家保安本部（RSHA）で仕切る四課は、かつて「ゲシュタポ」と呼ばれたVI局のB部に属していた。ユダヤ人ジェノサイドを遂行するため、「どれだけのユダヤ人が或る地域から輸送されうるのか、これはつねにアイヒマンとその部下たちに委ねられていたので、彼の仕切る課がオペレーション全体のなかで担っていたのは、もっとも重要な集散機能であった」（Eichmann, S. 252）。まさしくアイヒマンのロジスティクスである。

その彼は、アウシュヴィッツ強制収容所の所長であるルドルフ・ヘスと業務を共有していた。

アイヒマンがヘスと定期的に協議しなければならなかった《細部》は、収容所の殺害能力の問題であり、アウシュヴィッツは貨車に詰めこまれた人びとを一週ごとにどれくらい吸収しうるのかという問題であった。またあるいはおそらく施設の拡張計画も問題とされていた[45]。

思考を欠如させたアイヒマンは、家庭で良き父〈として〉ふるまう一方、しかし、ナチス官僚〈として〉ジェノサイトの「殺人効率（Kill-Ratio）」を高進させるのに「計算的理性（ratio）」を駆使することがルーティンワークとなっていた[46]。こうした二面性が彼の精神を引き裂くこともなく、第三帝国という情況世界のなかで彼は総統ヒトラーに服従し、人格尊重なき物在性と用在性にもとづいて人間存在を貨車に詰めこむべき荷物〈として〉了解していたわけだ。

本書第四章で確かめたとおり、外科手術という医療情況では、外科医〈として〉働く私は、病院を訪れる他なる人間に患者〈として〉接するが、手術のさい、この患者を物理的身体〈として〉扱い、メスを入れるのは、迅速な措置が患者の生命を救うからであった。患者の「人格（Person）」と「生命（Leben）」への尊重に裏打ちされてはじめて身体を「物件（Sache）」〈として〉扱う外科手術は可能となる。つまり、医療という情況世界にあっては、ハイデガー的な意味での道徳的人格性は身体の物在性が存在論的に機能するための超越論的条件になっていた。

これに対して第三帝国という情況世界では、そうした人格と生命の尊重がユダヤ人に認められることはなかった。ナチスによる人体実験の材料〈として〉、あるいは貨車に詰めこむ荷物〈として〉ユダヤ人は扱われ、人格尊重なき用在性や物在性にもとづいて了解されていた。これが、ユダヤ人を物的に処理する効率性がナチスによって追求された存在論的地平である。アイヒマンは、この存在論的地平でナチス官僚〈として〉日々を暮らし、ユダヤ人移送業務で昇進を熱望する異様な凡庸さで精神を染めていた。

『イェルサレムのアイヒマン』初版が世に出たのは一九六三年だったが、それから十四年後、クレフェルトが『補給戦』を出版する。軍事的ロジスティクスの歴史が研究者の先入観ゆえに適切な考察を受けないままに軽んじられていたなか、彼がその決定的重大さをはじめて明らかにしたわけである。その結果、『補給戦』を読めば、軍人でなくとも、たとえ民間人でも理解できるようになったのは次のことである。「ロジスティクスは戦争業務の十分の九までを占めるという事実のことであり、あるいは軍隊の移動や補給の計算にふくまれた数学的問題は、ナポレオンの言葉を借用すれば、ライプニッツやニュートンに比せられる人物にふさわしくないわけがないという事実のことである」[47]。

アイヒマンがライプニッツやニュートンのごとき才能をもっていたと言うつもりは毛頭ない。しかし少なくともロジスティクスを通じて、ユダヤ人ジェノサイドという極限的な悪を現実化できる行政手腕がアイヒマンにはそなわっていた。自己内対話である思考を欠如させた彼は、殺人効率（Kill-Ratio）を高める計算的理性（ratio）を失うどころか、駆使していたわけである。やはり、ここに垣間見えるのも、ユダヤ人を人格〈として〉扱うことはなく、ひたすら物件〈として〉絶滅収容所へと運びこみ、その移送効率を高めて昇進に励むアイヒマンの異様な凡庸さである。

アイヒマンも軍事的ロジスティクスの担当経験があったとアレントは指摘していたが、クレフェルトは、司令官に必須の、軍事的ロジスティクス上の計算を次のように指摘している。

それなしには兵士としての用をすぐになさなくなってしまう一日当たり三千キロカロリーを自分の兵士たちに補給する能力が自分にあるのを確認することであり、そうした物資を正しい時間に正しい場所へと運ぶ道路が利用可能であり、その道路に沿った移動が輸送手段の不足あるいは過剰のいずれかによって妨げられないことを確認することである。この確認には、すばらしい戦略的才気だけでなく、地味なハードワークや冷静な計算が必要となってこよう。絶対的な基礎となる、この種の計算は想像力に訴えるところがなく、それゆえ、軍事史家たちによく無視されるのかもしれない[48]。

アイヒマンは、ユダヤ人ジェノサイドのロジスティクスで結果を残すだけの「地味なハードワークや冷静な計算」の能力をそなえると同時に、思考の欠如を精神に穿《うが》たれ、他者の苦しみを想像しないでいることができた。

兵士なき戦争、兵器なき戦争はない。食事をとらない兵士もいない。アイヒマンもよく知っていたことである。

戦争が現に行なわれているとき、その事実が伝えているのは、兵士に戦争遂行の必需品を補給するロジスティクスを欠いては、そもそも戦争ができないという当たり前のことである。そうであるかぎり、アレントと共に本書でアイヒマンに告げたかった事柄は、ただ一つである。

ユダヤ人強制移送のロジスティクスなしに、アイヒマンが昇進のために勤しんだ移送業務なしに、ユダヤ人ジェノサイドは遂行できなかった。

軍事的ロジスティクスの不可欠性を知る一部の専門家であれば、アイヒマンが果たした役割の重大さをすぐさまに理解しただろうが、この事実が戦地での体験がない民間人にも見えやすくなったのは、アレント『イェルサレムのアイヒマン』にクレフェルト『補給戦』がつづいたからである。

大人であるアイヒマンはヒトラーに政治的合意を差し出し、ナチス官僚〈として〉ヒトラーが民族共同体の樹立に必要としたユダヤ人ジェノサイドに加担した。その個人的責任へのアレントの問いに対して、ナチス的ジェノサイドの目的手段連関に不可欠なロジスティクスの決定的重大さをアイヒマンは「知らなかった」と言い逃れることはできない。

欧州のユダヤ人は、いわゆる「アウシュヴィッツ」に移送されなければ、命を削られ、奪われることはなかった。

総統ヒトラーとは異なる、ナチス官僚アイヒマンの責任を見えやすくするため、アレントとミルグラムが織りなす布置にクレフェルト『補給戦』を加えてその形を明確にすること。これが本章の試みであった。

5　多層的人間の自己同一性

本書の第五章と第六章でこれまで確かめてきたのは、全体主義的心理機制に支配されたドイツ第三帝国は、人格尊重なき物在性と用在性にもとづいて他者が物件（Sache）〈として〉了解される役割世界だったということである。こうした第三帝国のナチス官僚〈として〉アイヒマンは、ユダヤ人ジェノサイドのロジスティクスを日常業務としていた。

ふりかえってみれば、一九二三年夏学期講義『存在論（事実性の解釈学）』の具体的展開を委ねられたと言える高弟レーヴィットの教授資格論文で主査をつとめたのは、ハイデガーであった。つまり、役割存在論によって「日常性の解釈学」をいっそう充実できることを彼は知っていた。そのハイデガーが第二次世界大戦のさなかにユダヤ人ジェノサイドの様子を聞いたのであれば、それがいかなる存在論的暴力であったのか、日常性の解釈の観点から、その意味を理解していたはずである。

アレントは、ハイデガーのそうした理解を想定し、それに対して彼女独自の哲学的主張を提示した可能性が高い。第五章で確かめたとおり、『人間の条件』をものしたアレントのライトモティーフの一つは、次のような問いである。

ヒトラーの暴虐を阻止しえたとすれば、それは、どのような人間であったのか？[49]

この問いへの答えは、本書第五章第3節でも触れた。本節ではアレントが一九五九年に行なったドイツ講演「レッシング考――暗い時代の人間性」を手がかりに『人間の条件』の鍵概念である行為（action/Handeln）と言論（speech/Sprechen）をあらためて解釈し（cf. Human, p. 7/S. 16）、その問いに答えたい。

彼女は、「レッシング考」で次のように述べている。

> われわれは、自身に固有の内面で起きていることを語る（sprechen）ことで、それを人間的なものにするように、世界で起きていることを語ることで、それを人間的なものにするが、このようにしてはじめて、そうした言論（Sprechen）のなかでわれわれは人間的であることを学ぶ。
>
> （Dark, S. 38）

人間が「政治的存在」（Human, p. 3）になるのは言論をとり交わすことによってであり、こうして言論をわかちもつ対話のなかでわれわれは「人間的」になり、個人や世界の出来事を「人間的なもの」にしていく。「複数の人びと（Men in the plural）、つまり、この世界で暮らし移動し行為する人びとが有意味なことを経験できるのは、その人びとが語り合ってお互いを意味づけ合い、自分に語りかけて自分を意味づけているからに他ならない」（Human, p. 4）。人びとが行為することの意味は、言論の共同から与えられるわけである。

それゆえ、アレント政治思想の行為と言論という概念に注目しながら、「行為し、話す人間（man who acts and speaks/den handelnden Menschen）」（Human, p. 159/S. 189）と規定された「優れて政治的な人間」（Human,

p. 159/S. 189）の自己同一性に本節では迫る[50]。この自己同一性は、アレントによって、他の誰かととりかえがきかない私の「唯一性（uniqueness/Einzigartigkeit）」（Human, p. 176/S. 214）と特徴づけられるが、その成り立ちを明らかにすることを通じて、ヒトラーの暴虐を阻止しえたとすれば、それは政治的人間であったという彼女の政治思想を具体的に解明しうる。

ポール・リクールの術語を借りて結論を先取りすれば、その唯一性とは、諸活動性をつみ重ねた人間的生の「物語り的自己同一性[51]（identité narrative）」のことである。この成り立ちを明らかにするさい、導きの糸となるのは、アイザック・ディネーセンの次の言葉である。「すべての悲しみは、もしあなたがそれを一つの物語（story）にするなら、あるいはそれについて一つの物語を語る（tell）なら、耐えられうる」（Human, p. 175/S. 213）。これは、『人間の条件』第五章に記されたエピグラフの一つであったが、この世を去ったひとの生を語るにせよ、自分の過酷な生を語るにせよ、言論の共同によって紡がれる物語とは何か、その消息を伝えている。

さて、『人間の条件』で論じられていた活動的生は、行為や言論、制作、労働といった諸活動性であったが、アレントが一九七三年から一九七五年にかけて行なった講義の記録『精神の生活』の術語で言えば、思考や意志、判断といった「精神の諸活動性[52]（mental activities）」も、活動的生の一部をなしている。本章第3節「思考の欠如と判断の有無」で確認したとおり、内的他者と対話して思考する人間は外的他者に応答する人間となることができる。それゆえ、他者の視点から世界の出来事を判断する人間となり、たとえば「ジェノサイドを許してはならない」という判断を社会にむけて話し、ジェノサイド阻止のために行為する政治的人間となることができた。こうして話し行為することができるのも、やはり空腹を満たしているからであり、政治的人間は同時に、口にする糧の準備にいそしむ「労働する動物（animal laborans）」（p. 84/S. 102）であった。あるいは、ジェノサイド阻止のパンフレットを印刷する「工作人（homo faber）」（p. 136/S. 161）である。このように多層的な活動性にたずさわりながら一人の人間である私は、その活動性を通じて世界を変えていく。これが、世界のなかでの出来事なのである。

人間的生があらわれ消滅することは、世界の出来事（events, Ereignisse）である。その主要な特徴は、人間的生が、最後には一つの物語（story, Geschichte）として語られうる諸々の出来事からいわば構成されている点にあり、つまり、人生物語はどの人間的生にも所有され、もし描かれれば、バイオ‐グラフィへと物化されるので、この人生物語は世界の一つの物（ein Weltding）として成り立ちうる点にある。アリストテレスが、それは「一つの行ない（πρᾶξις）である」と言ったのは、そうした生、つまり、単なる生命（ζωή）とは区別された生（βίος）のことであった[53]。

この箇所を解釈してジュリア・クリステヴァはこう述べている。「……誕生と死を思い描き、時間のなかで誕生と死を考え、他の人びと（les autres）とわかちあうことで誕生と死を他者（l'Autre）に語る可能性——つまり、話す可能性こそ……人間的生を基礎づけている[54]」。生と死のあいだで人生物語を紡ぐことこそ、人間を人間たらしめている。とはいえ、アレントが物語概念の前提とする諸概念の事情は単純ではない。『存在と時間』を締めくくる第八十三節では「行なわれたもの（πράγματα）」が「物（Ding）」と訳されるに至った歴史的プロセスが指摘されていたことを念頭においてであろうが、アレントは『人間の条件』第一章「人間の条件」の註（19）とそのドイツ語版『活動的生』第一章「人間的な条件性」の註（20）において、「行なう（πράττειν）」ことと「行なわれたもの（πράγματα）」を、「制作する（ποιεῖν）」ことと「制作されたもの（ποιήματα）」と対比し、「人間的事象の領域（the realm of human affairs, Bereich der menschlichen Angelegenheiten, τά τῶν ἀνθρώπων πράγματα）」という表現が使用されるに至った歴史的プロセスを指摘していた（Human, p. 19/S. 420, p. 25/S. 35）。アリストテレス『詩学』を読んでいないわけがない彼女はもちろん「筋立て（μῦθος）」による「行動の模倣（μίμησις）」という『詩学』の「制作」概念を熟知していたはずだが（1405a3-4）、とはいえ、話し行為する政治的人間がその人生物語を「語ること（Sprechen）」の仕組みに迫るさい、『詩学』を手がかりにすることはなかった。批判的受容のもとで活用されたのは、子どもに昔話をするようには存在の「いかなる物語（μῦθος, Geschichte）も語らない」（SZ, 6: 242c）という一句をプラトン『ソフィスト』から引用したハイデガーのアリストテレス解釈である。つまり、ハイデガーの「ナトルプ報告」にあってはアリストテレス存在論の要は存在者の存在が「制作されていること（*Hergestelltsein*）」にあると指摘され、あるいは講義『プラトン、ソフィスト』では『ニコマコス倫理学』のまとまった解釈がなされながら、生の解釈学が論じられていた。これらが『存在と時間』の「行なわれたもの（πράγματα）」と「物（Ding）」の歴史的考察に流れこんでいる。アレントは、こうした「行ない（πρᾶξις）」と「制作（ποίησις）」の対比をふまえつつ、『人間の条件』の「行為（Handeln）」や「制作（Herstellen）」という概念を彫琢し、そのうえで彼女独自の物語論を実際に試みていた可能性が高い。『暗い時代の人びと』ではたとえばローザ・ルクセンブルクのことが語られ、書簡ではみずからのことをアレントが語っていたことを思い起こすべきである。もちろん、アイヒマンに大人の個人的責任を問う彼女だから、そうした物語は子ども相手の昔話ではない。

以上の概念事情をふまえ、アレントの物語論を考察する必要がある。

クリステヴァ『女性の天才1　ハンナ・アーレント』の第一章は「生は一つの物語（UN RÉCIT）である[55]」という表題であった。注目すべきは、このアレント論にもとづいてクリステヴァがトロント大学で行なった講義の英訳書『ハンナ・アーレント（*Hannah Arendt*）』は、副題が「生は一つの物語り（*a Narrative*）である」というものであった点である[56]。ポール・リクール『時間と物語（*Temps et récit*）』全三巻を日本語に訳した久米博は、リクールから直接事情を聞いたのであろう、「『物語る（narrer）』、『物語り行為（narration）』などと同族の narrative はフランス語にないので、やむを得ず récit という語を採用したのだそうである[57]」と述べていた。以上を整理して“récit”を英語におき直せば、それは「物語られたこと」である“story（物語）”と、「物語ること（narration）」あるいは「物語り行為（narrative act）」である“narrative（物語り）”とに訳し分けられている[58]。物語られた人生物語と、人間的生を物語る行為とは、このように区別される。「とはいえ、そうした生が成就されるのは、生が意味と行為に問いかけるのをやめないとき、そのときだけである[59]」とクリステヴァがアレントの生概念を解釈しているのも、政治的人間の行為を中心とした多層的な活動性をみずから吟味し、人生物語を日々新たに紡ぎつづけることが必要だからである。

これに対してナチス官僚アイヒマンは、ヒトラーという暴力的権威への服従に埋没して凡庸な悪に染まったまま、戦後数十年を経てからも、親衛隊で自分の昇進がなぜ中佐止まりだったのか、イスラエル警察の尋問にあってくりかえし語るほどであった。アイヒマンの独白的物語に欠けていたのは、生の意味と行為への問いかけである。

ここでいったん、ハイデガー『存在と時間』の了解概念に議論を差し戻し、物語り概念とそれとの関係を明らかにしたい。というのも、アレントの「物語（Geschichte）」論は、初期フライブルク講義からマールブルク講義を経て超越論的哲学へと思索を深めるなかで、生の了解から存在了解へと変化したハイデガーの了解概念に根差している一方、アレント物語論を読み解くさいの手がかりとなる「物語り論（narratology）」は、ハイデガーからガダマーを経てリクールへと展開していった「解釈学」に根差しているからである。[60]

このような二つの流れに共有されているのがハイデガーの了解概念であった。この了解は、本書第三章で確かめたとおり、つねに情態的であり、自己、他者、情況の共開示なのである。

ハイデガー「日常性の解釈学」をふまえれば、学校という情況にあって教室を泥遊びで汚した子どもを私が教師〈として〉叱るさい、その相手は生徒〈として〉叱られ、なぜ叱られたのか、その理由は言葉で説明される。しかし、私が客〈として〉レストランを訪れたさい、たまたま親と共に店にいた生徒がジュースをこぼす場面に遭遇しても、私はその生徒を叱ることはない。親に逆ギレするその子の姿を見ても、叱るべきは親だから、私は腹が立つこともない。後日、生徒に「なぜ先生は怒らなかったの？」と聞かれれば、「親じゃないから」と答えるだろう。このように、情況の変化に相即して役割が変化するなか、「怒っている教師」や「子どもの粗相に無関心な客」という自己の情態的了解は同時に、「しょんぼりしている生徒」や「親に逆ギレしている子ども」という他者に対する情態的了解をともなっている。このような情態的了解の可能性を分節化する「語り（Rede）」は言語で明示される場合もあれば、暗黙の場合もある（SZ, 161, 349）。個々の情態的了解は、情況の変化と相即して役割的視点を変え、また語りの形を情況に合わせて変えながら、入れ替わっていく。これは、赤と指定されることは緑で「ない」ことをふくみ、つまり、緑であることを排除するように、「規定的否定」によって事態は入れ替わるということである。[61]

こうした入れ替わりは、行為、言論、制作、労働、思考、判断といった活動性の入れ替わりも説明してくれる。

たとえば深夜の炉部屋で落ち着いた気分の私は殺人の是非を考えて自己内対話にふけっていたが、ナチスの残酷さを思って憤りを覚え、作っておいたコーヒーをこぼし、がっかりしてしまう。そのとき家の玄関をノックされて驚いた私は、しかし、助けを求める声に応答し、ナチスから逃れるユダヤ人をなかに通す。彼の苦境を聞いて危機を察した私は、逃亡がしやすい組織はどこか、ユダヤ人の目線で冷静に判断し、その判断をジェノサイドを阻止しようとする仲間に話すため、辺りを慎重に探りながら、外出する。相談が済んで家にもどり、ユダヤ人の食事を世話したあと、[62] 自分が運転手役となって彼を車にのせ、フランス国境沿いの小道まで連れていってホッと一息つく。これらのことは、ナチスのユダヤ人ジェノサイドを阻止する政治的な行為である。

こうしてさまざまな情況世界と相即しつつ、思索家や家事担当、人道支援者、運転手〈として〉私はそれぞれに応じた活動性を遂行し、その活動性に従事する自分や他者、情況世界を情態的に了解している。こうした情態的了解の可能性は日常性の解釈学にあって語りによって分節化されていたが、これが解釈学的に、物語り論的に彫琢され、「物語り的了解（*compréhension narrative*）」となる。[63]

自己の情態的了解は同時に他者の情態的了解であったから、自己の物語り的了解は同時に他者の物語り的了解であり、明示的に語られることもあれば、暗黙の了解であることもある。アレントがその物語論で主張していたのは、わけても自他の物語り的了解を言論によって他者とわかちもつことで自他の物語り的自己同一性が織りあげられていくということであった。もちろん、痛みそのものは共有しえないという痛覚の一人称特権や、思考の準私秘性といったあり方ゆえに、私と他者は非対称的な存在であり、私の物語り的自己同一性（narrative identity）に対する自己了解と、私が他者を同定する（identify）さいに遂行する物語り的了解とは異なっているが、自己も他者も私の物語り的了解に意味づけられている点は同じである。

本節の主張は、「私」の唯一性は物語り的自己同一性であり、このことの解明こそ、ジェノサイド阻止の声を他者に伝える政治的人間の成り立ちを照らし出してくれるというものであった。簡潔に言えば、政治的人間である私の物語り的自己同一性は、さまざまに入れ替わる諸活動性の物語り的了解にもとづく言論の共同によって形成されるということになる。

ふりかえってみれば、思考する人間は他者に応答する人間となることができ、それゆえ、判断する人間となってその判断を社会に向けて話し、行為する人間となることができる。一人の人間が、さまざまな情況世界でさまざまな他者とかかわるなかで、そうして多層的な活動性を物語り的了解によって意味づけているが、この意味を他者に話すことで私の物語り的自己同一性は織りあげられていく。ここで強調しておきたいのは、諸活動性なき純粋な思考で私の物語り的自己同一性を織りあげることはできないということである。定刻通りの散歩で思索を深めたカントも、いわば「器用な人間（homo habilis）」〈として〉職人お手製の杖をもちい、足もとを半ば無意識に確かめて歩いたから（モーリス・メルロ゠ポンティ『知覚の現象学』）、思索に集中できた。ぬかるみに足をとられていては思索どころではない。あるいは「経済人（homo economicus）」の経済合理性モデルとなった「ロビンソン・クルーソー」も、[64] 無人島での一人暮らしのように見えながら、すでに「労働する動物」や「工作人」〈として〉他者を真似て身につけた知識や技術、生活文化や身体所作を十全に利用していた。無人島にあっても、潜在的な他者によって彼は間接的にかこまれているわけである。哲学的思考にせよ、経済的思考にせよ、ルートヴィヒ・ヴィトゲンシュタインが注目するような歯痛の「一人称特権」ほどの「私秘性」に閉じこもることはできない（『哲学探究』）。もしも思考だけをいとなむ存在であるとすれば、それは心身をたずさえた人間ではなく、「形相」だけからなる「天使」であろう。

思考、判断、言論、行為、労働、制作など、人間がいとなむ多層的な活動性は、その物語り的了解によって意味づけられる。その意味を他者に話すことをとおして私の物語り的自己同一性は織りあげられ、つまり、公私をつらぬく私の唯一性となる。[65]『人間の条件』にあって古代ギリシアの政治における「公的領域」と対比されたのは家庭の「私的領域」であったが（cf. Human, §8）、こうした公私の領域は、実は多様な広がりをもつ。すなわち、感覚の私秘性と言論や行為の公共性とのあいだには、思考の準私秘性、家庭内労働とプライバシー、判断の歴史的かつ地域的な間主観性など、公私の多様なレベルが成り立っている。こうして公私の多様な形と相即した多層的な諸活動性は、「あなたは誰か」という問いに答えることで結びあわされている。[66] 言い換えれば、公共的領域における政治的人間の自己同一性は、[67]「孤独」[68]の準私秘的領域で思考する人間の自己同一性を超越論的条件にしながらも、多層的な活動性の物語り的了解で有機的に織りあわされており、この意味でアレントの唯一性概念は、「あなたは誰か」に応答する多層的人間の物語り的自己同一性なのである。

さまざまに広がる公私の領域で、私がさまざまな他者とかかわりながら積み重ねていく多層的活動性の一つひとつは、毎日の時間的変化のなかで入れ替わり、その物語り的了解を通じて私の物語り的自己同一性へと織りあわされていく。[69] 私の多層的な活動性を語って物語り的自己同一性を日々豊かにしていくことは、人生のなかで私の唯一性を質的に高めることなのである。

ヒトラーの暴虐を阻止しえたとすれば、それは、多層的な活動性に従事してジェノサイド反対の声を人びとに伝える政治的人間であった。こうした政治的人間の卓越こそ、とりかえのきかない私の唯一性をいっそう明瞭にする。

6　アレント時間論の手前で

ハイデガーの超越概念にあって情態的了解という存在者的な超越は、世界への存在論的超越を介して、時間性によって意味づけられていた。こうした超越概念の構図と比較すれば、アレントの場合、多層的な諸活動性とその条件は、諸活動性が世界を変えていくがゆえに循環的構造をもつ点で異なっている。しかし、世界内での諸活動性の物語り的了解を意味づける時間の成り立ちは、やはりその異質さの強調に止まらない根源的な哲学的関心を呼び起こすであろう。アレントは一九二九年に博士論文『アウグスティヌスの愛の概念』を指導教授のヤスパースに提出していたが、その時間論について、クリステヴァはこう語っている。

ここで告げられているのは、生の別面、つまり、永遠の生（Vie）ではなく、誕生において、誕生によって生起する一つの生（vie）である。時間の運び手であり、時間によって運ばれる「誕生」は（くりかえしアレントのテーマになるのだが）、つまり、誕生と死のあいだの生は、その生がわれわれの意志の作品として展開される「世界」（*mundum*）を存在（l'Etre）の永続性のなかへと「曲げ入れていく」。「いずれにせよ、世界で起きること（Geschehen）は、世界に生きる人びとによって共に構成される[70]」。

「つまり、人間の誕生は、存在（l'Etre）との不一致と同様、時間を招来する……[71]」。『アウグスティヌスの愛の概念』を解釈してクリステヴァは、人間は世界に生まれ落ち、世界を変える時間的生に与かると述べているわけである。

『人間の条件』に至り、また「レッシング考」ではより明瞭に、「自分とは誰か」を言論で他者に伝えることは人間が人間的になる契機とされたが、それに三十年ほど先立つ『アウグスティヌスの愛の概念』の場合、「誰」の「誕生」にあって時間が生起すると説明されていた。それゆえ、アレントの唯一性概念も時間論の観点から考察されてしかるべきである。この考察は、『アウグスティヌスの愛の概念』における「誕生」と「時間」から、『人間の条件』における「誰」と「誕生」と「複数性」を経て、『精神の生活』における「意志」へと進むアレントの哲学的思索をたどることで果たされる。

ただし、本書の副題は「ハイデガー・世界戦争・レヴィナス」であって「ハイデガー、レヴィナス、アレント」ではないがゆえに、ここでこれ以上、アレントの時間論には立ち入ることはひかえよう。レヴィナスとの比較で少しく確認するにとどめるが、本書第一章「レヴィナスのフライブルクへ」で明らかにしたように、彼もまたハイデガーの超越論的構図を転倒し、独自の倫理学的時間論を提示していた。本書第十一章「差異の時間と身体」で検討することだが、この倫理学的時間論のなかでレヴィナスはその「唯一性」概念を論じることになる。つまり、他者が身体的な自己を「触発」する時間的差異化のかかわりを通じて応答主体としての私が成立し（AQ, pp. 104-108, pp. 200-207）、こうした二者関係の形而上学的次元から三者以上の関係へとふみだした政治的次元では、私は複数の他者たちとかかわる。応答主体の私が成立する前後で形而上学的次元と政治的次元とが区別されるのは、とりわけ『アウグスティヌスの愛の概念』から『人間の条件』を経て『精神の生活』に至るまでの思想的連続性をたどれば、アレントの場合も同じであった。[72]

レヴィナスがハイデガーの超越論的構図を転倒して自己他者関係の本来視へと進む哲学的な構えは、以上のようにアレントにも共通している。自己他者関係と時間論は、「ハイデガーの子どもたち」（リチャード・ウォーリン）にとって自分が哲学者として一人立ちできるか否かを証す、いわば「オイディプスの三叉路」なのであった。もちろん、オイディプスのごとき哲学的悲劇は回避されなければならない。

＊

本書では、アレントの時間論と政治思想との関係をめぐる問題に対しては、哲学的考察を以上の素描にとどめてアレント論を締めくくり、次章ではふたたびハイデガー『根本問題』の近世存在論テーゼをとりあげる。というのも、人間的生にとってもっとも基礎的と言える知覚行為にあって、カント認識論が物在性と役割存在論に規定されること、そしてその仕組みが解き明かされる場こそが近世存在論テーゼだからである。

Ⅳ

近世存在論の超越論的構造——人間的構成力の臨界

第七章　認識論的転回の地平を求めて

はじめに

デカルトに始まる近世哲学の要諦は、「認識論的転回」[1]によってもたらされた主観客観図式にある。こう述べることは、デカルトによる「コギト」の発見とカントの「コペルニクス的転回」に注目するとき、さしあたり、間違いではないだろう。では、主観たる精神が客観たる自然を認識するという関係はいかにして可能となるのか。

スコラ哲学においては精神も自然も、創造者たる神を頂点とする存在秩序にあって、共に被造物として存在する仕方が問われていた[2]。これに対してデカルトは、懐疑の果てにコギトをいわゆる「アルキメデスの点」とし[3]、そこから出発して数学的精神により「自然という書物」を読み解いていく[4]。カントならば、精神による自己反省を通じて「超越論的主観性」を見定め、自然を客観化する場が確保される。こうした形で精神と自然の認識的関係が成立するとき、その背景には、精神は主観として、自然は客観として互いに独立した仕方で存在することを可能にした存在論的地平がすでに前提されているはずであった。ハイデガーは『存在と時間』および『根本問題』のなかでこのように考え、主観客観図式の確立という認識論的転回を可能にするのは、物在性

（Vorhandenheit）という存在理念であることを明らかにした。[5] この物在性は、「主語的基体（subjectum）」、「本質存在（essentia）」、「現実存在（existentia）」といった伝統的存在概念をうちに含んだ存在理念である。とりわけ『根本問題』第一部第三章「近世存在論テーゼ」には、以上のような認識論の存在論的基底に関する哲学的思考が鋭く示されている。

再確認しておくと、近世存在論テーゼは「存在する仕方において根本的なのは、自然（res extensa）の存在と精神（res cogitans）の存在である」（GA24, 172, vgl. SZ, 89）と表現されていた。このテーゼを立証する手がかりとされたのは、ハイデガーがデカルトのコギト論との連続性を強調するカントの自我論と、数学的・動力学的自然論とである。なぜなら、近世哲学の特徴が超越論的主観性と自然科学的客観性の分裂という事態に存する以上、超越論的哲学を徹底し、自然科学を基礎づけたカントの『純粋理性批判』（以下『第一批判』と略記）こそ、デカルトに伍する近世哲学の代表だからである。

本章では近世存在論テーゼの検討を中心にすえつつ、『根本問題』第一部にちりばめられたカント論を包括的に考察する。このとき、『第一批判』「超越論的演繹論」を近世存在論テーゼが鮮明に立ちあらわれた場所として読み解き、そこに主観客観図式、自然科学、判断という近世認識論の三契機が物在性を共通基底にして織りなす存在論的トリニテートを見出していく。[6] この結果、ハイデガーの思考範囲に限られながらも、精神による自然の認識を可能にした近世存在論の骨格が、物在性概念のもとで描きとられるはずである。

1　自然と物在性

たとえば日曜大工で椅子を制作するさい、釘を打ちつける〈ために〉ハンマーをふるう。このとき、その形をことさら命題的に意識することなくハンマーは握られるように、そもそも人間と存在者とのかかわりあいは、認識的関係としてよりも、「道具」の使用という実践的関係として第一次的に立ちあらわれる。この関係においては釘を打つ〈ために〉という用途が、ハンマーという存在者の存在意味として与えられている。さらに釘は板を打ち付ける〈ために〉あるというように、ハンマー、釘、板といったさまざまな「用具的存在者（das Zuhandene）」の存在意味は互いに連関し、存在了解がなされる場の現存在を中心に織りあわされている。このようにして用具的存在者が連関全体の意味地平から意味づけられる仕方をハイデガーは「用在性（Zuhandenheit）」と表現する。[7]

この用在性との対比から物在性は特徴づけられる。たとえば足下に転がる石をもちいて釘を打つとき、その石は釘を打つ〈ために〉存在する用具的存在者である。石を使う理由を問われれば、「ハンマーが見当たらず、釘を打つのに、この石は手ごろであるからだ」とひとは明示的に答えるだろう。こうした言明による応答は、ひとが石で釘を打つという、そのつどの実践的関係において可能であり、また、この言明は道具連関を地平にして意味づけられている。それに対し、加圧に応じた石の形態変化を実験で観察するさい、[8] たとえば「この石はさきほどより丸い」と判断される。というのも、石の観察においては、そのつどの実践的関係や道具連関の地平が遮断され、石は単なる「事物的存在者（das Vorhandene）」として存在するからである。このようにひとが存在者を観察する関係においてその存在者が事物として存在する仕方を、ハイデガーは物在性と呼ぶ。

ここで注意しなければならないのは、『存在と時間』第三十三節「解釈の派生態としての言明」が指摘するように、実践的関係と観察的関係とでは判断の提示する内容が異なるということである。ハイデガーは日常生活におけるひとと存在者との実践的関係が根差す「環境世界（Umwelt）」の第一次性を強調したが、これは一つには、ハインリヒ・リッカートら新カント派が主観客観図式に従った判断論的問題構制をとることへの批判という目論見に由来していた[9]。ハイデガーと新カント派のこうしたかかわりのなかで、近世認識論を徹底したカント哲学をどう読み解くかが問題となる。それゆえ、判断の問題を『第一批判』に差し戻しながら、実践的関係と観察的関係を再検討し、ハイデガーの考えを確かめなければならない。

たとえば、観察の場面でなされた「この石は丸い」という判断があらわにするのは、一つの事物的存在者である。こうした観察的判断は事物の形状という本質存在を語り出す。これに対し、石で釘を打つさいにひとが発した「この石は丸すぎる」という言明においては、一つの用具的存在者の可否があらわになっている。この言明が提示するのは、丸すぎるこの石は釘を打つのに手ごろでないから、別の石が求められるべきだという行為情況におけ「解釈」である。しかもハイデガーは、事物の観察にかかわる「理論的判断」は、道具の使用にかかわる解釈の一変様態として成り立つと説明する。こういった理論的判断を規定する物在性は、用在性が遮断された場面で機能するからである。以上のような『存在と時間』第三十三節の考察を念頭に、ハイデガーはカント認識論における観察的判断の述語という問題を存在論的にとらえ直していく。

『第一批判』「直観の公理」を記したカントならば、石を観察してたとえば「丸い」と述定することは、「質」

と「量」の「数学的カテゴリー」に従い、「丸さ」という空間的直観を「外延量」として分節することだと言うはずである。ハイデガーはカントのこうした議論をふまえて、そのように述語づけられる「丸い」という語は、石という事物の本質存在を示す「レアールな述語」であると述べる（GA24, 47ff.）。というのも、この「レアール」という形容詞は「事象性（Realität）」という質のカテゴリーの一つをあらわし、ハイデガーがみずからのカント解釈のなかで強調するように、事象性はもの（res）の本質存在を示す「もの性（realitas）」に由来するからである（GA24, 45）。

ハイデガーはまた『根本問題』第八節において別の角度からレアールな述語に注目し、「存在は明らかに、レアールな述語ではない」（B.626; GA24, 35）という命題をとりあげる。これは『第一批判』において「神の存在論的証明」を論駁するさいに登場する命題であった。ハイデガーはこの命題を「経験的思惟一般の要請」（B.265）と結びつけ、「動力学的カテゴリー」の一つである「現存（Dasein）」あるいは「現実性（Wirklichkeit）」の存在論的解明に利用する（GA24, 61f., 97ff., 181）。この解明の骨子は、現存や現実性というカテゴリーに読みこまれた「存在」が、主語の本質存在にかかわるレアールな述語ではなく、主語の現実存在を意味するということにある。ハイデガーは特にこの現実存在の問題を「知覚」という観点から照らし出す。つまり、対象は思惟されるだけでは現実性をもちえず、対象の現実性は知覚を要求するとカントが論じるのに対して（cf. B. 272ff.）、ハイデガーの読解によれば、要求されるその知覚は「知覚されたものが知覚されつつ存在すること」（GA24, 65, 97）を意味している。こうした知覚は「被知覚性」（ebd.）と呼ばれ、そこに対象の現実性が見出されていく。観察の場面での知覚的関係にあって事物の現実存在は現実性のカテゴリーが分節する述語によって語り出されることを、ハイデガーは確認したわけである。

事物の観察にかかわる判断の述語は、以上のように、物在性がうちにふくむ本質存在と現実存在という伝統的存在概念から形成された数学的・動力学的カテゴリーに分節される。このことをハイデガーはカント認識論のうちに読みとり、自然科学を基礎づけた『第一批判』における自然の問題を存在論的に解釈する。『始元根拠』講義の第十一節bはその解釈を簡潔明瞭に示している。

自然物の事象内容（Wasgehalt）がその外延量と内包量を通じて（デカルトではそもそも延長を通じてのみ）規定されるかぎり、量は、しかし、数学的に規定されるものであって、その規定の基礎が純粋直観としての時間空間であり、数学的カテゴリーは自然の本質存在、つまり、自然の本質のカテゴリーと重なりあっている。それに対し、カントが動力学的と形容するカテゴリーは「……である（Wassein）」という点からではなく、「……がある（Daß-sein）」、現実存在の様相という点から自然という存在者をとりあつかう。

(GA26, 228, vgl. GA24, 57)

確認しておけば、「……である（Wassein）」が「本質存在（essentia）」であり、「……がある（Daß-sein）」が「現実存在（existentia）」である。カント『第一批判』によれば、「実験的方法」（B. XIII, Anm.）とは「理性自身が自然に投げいれたもの」（B. XIV）である数学的・動力学的カテゴリーに従って自然を客観化していくことであった。この実験的方法をハイデガーは存在論的に解釈して「自然の学的企投」（SZ, 363）と呼んでいた。これはひとが自然と観察的にかかわるとき、自然の存在意味が本質存在と現実存在という伝統的存在概念に従って、つまり、物在性にもとづいて形成され、企投されていくことを指している。[10]

しかし、カントのコペルニクス的転回が示すとおり、そうした自然の客観化を果たすためにはすでに超越論的主観性が前提されている。このような枠組みが成り立つ以前に、かつてスコラ哲学が対照させていたのは、さまざまな性質を担う外的な基体（*subjectum*）と、志向（*intentio*）の対象として心のなかにある内的な想念（*objectum*）であった[11]。これに対し、近世哲学はスコラ哲学のこの図式に換えて、認識の対象である客観（*Objekt*）と、認識を可能にし遂行する主観（*Subjekt*）を対立概念として提示する。こうしてスコラ哲学的図式から近世哲学的図式へと認識論的転回がなされていくなかで[12]、主観性概念こそカント認識論の中心的位置を占めるに至る。ハイデガーもこの事情を、「存在論の歴史の解体」という観点から「志向性」概念を解明しつつ、把握している[13]。だから彼は、物在性が近世存在論テーゼを成立させることを証明するために、主観的自我の存在意味もまた、物在性に従って形成されることを示そうと試みる。

とはいえ『第一批判』「観念論論駁」（B. 274ff.）にそくして考えてみれば、超越論的自我を客観たる自然事物のように認識できないことは明らかである。認識可能なのは内的感官に与えられた経験的自我だけであり、要請可能なのは判断において論理的機能を果たす形式的自我だけである。したがって、『第一批判』をリッカートら新カント派の「論理学的カント解釈」（GA1, 63）から解放し、その存在論的意義を示そうとするハイデガーも、純粋に理論的な自我の存在意味もまた観察の場面で物在性に従って形成される、という持論を展開することに慎重にならざるをえない。このような問題情況のなかで、ハイデガーは理論的自我と物在性の関係を問うために『第一批判』「超越論的演繹論」へと赴くことになる。

2　理論的自我と物在性

精神（res cogitans）と自然（res extensa）の存在をめぐる近世存在論テーゼ立証のためにとりあげられたのはカント認識論であった。しかし、コギトの発見によって物心の区別を明確にしたデカルトこそ、主観客観図式への道を切り開いた近世哲学の始祖である。ハイデガーは、それゆえ、デカルトのコギト論とカントの自我論の連続性を見定めることから近世存在論テーゼの検討を始める。このとき、コギト命題はハイデガー独自の解釈を受けている。この解釈から確かめよう。

デカルトは『省察』において「思惟するもの（res cogitans）」を「疑い、理解し、肯定し、否定し、欲し、欲せず、なおまた、想像し、感覚するもの[14]」と規定していた。まず、ハイデガーはこれら諸々の志向を「諸思惟（cogitationes）」（GA24, 177）とみなし、コギトは「私は疑う」、「私は理解する」などと言い換えられることになる[15]。次に、ハイデガーはコギトの自己再帰性を強調して、コギト命題を「私は私みずから思惟することを思惟する（cogito *me* cogitare）」（ebd.）という表現へと展開する。最後に、諸々の志向を諸思惟とするコギト命題はこの展開を受けて、「私は何かを志向するとき、同時に、志向する私を思惟する」事態をあらわすと解釈される（GA24, 177f.）。諸々の志向には必ず自己知が折り畳まれている。ハイデガー哲学に詳しいカルテジアンのジャン゠リュック・マリオンが指摘するとおり、以上の解釈はコギトの内在的解釈としては非常に危ういものである[16]。しかし、コギト解釈の正否ではなく、ハイデガー哲学の内実を問う本章では、さしあたり、ハイデガーがそうしたコギト解釈を『第一批判』における「統覚の根源的綜合的統一」（GA24, 179; B. 135）と連続させる点を確認したい。

では、いかなる意味で彼はデカルトとカントを連続させるのか。それは判断論的な意味においてである。カントは『第一批判』第二版「超越論的演繹論」第二節15のなかで「判断」のことを「表象」の「結合」による対象認識として説明し、こう述べていた。

結合の概念は、多様という概念と、多様の綜合という概念の他に、さらに多様の統一という概念をともなっている。結合は多様の綜合的統一の表象である。（B. 131f.）

こうした綜合的統一を「前提にしてのみ」(B. 134)、〈私は思惟する〉は、いっさいの私の表象にともないうるのでなければならない」(B. 131f.）という「統覚の分析的統一」（B. 134）命題も可能になる。自然世界を分節する観察的判断の成立場面において、同時に、統覚の分析的統一もまた確認されうる。

ハイデガーは、こうした統覚の根源的綜合的統一のうちに自然世界への志向と自己知を孕んだ“cogito me cogitare”との共通構造を見出し、自己知の契機として“me cogitare（私みずから思惟する）”と“Ich denke（私は思惟する）”を重ねあわせる（GA24, 177）。たとえば「この石は丸い」という観察的判断の主語は「この石」であるが、その観察的判断には“Ich denke（私は思惟する）”がともなわれている。ここで成立しているのは、「私はこの石が丸いと知覚しつつ、私を共に思惟する」という、対象と自己を共開示する判断である。それゆえハイデガーは、この共開示的な判断の「本来的な主語（das eigentliche subjectum）」（GA24, 178f.）が「私」

＝理論的自我であると主張する。

この主張の背景にも、用在性と物在性の対比がある。たとえば、石で釘を打つ実践的関係において「私」は用具連関的な意味地平の中心であった。しかし、作業をやめて石を丸い事物として観察するとき、道具連関における「私」の全体的な中心性は一時停止し、「私」は石に対する観察的判断の本来的な主語として存在する。しかも、ハイデガーの見るところ、「実体性の第一誤謬推理」（A. 348）を批判して理論的自我の実体視を退けたはずの『第一批判』にあってさえ、観察的判断の本来的な主語は、アリストテレスが「他のものはその述語とされるが、それ自身は決して他のものの述語とならないそれ」と定義した「基体（ὑποκείμενον）」の意味を保持している（『形而上学』1028b36 を参照）。ここからハイデガーは、本来的な主語もまた基体であって物在性に規定されていると指摘する（GA24, 178f., SZ, 318f.）。

自然を分節する観察的判断において、「自我はみずからの述語を知っている主語的基体（subjectum）であり、この述語は諸表象、つまり、広義の諸思惟（cogitationes）である」（GA24, 221）。自然事物がみずからの述語を知らない主語的基体であるのと対照的に、理論的自我とは何かとその本質が問われれば、みずからの述語を知る本来的な主語的基体だと答えなければならない。こうした理論的自我は、リッカートがその著『認識の対象』で論理学的カント解釈を推し進めた結果、「普遍的で無名の何か」と化してしまった「論理的自我」ではない。それは観察的判断がなされる個々の場面において「そのつど私のもの（je meines）」である本来的な主語的基体なのである（GA24, 184）。

つづいて、理論的自我の存在意味が現実存在という伝統的存在概念に従って形成されることを確かめなければならない。ハイデガーは「超越論的統覚の自我と道徳的人格性とのあいだの或る連関[17]」を指摘する文脈で、超越論的演繹論内の或る註をとりあげている。これはカントが統覚の根源的綜合的統一における「私の現存」を論じた註なのだが、そこにはハイデガー自身によるパラフレーズが盛りこまれている。

〈私は思惟する〉は私の現存［言い換えれば、私の物在］を規定する作用をあらわしている。それゆえ、現存はこの作用によってすでに与えられている。しかし、どのように私がこの現存を規定すべきか、すなわち、どのようにこの現存に属する多様を私のうちで定立すべきか、という仕方は、その作用によってはまだ与えられていない。

（［　］内の語句はハイデガーの挿入。GA24, 205f.; B.157f., Anm.）

ハイデガー自身はこの箇所だけでなく註全体を引用し、理論的自我の存在性と時間の関係を指摘していく。考察の焦点を認識と伝統的な存在概念の関係にしぼる本節では、理論的自我の「存在と時間」という問題を次節にゆだねる。以下では、ハイデガーが統覚の根源的綜合的統一における「私の現存」をどうとらえているか、を確認したい。

カントはこの註が付された第二十五節でこう論じていた。

私は諸表象一般の多様の超越論的綜合において、したがって統覚の綜合的根源的統一において、私自身を意識する。それも、私が私に現象するがままに意識するのではなく、また私が私自身において（an mir selbst）在るがままに意識するのでもなく、私が在るということ（daß Ich bin）だけを意識する。この表象は思惟することであって直観することではない。

（B. 157）

「私の現存」は直観や認識によってではなく、〈私は思惟する〉という思惟作用によって与えられる。とはいえ、「私」＝理論的自我のこうした思惟的存在性は単なる観念のなかで捻出されたものではなく、自然の観察を成立させる統覚の綜合的根源的統一のなかで確認されたものである。もちろん、理論的自我は自然の事物のように認識の対象ではないから、現存もしくは現実性のカテゴリーによって規定されることはない。しかし、自然を分節する観察的判断の本来的な主語的基体として存在する理論的自我は、「外的経験」と結びついた思惟的実在を認められていた。この点にこそ、現実存在という伝統的存在概念から理論的自我の存在意味が形成される仕方を見てとりうる。たとえば「私はこの石が丸いと知覚しつつ、私を共に思惟する」という共開示的な判断が成り立つ観察の場面で、自然事物の存在意味だけでなく、本来的な主語的基体である理論的自我の現実存在も併せて開示されるわけである。

以上の考察をもってわれわれは、ハイデガーが近世存在論テーゼを立証する場所として『第一批判』「超越論的演繹論」をとりあげた理由を明らかにすることができる。すなわち、新カント派とは異なったハイデガーの判断論として超越論的演繹論を読み解いていくと、そこに伝統的存在概念に根差した数学的・動力学的カテゴリーが働く観察的判断に分節される自然と、その本来的な主語的基体として存在する理論的自我とが一挙に立ちあらわれる。

しかも、超越論的演繹論にあって、理論的自我たる精神と判断対象たる自然とはただ並列的に立ちあらわれるのではない。両者は相関しつつ、その相違点と共通点をあらわにしている。まず、相違点から確認しよう。自然を客観化する精神は客観化を遂行する超越論的主観として自然とは区別される。かといって、その自然も超越論的主観の観念的な創造物ではなく、「外的対象」として観念論論駁による確かな存在証明を受けている。観察的判断において鮮明になる、精神と自然のこうした認識論的区別が、主観客観図式である。

しかしこの図式は、主観と客観がすでに互いに独立した事物として存在することを前提にしている。この前提を成立させるのが、次のような精神と自然の共通点である。一方で自然の存在意味は、自然事物が主語的基体となる観察的判断において本質存在と現実存在に由来する数学的・動力学的カテゴリーに従って分節される。他方、自然に対するこうした分節を遂行する精神は、その判断の本来的な主語的基体として存在することを本質存在とし、同時に、外的経験と結びついたその思惟的実在のうちに現実存在が見出されていた。精神と自然の両者は、主語的基体、本質存在、現実存在という伝統的存在概念にふくまれた物在性を存在論的地平として共有する。主観たる精神と客観たる自然がそれぞれ独立した事物として存在することの意味は、こうした共通地平にもとづいて形成されている。

3　認識の存在論と時間

認識論の隆盛に目を奪われた人びとからは失われた地平を求めて、つまり、認識論的転回の存在論的地平を求めてカント認識論のほうへみずから赴いたハイデガーによって見出されたのは、物在性という存在理念であった。近世存在論テーゼをデカルト哲学との連続性のもとで立証するために選ばれた『第一批判』「超越論的演繹論」こそ、物在性にこめられた豊饒な概念内容がカント認識論の存在論的基底となって集中的に立ちあらわれる場所である。

　では、カント認識論のこうした存在論的解釈はハイデガーの時間論とどのように接続しているのか。『存在と時間』を中心とした思想圏にあっては、その強調点に多少の変動があるにせよ、時間性が存在論的超越を介して存在者的超越を意味づけるという超越概念の構図が成り立っていた。『カント書』第三章「形而上学の根源性における形而上学の根拠づけ」（§§ 26-35）においてハイデガーが述べるところでは、「超越は根源的時間において時熟させられる」（GA3, 197）が、「超越の地平を形成するのは超越論的時間規定としての純粋図式である」（GA3, 198）。根源的時間に根差す超越論的構想力はこうした純粋図式を形成して、ハイデガーが解釈するところの悟性と感性、つまり、本質存在や現実存在といった存在カテゴリーと時間とを結びつける。このように存在論的超越によって開かれた知覚世界のなかで、事物の認識という存在者的超越が時間から意味づけられていく。

　ハイデガーのこうした超越論的哲学の構図に従って、たとえば自然科学者の営為を読み解いてみよう。実験室という情況世界のなかで、現存在は自然科学者〈として〉物理的対象の客観的観察という行為の可能性へとみずからを企投する。この可能性は、現存在がまえもって企投していた「対象性」の地平にむけて、より根源的には「存在者性（Seiendheit）」の地平にむけて投げこまれる（GA3, XIII）。現存在は或る存在者を物理的対象〈として〉了解するために、対象が対象であることを、さらには存在者が存在することそれ自体をあらかじめ了解していなければならない。こうした了解のなかで、物理的対象は直線的時間の中心点である現在を意味源泉とした物在性がふくむ存在カテゴリーに従って、その存在意味が分節される。物理的対象のような他なる事物的存在者へと現存在が存在者的に超越しうるのも、世界内存在という存在体制をそなえた現存在の存在意味が時間性だからである。「脱自的に規定された時間性は、現存在の存在体制の条件である」（GA24, 378）。

現存在はさまざまな役割が網目となって組織された日常世界のなかで、ときに自然科学者〈として〉ふるまい、物理的対象という事物的存在者と出会いうる。現存在は実験室という情況世界のなかで自然科学者〈として〉みずから存在する可能性を「現持」するために、この存在可能性へと自身を企投する。こうしてその存在可能性を「将来」させうるのも、すでに習得された自然科学者の行動規範を潜在的に反復する「既在性」によって、その存在可能性があらかじめ規定されていたからである。このように、自然科学者〈として〉実験を行なう現存在は、或る事物的存在者が物理的対象〈として〉観察される可能性を「現持」するさい、その可能性を「将来」させて自身をこれに企投しているが、こうした物理的対象が観察される可能性も、物理的存在者へと分節されていく対象性を反復する「既在性」からあらかじめ制約されている。

以上のように、現存在が自然科学者〈として〉存在することの意味も、他なる存在者が物理的対象〈として〉存在することの意味も、三つの脱自態から説明される。とりわけ物理的対象の認識が時間的に意味づけられる仕方は、『第一批判』第一版「超越論的演繹論」で詳述された「三重の綜合」に対するハイデガーの解釈によって示される。カントにそくして三重の綜合をまとめれば、「感覚」の「多様なもの」を「通覧」して一つの表象へとまとめあげるのが「覚知の綜合」であり（A. 99）、こうして覚知された表象の一つひとつを「再生」しながらその連続を保持するのが「再生の綜合」（A. 100）であり、それらの表象が同一であることを保証するのが「再認の綜合」（A. 103）である。こうした三重の綜合をハイデガーはそれぞれ以下のように解釈する。

最初に、「覚知としての純粋綜合は〝現在一般〟を提供するものとして時間形成的である」（GA3, 180）。次に、「再生の相における純粋綜合は既在性そのものを形成する」（GA3, 182）。最後に、再認の純粋綜合は「この綜合が同一なものとしてあらかじめ保持する或る存在者を探索するのではなく、あらかじめ保持すること一般の地平を探索する」（GA3, 186）。こうした探索は「将来の根源的形成」である（ebd.）。ハイデガーの解釈を時間様相で説明すれば、三重の純粋綜合は具体的な現在・過去・未来という個々の時間的意味を形成するのではなく、そうした時間的意味づけを可能にする地平、すなわち、現在一般、過去一般、未来一般という「図式的地平」を形成し、それらを相互連関させて時間の全体地平を産出する。

前節で明らかにしたとおり、数学的カテゴリーを規定する伝統的存在概念は本質存在であり、動力学的カテゴリーのそれは現実存在であった。こうした存在概念は「超越論的図式」を介して時間性と接続している。ハイデガーは「簡略粗野な解釈」と断りながらも、「関係」という動力学的カテゴリーの一つである「実体」の超越論的図式をとりあげ、その存在論的解釈を例示している（GA3, 106）。「……時間はどの今（Jetzt）においても今（jetzt）であるという本質性格にもとづいて、いわば留まること一般（Bleiben überhaupt）という視線を与える」（GA3, 107）。「しかし、今の継起としての時間は、どの今においても流れながら一つの今であることによって、そのつど別の今でもある」（GA3, 107）。こうして時間の留まることと流れることとが互いにからみあっていく。どの今も直線的時間の中心点である「この今」として留まりつつ、時間が流れることでそのつど異なった今が「この今」となる。こうした今が成立可能であるのは、現在一般という地平が形成されているからである。このようにして今を産み出していく「時間におけるレアールなものの持続性」が「実体の図式」である（GA3, 106; A.143/ B.183）。現存在はこのような図式にもとづいて、「変化において不変な存在者そのもの」が現実存在することを了解し（GA3, 108）、こうした了解のなかで、物理的対象の認識という存在者的超越が果たされる。

ハイデガーは超越論的図式に関して実体の図式をとりあげるのみだが、ここにおいて、物理的存在者の現実存在と時間とが図式において接続される様子が確認できた。これをふまえれば、ハイデガーは、物理的存在者の現実存在だけでなくその本質存在も、直線的時間において流れつつ留まる今から了解されると言うはずである。存在者的超越を意味づけるのは、世界への存在論的超越を介した時間性であったが、ハイデガーによるカント認識論の存在論的解釈においても、物理的存在者の本質存在や現実存在を了解するための根源的構造を求めて、直線的時間の今を形成する時間性の脱自的超越へと哲学的視線をむけたわけである。

＊

時間性は、世界への存在論的超越を介して、知覚という存在者的超越を意味づけていたが、人間にとって基礎的な知覚という行為にあってこそ、物在性に規定された伝統的存在概念から私と対象は意味づけられていることが見えやすくなった。第八章では、ひきつづきハイデガーの存在論的カント改釈を手がかりに知覚世界の時間的構造化を考察し、世界や存在の側から見た時間性である「テンポラリテート」概念に迫る。

第八章　世界の時間と自由

はじめに

ハイデガー『存在と時間』（一九二七年）を中心とした思考圏においては、その強調点に多少の変動があるにせよ、時間性が「存在論的（ontologisch）な超越」（GA24, 423）を介して「存在者的（ontisch）な超越」（GA26, 194）を意味づけるという超越概念の構図が成り立つ。すなわち、「存在者とかかわること」（GA24, 390）である存在者的超越の可能性の条件が存在論的超越であり、さらに、この存在論的超越の可能性の条件が「時間性の脱自的・地平的体制」（GA24, 429）である。ハイデガーは彼なりのこうした超越論的哲学のなかで「存在のテンポラリテート」（SZ, 19）という時間概念を提示していた。

このテンポラリテートは、『現象学の根本諸問題』（一九二七年夏学期講義。以下『根本問題』と略記）で論じられるところであり、存在了解の地平をあらわす時間性（cf., GA24, 323）、つまり、「脱自的時間性の地平的図式」（GA24, 418）であった。これは、現存在の実存の側からではなく、存在や世界の側から時間性にアプローチする試みである。「存在論の歴史の解体」（SZ, 19, vgl., GA24, 31f.）という課題に取り組むためには、そのようなテンポラリテートの問題圏において、「存在の学的解釈」と「時間現象」とが結びつくさまを解き明かさなければならない（SZ, 23）。こうした解明の手がかりとなったのが、カント『純粋理性批判』（以下『第一批判』と略記）の「図式論」である。というのも、超越をめぐるハイデガー独自の思索から図式論の「超越論的時間規定」を照らし出すことで、「時間と〈私は考える〉のあいだでの決定的な連関」をおおう「暗闇」が取り払われるからである（SZ, 24）。「このときあらわになるのは、存在者の存在に関する解釈が《世界》もしくは最広義での《自然》に定位していること、また、この解釈は実のところ、存在了解を《時間》から獲得していることである」（SZ, 25）。

では、ハイデガーのこうした問題意識において図式概念はいかなる存在論的機能を認められていたのか。カントによれば、「超越論的図式」とは「カテゴリーのもとへの諸現象の包摂を媒介する超越論的時間規定」のことであった（A139/B178）。ここにハイデガーは、存在者が存在者〈として〉あらわになることと存在論的超越とを媒介する図式の機能を見出していく。この図式はハイデガーの超越論的哲学[1]にあって二つの存在論的機能をになう。それは、存在者を対象たらしめる「対象性（Gegenständlichkeit）そのもの」（GA3, 90）の時間的構造化と、世界の時間的構造化である。本章では、図式機能のこうした諸相に注目しながら、ハイデガーの超越論的哲学が行き着くところを見定める。

まずは第1節において『根本問題』第一部を参照し、ハイデガーが「存在の根本分節化」と考えた「現実存在（existentia）」および「本質存在（essentia）」という二つの伝統的な存在概念が（GA24, 33）、認識のカテゴリーとして働くことを確認する。そのうえで、『カントと形而上学の問題』（一九二九年。以下『カント書』と略記）の図式論解釈にそくして、実体概念にひそむ時間的意味を指摘し、またその「超越論的演繹論」解釈にそくして、対象性と本質存在の関係を探る。次に第2節では、『根本問題』第二部や『論理学の形而上学的始元根拠

――ライプニッツから出発して』（一九二八年夏学期講義。以下『始元根拠』と略記）の第二部を取りあげ、「脱自態の地平的図式」と世界との関係を検討する。最後に第3節では、そうした地平的図式に認められた二つの存在論的機能を手がかりに、存在のテンポラリテートが時間性の自己関係構造を反映する具体的な仕方を確認し、ハイデガーの超越論的哲学における自由の問題に迫る。

＊

「転回の思索」[2]に従うようになったハイデガーの自己解釈によれば、彼の超越論的哲学はカント哲学を形而上学として解釈することを通じて語り出されていたため、「主観性の形而上学」という色調を濃くし、ハイデガーの真意を正確に伝えることはできなかった。

とはいえ、以上のような考察から判明するのは、次のことである。すなわち、「形而上学の言葉」（GA9, 327f.）で語るならば、世界での経験を構成していく超越論的機能に対する存在論的究明をハイデガーはそのカント解釈においてつきつめ、結果、そうした超越論的機能の根源を現存在が自身から失うに至り、とはいえ同時に、現存在の奥底で、世界にかかわる超越論的機能の根源となる他者、すなわち、時間性と出会ったということである。これは、ハイデガーが近代超越論主義のなかで主観性に認められていた超越論的機能の極限に直面したことを意味する。まず、その極限に登場するのは「世界企投」（GA26, 247）という存在論的超越であり、「現存在は自由なものとして世界企投である」（GA26, 247）と述べられる。実存ではなく存在や世界の側から時間性を吟味するなかで脱自態の地平的図式に関する議論は展開されていくが、そこでなお現存在に世界企投という最大限の力が見積もられている。しかし次に、この世界企投は、現存在が時熟させるのではない時間性、つまり、「みずから時熟する時間性」（GA26, 272）から条件づけられている。世界企投という最大限の超越論的機能は、現存在の存在意味でありながらもその他者である時間性それ自体と直に接してその力を獲得し、こうした場面においてハイデガーは二つの自由のことを語り出す。

以下、ハイデガーによる超越論的哲学の徹底遂行を確かめたい。

1 対象性と図式

本章第七章「認識論的転回の地平を求めて」で確認したことだが、ハイデガーは、『根本問題』第一部においてカント『第一批判』を判断論として読み解くさい、対象を規定する認識カテゴリーに伝統的な存在概念がひそんでいると指摘していた。すなわち、第一に、「もの性（realitas）」である「事象性（Realität）」概念を分析して、数学的カテゴリーのうちには本質存在という存在概念が流れこんでいることを見出し、第二に、「現実性（Wirklichkeit）」概念を分析して、動力学的カテゴリーのうちには現実存在という存在概念が流れこんでいることを見出す[3]。これら二つの認識カテゴリーは、ハイデガーの考えるところでは、「この今」が中心に位置する「今継起」とみなされた非本来的時間にもとづいて了解される「事物的存在者（das Vorhandene）」の支配的な存在規定であり、「物在性（Vorhandenheit）」に包摂される。したがって、カント『第一批判』における「存在と時間」の問題とは、さしあたり本質存在および現実存在と今という時間様相との関係への問い、それゆえ、超越論的時間規定の媒介機能に関する図式論への問いであったことがわかる。

では、こうした伝統的な存在概念は時間からどのような分節を受けているのか。この答えを図式論のうちに、しかも「有限的存在者の超越への根本的な問い」という存在論的な観点から確かめる必要がある（GA3, 89)。とくに『カント書』では、「超越の地平を形成するのは超越論的時間規定としての純粋図式である」（GA3, 198）と言われていた。この超越の地平とは、「あらゆる対象の可能的遭遇の先行的地平」である「対象性一般」のことである（GA3, 103)。したがって、純粋図式の問題は、対象の認識という存在者的な超越を可能にする存在論的な超越の次元に位置づけられている。ハイデガー独自の存在論的解釈では、「自発性」と「受容性」が共に根差す超越論的構想力が純粋図式を形成することで、存在論的超越のむかう先である対象性の時間的構造化がなされ、この対象性の地平において対象の認識が可能になる[4]。

数学的カテゴリーを規定する伝統的存在概念は本質存在であり、動力学的カテゴリーの場合は現実存在であった。これらの存在概念は純粋図式を介して時間性と接続している。ハイデガーは「簡略粗野な解釈」と断りながらも、「関係」という動力学的カテゴリーの一つである「実体」の純粋図式をとりあげ、その存在論的解釈を例示している[5]。これは、端的に言えば、時間と現実存在との連関に関する解釈である。内容を確認しよう。

「……時間はどの今（Jetzt）においても今（jetzt）であるという本質性格にもとづいて、いわば留まること一般（Bleiben überhaupt）という視線を与える」（GA3, 107)。「しかし、今の継起としての時間は、どの今においても流れながら一つの今であることによって、そのつど別の今でもある」（ebd.)。こうして時間の留まることと流れることとが互いにからみあっていく。どの今も「この今」として留まる一方で、時間が流れることでそのつど異なった今が「この今」となっていく。このように流れながらも留まる現在一般という「視線」のもと、現存在は「時間におけるレアールなものの持続性」という「実体の図式」を形成し（GA3, 106; A143/

B183）、この図式にもとづいて、存在者が「変化において不変な存在者そのもの」として現実存在していることを了解する（GA3, 108）。実体概念を図式化し、変化にあって不変なもの一般という意味を存在者に与えることは、対象性の地平を企投することの一部なのである。

つづいて、時間と本質存在との連関に関する存在論的解釈だが、実のところ、これはハイデガーによる図式論解釈のうちには存在しない。本質存在と今という時間様相との関係をめぐる問いは、認識カテゴリーの図式化という観点からは検討されずに、超越論的演繹論第一版の「三重の綜合」に関する存在論的解釈のなかでとりあげられていく。その内容は以下のようなものである。

カント批判哲学にあって三重の綜合とはそもそも直観の多様を見通し、結合させ、まとめあげることであった。ハイデガーの解釈によれば、最初に、「覚知としての純粋綜合は〃現在一般〃を提供するものとして時間形成的である」（GA3, 180）。次に、「再生の相における純粋綜合は既在性そのものを形成する」（GA3, 182）。最後に、再認の純粋綜合は「この綜合が同一なものとしてあらかじめ保持する或る存在者を探索するのではなく、あらかじめ保持すること一般の地平を探索する」（GA3, 186）。この探索は「将来の根源的形成」である（ebd.）。「現在一般」の「一般」、「既在性そのもの」の「そのもの」、「あらかじめ保持すること一般の地平」の「一般」という表現が示しているとおり、ハイデガーの存在論的解釈のなかでは、直観の多様をまとめて対象を成り立たせる対象性が可能になる時間性の脱自的地平が語りだされていく。

再認の綜合に関する存在論的解釈にはもう一つ重要な側面がある。それは、端的に言えば、存在者を「対－象（Gegen-stand）」として同定可能にする対象性の地平を形成することにかかわっている。すなわち、ハイデガーは「非経験的……対象X」（GA3, 122; A109）のことを存在論的に解釈して、それを「対立するもの一般という性格をもつ或るもの」（GA3, 121）だと考える。この対立するもの一般が与えられたとき、対象性の地平が形成され、その地平において対象の同一性が確保される。こうした同一性を保証しているのは、超越論的統覚の綜合的統一である。すなわち、「対象が必然的とする統一は、表象の多様なものの綜合における意識の形式的統一に他ならない」（A105）。超越論的統覚の綜合的統一に裏打ちされた対象の本質存在は同一性なのである。このようにして成立した対象が三重の綜合のなかで時間的意味を獲得していく。

以上、本書第七章第3節「認識の存在論と時間」との重複をためらわず、時間の観点から対象性と図式の関係を指摘した。これが『カント書』における「存在と時間」の連関であり、対象性への存在論的超越が時間的に構造化される仕方である。まとめれば、或る存在者が対象として現実存在することの了解は、実体の図式が一部を形づくる対象性の地平にもとづいて存在者の存在を了解することであり、すなわち、流れつつ留まる今から、変化において不変なものの存在を了解することなのである。また、対象の本質存在を同一性として了解することは、地平的時間にもとづいて存在者の存在を了解することである。

さて、このように対象性の地平を純粋図式によって形成する超越論的構想力は、『始元根拠』において『カント書』とは異なった相貌を見せていた。というのも、超越論的構想力は物在性の別名である対象性ではなく、世界への存在論的超越にかかわるとされていたからである。ハイデガーはこう述べている。

それゆえこのように、時間性の独特で内的な産出性は、その産物がまさに世界という独特な無であるという意味において示されている。〈主観〉のこうした根源的産出性とカントがはじめて出会ったのは、超越論的で産出的な構想力の教説においてである。

（GA26, 273）

超越論的構想力は、カント批判哲学の枠内では〈主観〉の認識能力でありながらも、『始元根拠』によれば、〈みずから時熟する時間性〉である根源的時間に根差して世界を産出する。これは、事物的存在者の総体という意味での「《世界》」(SZ, 65) ではない。では、このような議論において地平的図式はいかなる機能を認められているのか。次節で検討したい。

2　世界と図式

『存在と時間』第六十九節C「世界の超越の時間的問題」(SZ, 364) では、「世界の存在論的体制」(SZ, 364) をなす脱自態の地平的図式に関する素描がなされていた。すなわち、「……脱自態には、脱出の〝行き先(Wohin)〟が属している。脱自態のこの行き先を、われわれは地平的図式とよぶ。脱自的地平は、三つの脱自態それぞれにおいて異なる」(SZ, 365)。将来の地平的図式は、「自己のためにという主旨(*das Umwillen seiner*)」である(ebd.)。既在性の地平的図式は、「被投性が投げられているところ(das *Wovor* der Geworfenheit)」である(ebd.)。現持の地平的図式は、「……するために(das *Um-zu*)」である(ebd.)。「将来・既在性・現持それぞれの地平的図式の統一は時間性の脱自的統一にもとづいている」(SZ, 365)。

こうした脱自態の地平的図式は、実存ではなく存在のレベルにおいて世界の成り立ちを考えていくさいに問題とされる存在論的概念であり、『根本問題』においては、「プレゼンツ」という現持の図式的地平をふくむテンポラリテートとして（GA24, 443）、また『始元根拠』においては、「脱自（Ekstasis）の脱自圏（Ekstema）」（GA26, 269）として論じられている。脱自態の地平的図式は、その呼ばれ方を変えながらも、それと世界との関係に関する考察が積み重ねられていくわけである。まず『根本問題』では、次のように記されていた。

存在了解の可能性は以下のことに存している。すなわち、存在者との交渉を可能にする現持は、現持として、脱自態として、プレゼンツという地平をそなえている。時間性一般は脱自的に地平的な自己企投（Selbstentwurf）そのものであり、この自己企投にもとづいて現存在の超越は可能である。こうした超越のうちに、現存在の根本体制、つまり世界内存在もしくは気遣いが根差しており、その気遣いは気遣いで志向性を可能にしている。（GA24, 443f.）

この引用で注目したいのは「脱自的に地平的な自己企投そのもの」という語句であり、これは、もはやそれを可能ならしめる条件へと遡りえない脱自的な自己根拠を意味している。『存在と時間』をふりかえれば、現存在は世界のうちへと投げこまれていることである被投性を引き受けつつ、自身を存在しうることへと投げこんでいく形で自己関係を築いていた。こうした自己関係構造は、時間性の脱自的な自己企投に裏打ちされている。というのも、時間性それ自体が「既在しつつ現持する将来（gewesend-gegenwärtigende Zukunft）」（SZ, 326）という自己関係構造をそなえており、その自己企投が「地平的」と形容されているのは、脱自態の地平的図式もまた自己関係構造をそなえているからであった。しかも、本来的な脱自的統一における将来の優位を、その地平的図式もまた反映している。つまり、「時間性の脱自的時熟が脱出の統一として有しているのは、一つの、しかも第一次的には将来から、主旨（Umwillen）から時熟させられた地平であり、これが世界なのである」（GA26, 275）。

世界のテンポラールな構造化は将来を中心とした脱自態の地平的図式を介して遂行される。こうした地平的図式を形成する産出的構想力は、〈みずから時熟する時間性〉である根源的時間に根差している。その時間性に関してハイデガーは次のように述べていた。

> 時間性の地平のこうした脱自圏的統一は、世界の可能性の時間的な条件であり、その世界が本質的に超越へと属していることの時間的な条件である。というのも、この超越はその可能性を脱自的な振動（Schwingung）の統一のうちに有しているからである。（GA26, 269f.）

「振動」とは時間性のいかなる動態だろうか。それは時間性の「脱自」が三つの脱自態において一挙に分化し統一する伸縮運動をあらわしている。「時間がそれ自身を伸ばし（erschwingen）、また縮める（verschwingen）」（GA26, 268）とき、現存在にはさまざまな世界が開かれるが、いずれの世界もテンポラールな構造をそなえている。というのも、「……脱自圏は、振動しながら、世界すること（ein Welten）として時熟する」（GA26, 269f.）からである。現存在はさまざまな世界に投げこまれているが、それらの世界は、振動する時間性に応じた地平的図式によってテンポラールに構造化されている。『存在と時間』を中心とする思考圏にあって、こうした構造化は産出的構想力が脱自態の地平的図式を形成することによって行なわれるとハイデガーは見こんでいた。

ふりかえってみれば、ハイデガーによるカント実践哲学の存在論的解釈にあっては、道徳世界において他者に対する自己の開放性がさまざまに変容することに応じて、他者への義務が自己に強制されることの可能性もまた、その地平を変化させていた。つまり、自己自身に対する自己の義務も、自己に対する自己の開放性の変容に応じて、その強制可能性の地平を伸縮させる一方、自己への義務は他者への義務に対して超越論性を有するので、他者への義務を強制する可能性の地平がもつ広がりは、自己への義務を強制する可能性の地平がもつ広がりに制約されていた。こうして道徳世界が存在論的に伸縮するのも、世界一般がテンポラールな構造をもつからなのである。

加えて言うと、このような道徳性の世界は用在性や物在性の世界と重なりあい、前景化と背景化が互いに入れ替わりながら、それぞれの情況世界を伸縮させている。たとえばテーブルの制作で使っていたハンマーが壊れ、鉄片と握りの接続部がどんな形かを確かめていたさい、小声で聞こえていた兄弟喧嘩に絶叫が混じれば、私は家のなかにもどり、父〈として〉兄のほうを叱る。年下の弟を殴って玩具をとったからである。こうしてありふれた日常も、日曜大工〈として〉道具をもちい、家具を制作する世界、壊れた道具の形を見定める知覚世界、子どもを叱る道徳世界がそれぞれ主要な地平となって入れ替わりつつも、とはいえ、世界一般のテンポラールな構造ゆえに、多角的な世界が存在論に有機的な統一性を保って開かれている。

ここで一度、「世界と図式」の関係に関するさらなる究明のために、実存の側から世界の問題を検討しておきたい。『根本問題』では、「現存在の実存には世界内存在が属している」（GA24, 391）と言われていた。「存在了解という光のなかでのみ、存在者は存在者としてわれわれに出会われる」（GA24, 390）のだが、この「われわれ」とは世界内存在という存在体制をそなえた現存在のことである。実存の側から世界という問題を検討することは、世界内存在と存在了解という光との関係を問うことである。存在了解が光だと表現されるそのわけをハイデガーは『存在と時間』のなかでこう述べていた。

この存在者が《照らされている（erleuchtet）》とは、この存在者自身にそくして世界内存在として明るくされている（gelichtet）ということであり、別の存在者によってではなく、その存在者自身が明るみ（Lichtung）であるという仕方で明るくされているということなのである。実存論的にこのように明るくされた存在者にとってのみ、事物的存在者は光（Lichte）のなかで近づきうるのであり、闇のなかで隠されている。現存在はその現（Da）をはじめからたずさえている……。（SZ, 133）

引用で語りだされている事態を時間性の次元からも特徴づければ、「脱自的な時間性は現を根源的に明るくしている」（SZ, 351）。だから、現存在は「明るみ」なのであり、現存在は「世界内存在として明るくされている」場、すなわち、「現（Da）」を与えられているわけである。世界内存在という存在体制が存在了解の遂行を可能にしている。「超越とはみずからを或る世界から了解することを意味する」（GA24, 425）。実存の側からみた世界の問題は、以上のようなものである。

本節で検討していたのは、超越論的構想力が地平的図式を形成して世界のテンポラールな構造化を行なう仕組みであった。これと、世界のなかでの存在了解との関係は、振動する時間性によって構造化された世界のなかではじめて現存在は存在者の存在を了解するということになる。一方で実存の側からみれば、「存在了解という光（Lichte）のなかでのみ、存在者は存在者としてわれわれに出会われる」のであり、他方で世界の側からみれば、「……世界進入が生起する場合にかぎり、存在者は存在者としてあらわになる」（GA26, 274）。世界へと進入するのは存在者であり、「時熟させる時間性が世界への進入の機会を与える」（GA26, 281）。これは、存在者は或る世界のなかで現持の地平的図式を介して「……のために」という存在意味を与えられ、現存在という主旨へと集約していく意味連関に組みこまれるということを指している。

『始元根拠』の言葉で言えば、カントこそ、「時間との暗い連関のうちにあった超越論的構想力へとこのようにはじめて迫った」（GA26, 272）哲学者であった。その暗さに対して、ハイデガーなりの超越論的哲学の光があてられたとき、産出的構想力が形成した地平的図式による世界のテンポラールな構造化が照らしだされたのである。

3　時間と自由

『存在と時間』において時間との暗い連関にあるとされた相手は、〈私は考える〉という自己意識、つまり、超越論的統覚であり、その連関に関する考察は『根本問題』を経て『カント書』において一つの結論に至る。これに対して『始元根拠』では、時間と構想力とのあいだに暗い連関が認められていた。このような違いに応じて、『カント書』では対象性への存在論的超越が論じられ、『始元根拠』では世界への存在論的超越が論じられることとなる。しかしいずれにせよ、存在者が存在者〈として〉あらわになることを可能にする存在論的超越が主題化され、この超越には脱自態の地平的図式が深く関与している。時間と超越をめぐる謎に答えうる豊かさをカントの図式論はそなえていたとハイデガーが考える所以である。しかも、この図式論をめぐる存在論的解釈は、ハイデガーがカントの「自己触発」概念を換骨奪胎して作り上げた時間性の自己企投という構造概念に裏打ちされている。ここで、時間性の自己触発と脱自態の地平的図式との具体的関係を確かめなければならない。

カントの場合、自己触発とは自己認識のために超越論的統覚が内官を触発することであった。これとは異なり、ハイデガーは自己触発という発想を自家薬籠中のものとし、超越論的統覚が或る意味では内官の形式であったはずの時間そのものであり、その時間が自己触発すると言う。もちろん、カントにそくせば、超越論的統覚は時間の内部にはなく、時間は「主観の外では無」（A35/B51）である。しかし、現存在の存在意味は時間性だと主張するハイデガーは、超越論的演繹論と図式論とを彼独自の仕方で解釈し、超越論的統覚という仕方で存在する現存在と時間との根源的連関を見出していく。着目すべきは、超越論的統覚も時間も「同一の本質述語」（GA3, 192）を有する点である。すなわち、超越論的統覚は「それ自体、変化せずに留まる」（A123）。また時間は「留まり、変移しない」（A182/B224）。両者は共にその本質存在が常住不変という同一性から説明される。時間それ自体は時間の内部にはなく、超越論的統覚も時間の内部にはない。それゆえ、ハイデガーの考えるところでは、時間の内部にはない超越論的統覚は時間それ自体であり、このことを手がかりに自己触発を自己企投へと改鋳していく。すなわち、超越論的統覚による内官＝時間の触発は時間それ自体の自己触発を意味し、時間性の自己企投なのである。ハイデガーはカントの自己触発概念を存在論的に解釈して自身の自己企投概念を練り上げ、現存在の存在意味である時間性の自己企投のことを語りだしている[6]。

しかし、ここで注意しなければならない。「時間性は、将来・既在性・現持のそのつどの統一においてみずから時熟する（*zeitigt sich*）」（GA24, 376, vgl. SZ, 328）のであった。しかも、時間性の時熟による脱自的統一は本来的にも非本来的にも成り立つ。現存在は、地平的図式の形成という超越論的機能によって構造化された世界や対象性へと存在論的に超越するにしても、こうした超越論的機能を支えているのは、〈みずから時熟する時間性〉、すなわち、自己企投する時間性である（cf. GA24, 453）。だから、究極的には現存在のうちに超越論的機能の根源が存しているわけではない。世界を構造化する超越論的機能の根源は、現存在にではなく、時間性に求められたわけである。本章第２節で検討した産出的構想力の存在論的解釈もそれを示していた。

超越の根源である時間性のこのような自己企投を主導するのは、将来という脱自態であった。これは脱自態の地平的図式にも当てはまり、次のように述べられている。

> より適切に言えば、現存在の還帰性はそうした将来として構成される。……将来は、時間性がより根源的に将来的であればあるほど、いっそう還帰的である。こうした仕方で、時間性全体の構成とその脱自圏的地平の時熟が生起する。（GA26, 273）

時間性の脱自的に地平的な自己企投にもとづいて世界はテンポラールに構造化され、現存在はそうした世界から自身を了解していく。「現存在は、了解という仕方で自分自身から自分自身を豊饒にする存在者である」（GA26, 273）。では、現存在自身を豊饒にする了解とはいかなる了解であろうか。この問いに答えることで、ハイデガーの超越論的哲学において現存在に対して最大限に見積もられた超越論的機能である世界企投の内実が判明する。

ハイデガーは上述の引用につづけて、「現存在はつねに、より‐豊饒に‐存在する、超えて‐振動するという性格（Charakter des Reicher-seins-als, des Über-schwunges）をもつ」（GA26, 273）と述べている。ここで注目すべきは、「より‐豊饒に‐存在する」ことが「超えて‐振動する」ことと等置されている点である。まず、超えて‐振動するとは、世界への存在者の進入を生起させるような時間性の振動のことを指している（cf. GA26, 270）。存在者は、時間性の地平的な時熟によって、世界のなかで現持の地平的図式を介して「……のために（Um-zu）」という存在意味を与えられ、現存在という主旨へと集約していく意味連関に組みこまれる。この主旨は環境世界の中心であり、そうした世界のテンポラールな構造化を行なう将来の地平的図式のことであった（cf. GA26, 246）。現存在はこうした将来の地平的図式へと自身を企投し、この企投こそ、世界のテンポラールな構造化にかかわっているという意味で世界企投なのである。

それゆえ、テンポラールに構造化された世界が開かれることに現存在が世界企投という仕方で関与すること、これが「より‐豊饒に‐存在する」ことなのである。

そして、そのように存在する現存在の「自由は原了解である」（GA26, 247）とハイデガーは指摘する。というのも、「自由があるところにのみ、主旨（Umwillen）があり、世界がある」（GA26, 238）からである。現存在は将来の地平的図式である主旨へと自身をそのつど投げこんでいくが、これは世界にかかわる現存在の「自己定立」であり、世界企投は、それゆえ、現存在の「自律」、現存在の存在論的自由なのである。本章では最後に、ハイデガーのこうした自由概念をさらに究明したい。

カント哲学にあって「実践的自由」とは、自己立法する意志に認められた、絶対的始まりをもたらす自由のことであった。ハイデガーはこうした実践的自由を一九三一年夏学期講義『人間的自由の本質について――哲学入門』のなかで存在論的に解釈し、その要点をこう述べている。「因果性が自由の一問題であってその逆ではないならば、その場合、存在一般の問題はそれ自体で自由の問題である」（GA31, 300）。ここで登場する自由とは実践的自由のことであり、それが因果性概念と比較されている。[7] ハイデガーの論じるところでは、因果性は「物在としての存在という根本カテゴリー」（ebd.）に包含され、「諸対象の対象性の一性格」（GA31, 302）である。注目すべきは、因果性が事物的存在者の存在にかかわるカテゴリーであるのに対し、自由の問題は存在一般の問題だと指摘されている点である。この対比を超越概念の構図にそくして、すなわち、時間性は存在論的超越を介して存在者的超越を条件づけるという構図に即して考えてみよう。

まず因果性は対象性の一性格だから、これは存在論的超越の次元に位置づけられる。とすると、「因果性が自由の一問題」であるかぎり、自由は時間性の次元に位置する。自由の問題が存在一般の問題である以上、その時間性は存在のテンポラリテートを指している。

では、こうした関係に注目することでハイデガーは、テンポラリテートに関するどのような事柄を強調しようとしていたのか。

道徳法則の自己定立という自律を別名とした実践的自由によってハイデガーが言い当てようとしていたのは、時間性の地平的な自己企投という自己関係構造のことである。すなわち、自己定立という自律と時間性の自己企投とが重ね合わせられ、この意味で時間性それ自体の根源的自由が語りだされている。地平的に自己企投する時間性はみずから絶対的に始まり、そうした自己企投は現存在という場で遂行されていく。ハイデガーはこう述べている。

世界はそれがいかなる存在するものでもないという意味で無である。いかなる存在するものでもないと同時に、それが与える（es gibt）何かである。このように存在しないものを現（da）へと与える〈それ〉は、それ自体では、存在しているのではなく、みずから時熟する時間性である[8]。

世界は地平的に自己企投する時間性によって現存在へと贈与されるわけである。とはいえ、将来の地平的図式である主旨へと現存在が自身を投げこんでいくかぎり、ハイデガーの超越論的哲学において世界形成は現存在の世界企投を呼びこんでいる。このとき、存在者が存在者〈として〉あらわになる世界や対象性という存在論的地平を形成することの始まりに現存在は参与し、ここに現存在の存在論的な自由が成り立っている。

「現存在の実存論的分析論」（SZ, 12）とは考察の方向を変えながらも、存在のテンポラリテートをめぐる議論が検討の材料とした『存在と時間』の世界概念、すなわち、「環境世界（Umwelt）」概念は、日常性における用具連関をモデルとしていた（cf. GA24, 431f.）。その日常性は「非本来的な歴史性」（SZ, 391）であることを思えば、また、のちの「用象（Bestand）」の視点からみても、そうした世界概念自体が「存在論の歴史」からすでに規定されている。とはいえ他方で、ハイデガーの超越論的哲学はそうした「存在論の歴史」を解体しようと試みていた。この試みのなかで彼の超越論的哲学は、「存在論の歴史」を上空飛行的に眺めているのではなく、その歴史へと循環的に入りこんでいる。こうした事態をハイデガーの超越論的哲学の言葉で言い換えれば、現存在に開かれる世界は、脱自態の地平的図式によるテンポラールな構造化から歴史的に規定されていたということになる[9]。

とはいえと言うべきか、だからと言うべきか、世界への超越の根拠を時間性へとつきつめたハイデガーの超越論的哲学こそ、すでに世界へと投げこまれている人間に対して世界形成の力を与え返していく近代超越論主義が、極限にまで徹底された現場であった。すなわち、被投性への透徹した眼差しをもちながら、ハイデガーは、世界が開かれることの始まりに現存在が世界企投によって与かる仕方を解き明かし、「現存在は自由なものとして世界企投である」（GA26, 247）と述べるに至る。

自己のためにという主旨である将来の地平的図式へと現存在が自身を投げこんでいくこと。それは、彼のカント解釈という近代超越論主義の極限態において、世界形成に参与する力の最大限としてきわめられた現存在の存在論的自由なのである。

＊

本章では、ハイデガーによるカント認識論の存在論的解釈を手がかりに世界のテンポラールな時間的構造化を考察した。第二章「ハイデガーのマールブルクへ」から第三章「ホモ・ヌーメノンの実存感情」を経て第四章「道徳的人格性と物在性の交差」に至る、行為世界の存在論的解釈学と、第七章「認識論的転回の地平を求めて」における知覚世界の存在論的解釈学とは、多面的な日常世界に有機的統一性を与えるテンポラリテート論に集約されていく。これが、「転回をめぐる思索」にハイデガーが気づく以前、ハイデガーの超越論的哲学で試みられていたことである。そして、このような超越論的哲学にあって日常性の解釈学には、ナチス的暴力に襲われた現代世界の存在論的構造をすぐれて解き明かすポテンシャルがそなわっていた。第五章「第三帝国の定言命法？」と第六章「凡庸な悪とその日常性」では、アレントによるハイデガー批判という光源から逆に、日常性の解釈学にそなわる、その解明力を照らし出した。

では、このようにハイデガーの存在論的カント解釈と重ねあわせていくことで、その内実がいっそう豊饒化する日常性の解釈学に対して、レヴィナスはいかなる態度をとるのか。

彼はこう言い放つ。「ハイデガーの著作にあって、現存在は飢えることが決してない」(TI,142)、と。レヴィナスのこうした哲学的視線は、労働という活動性とその人間的条件である生命を論じるアレントと共有されたものである。

実際、レヴィナスの第一主著『全体性と無限』(一九六一年)に書きつけられた、その言葉に出会うのは、ものを食らい働く人間的生が描き出された或る場面、つまり、「エコノミー(家政 économie)」(ibid.)を論じる場面である。単なる皮肉にもとられかねないその言葉が、しかし、エコノミー論の意図をよく伝えることになるのは、レヴィナスみずからが終生称賛しつづけた『存在と時間』の読解を通じて自身の哲学的思考を練りあげながら、エコノミー論を日常性の解釈学に対する批判的思考として展開していったからである。もちろん、これは『存在と時間』の余白を埋めようと展開されたものではない。現存在の時間性や世界の全体性からあふれ出るものが、時間を生起させることを指摘したうえで、飢え渇く人間の生についてその仕組みを明らかにしようとしている。次章では、フッサール現象学を手がかりに形づくられた、そうしたエコノミー論の積極的主張を考察する。

しかし、そうした積極的主張とハイデガー批判との関係には注意が必要である。飢えを知る人間の姿を独自の時間論にもとづいて描き出したレヴィナスは、たとえばハイデガーの世界論に対して、次のように問いかけてもいるからである。

ハイデガーによる世界分析を通じてわれわれがなじんでいるのは、現存在を特徴づける〝自己のために〟が、つまり情況内での気遣い（souci）が、人間の産物すべてを最終的に条件づけるという考え方である。『存在と時間』にあって、家は道具連関と別個に姿をあらわすわけではない。とはいえしかし、気遣いにおける〝自己のために〟は……わが家なしに成就されうるのか。（TI, 184）

この引用でレヴィナスが語りだしていることは、現存在を主旨とした環境世界の根本体制を転覆してしまうような指摘ではなく、さしあたり、レヴィナス自身の主張を際立たせるために『存在と時間』を引きあいに出しているということである。『存在と時間』において「部屋」は「道具全体性」のなかで「住むための道具」とされていたにすぎない（SZ, 68）。それゆえ本書の第九章以下では、レヴィナスがとりあげたハイデガーの言葉を網羅的にあげつらうことはせず、上述の引用のようなハイデガー批判が行なわれるさいに前提となっているレヴィナスの哲学的思考、すなわち、時間性や世界の全体性からあふれ出るものとエコノミー的な生との関係を問う哲学的思考に迫りたい。

V　超越の倫理とレヴィナス——生き残りの視線

第九章　感覚の享受、知識の倫理

はじめに

『全体性と無限』の序文でレヴィナスは、エコノミー的な実存における自己他者関係を論じていくことを宣言していた。そのなかで、「対象の客観性およびその意味は言語から到来する」（TI, 97）と述べられる。本章の目的は、この一文に登場する「客観性」と「言語」の関係に注目し、『全体性と無限』において「享受（jouissance）」概念から組みあげられた認識論を知識論として読み解き、その認識論とレヴィナス固有の概念である「顔（visage）」との関係を確かめることである。

このために、本章第1節ではまず、「……によって生きる（Vivre de…）」（TI, 112）と定式化された享受概念を検討し、享受のなかで感覚主体が出来する仕方を解き明かす。次に、この感覚主体が「大地」の享受を通じて「家（maison）」と呼ばれる身体の存在体制を設立し（TI, 167ff., 182）、この存在体制のもとで事物の私的把握が可能になっていることを明らかにする。つづいて第2節では、自己と他者のあいだで交わされる言語が私的把握を公共的認識へと変更する仕組みを解明し、認識の客観性を成り立たせている倫理的基底をつきとめる。最後に第3節では、レヴィナスの認識論において顔という鍵概念がもつ重要性を確認する。

こうした考察の結果、レヴィナスは認識論＝知識論と倫理学の交差する可能性を彼独自の仕方で提示していたことが判明するはずである。

1　享受する身体と公共的知識

「外部的なことに執着する」関係を築く広義の志向性は、『全体性と無限』において「享受の志向性」と呼ばれていた「糧（nourriture）」を「欲求」する（ibid.）。たとえば、自然から与えられた「私を支える大地の固さ、私の頭上に広がる空の青さ、風のそよぎ、海のうねり、光のまばゆさ」（TI, 159）も、享受される糧である。これらはどこからともなく到来して「感受性」（TI, 143）に差し出され、人間の生を養う。というのも、糧の享受におけるさまざまな感触を通じてひとが「存在の物質性」（TI, 140）に触れるとき、この物質的接触に快苦をおぼえ、いわば「生命感情」が躍動し、「生命」の「促進」と「阻止」が生じるからである。[1] こうして生にかかわる糧を、レヴィナスは「エレメント（élément）」と名づけ、もしくは、アナクシマンドロスから借用した言葉で「アペイロン」と呼ぶ（TI, 150）。

レヴィナスは享受の感覚的生を説明して、次のように述べる。

あらゆる事物の尺度であって何ものによっても測られることのない人間、つまり、事物のすべてを比較するがみずからは比較不可能な人間は、感覚の感覚作用において立ちあらわれる。……『テアイテトス』にあって、プロタゴラスのテーゼがヘラクレイトスのテーゼに近いのは偶然ではない。パルメニデス的な存在が粉砕されて生成と化し、事物の客観的流動とは別の仕方で広がりうるためには、まるで感じる者の単数性（singularité）が必要であるかのようだ。……パルメニデスの一元論を破壊する生成概念は感覚の独自性によってのみ実現される。

（TI, 53f.）

この引用文でプラトンの対話篇を引きあいに出しつつ挙げられた主題は（TI, 53, n.2）、「もののあらわれ、つまり、その感覚」が「知識」であることを帰結するプロタゴラスの「人間尺度説」である（『テアイテトス』152a-e）。ここでレヴィナスは、人間尺度説をヘラクレイトスの「運動生成説」と重ねあわせ、そこに「感覚の単数性」を見出し、「事物の客観的流動」と対比している。

では、こうした対比を通じてレヴィナスはいかなる主張を展開するのか。感覚の独自性および事物の客観的流動という概念が位置すべき哲学的文脈を補いつつ、主張の内実を確認したい。

二つのテーゼに関するその引用は、『全体性と無限』にあって感受性を「個体化の原理」（TI, 52）として論じる段落中にあり、感覚の独自性が言及されるのもそこである。感覚主体の個体化は、感受性による糧の享受との関係から論じられている（TI,142ff.）。レヴィナスはこう述べる。

われわれがエレメントの享受から描き出した感受性は……感覚の秩序に、言い換えれば、私のエゴイズムがそこで震える情感性（affectivité）の秩序に属している。これら百葉の緑あるいはこの夕陽に燃える赤といった感覚的な諸性質は、認識されるのではない。生きられる。

（TI, 143）

ひとは享受において誰のものでもない風光の彩りを味わい、糧にする。このとき、「私のエゴイズム」が「震える」。というのも、「風のそよぎ、海のうねり、光のきらめき」といったエレメントに波のごとく打ち寄せられて身体が震え、この震えが「エレメント内存在」として個体化した私の存在を証示しているからである。したがって、レヴィナスが人間尺度説をとりあげるのは、「感覚の相対性」を指摘するためではない。感覚的な享受のうちに個体化という出来事を認めるためである。「一人称特権」を指摘される痛覚の「私秘性」ほどではないにせよ、ここには、糧という他者を享受する人間において一人称単数の私が出来する仕組みが隠されている。

最初の引用においてさらに指摘されていたのは、「生成」を「自然の原理（ἀρχή）」とするヘラクレイトスの立場がプロタゴラスに近いことであった。これも、糧を享受するとき、絶え間ない生成消滅という変化が感受されることを強調するためである。ここで注意しなければならない。糧の享受にあっては、同一の実体がはじめに認知され、次いで感受された変化がその実体に帰せられていくのではない。そうではなく、享受がかかわるのは、ひたすら変化の感受である。「享受にあって事物はそのエレメント的な性質へと帰る」（TI, 141）。つまり、「アペイロンは、事物と反対に、同一化に従わない性質として現前する」（TI, 159）。だから、「百葉の緑」や「夕陽に燃える赤」の場合、ひとは木の葉と夕陽を同定したのち、その色に気づくわけではない。まずもって緑や赤が優しく冷たく、あるいは硬く柔らかく移ろうさまを感受し、ひとは生命感情にみたされる。したがって、身体の感受性をおそうエレメントの変化とは、この変化の帰属すべき同一的な実体が存立していない状態で、止めどもなく差異化していくということである。この差異化は「実詞なき〝形容詞〟」（TI, 139）によって分節される、とレヴィナスは指摘する。

しかし、こうした情況は、ひとが感覚のカオスにのみこまれていることを意味するのではない。ひとは糧を享受するさい、「感覚の秩序」のうちにある。レヴィナスはこのことを説明して、「感覚的なものをめぐるデカルト哲学の深遠さは、真なるものではなく有益なものの秩序に属する感覚の非理性的性格に存している」（TI, 143）と言う。デカルト『哲学原理』第一部第七十一節によれば、身体を害するものに対して人は苦痛をおぼえ、益するものには快を感じ、この快苦のあいだにさまざまな感覚がある。こうして、身体的利害に従い色分けされた感覚の秩序は、生を促進あるいは阻止する生命感情をともないつつ、形容詞に分節される感覚の秩序となっている。享受における感覚の形容詞的分節化こそ、身体と自然のあいだで生じた始原的関係なのである。

とはいえ、こうした感覚の秩序は、「信念（δόξα）」の世界を構成しているわけではない。認識にかかわる信念は、その真偽が問われる命題の形で表明されうる必要がある以上、形容詞的分節化だけで信念が成り立つことはないからである。享受の形容詞的分節化は信念の命題的分節化の手前にある。『全体性と無限』にあって、享受とは世界の「余剰」（TI, 71, 135）によって生きることだが、ここで世界は使用と認識の観点から秩序立てられた世界のことである。こうした世界からあふれ出る余剰とのかかわりが、行為や認識よりも始原的な次元でたえず生起していることを、レヴィナスは享受の観点から語り出している（TI, 135f.）。

以上のような仕方で感受されるエレメントの変化が「事物の客観的流動」と区別されることを、レヴィナスは最初の引用文で、感覚の単数性から説明しようとしていた。その意図をあらためて確かめておく。ヘラクレイトスによる「流れる川の比喩」（プラトン『テアイテトス』160d-e）を念頭においていた「流動」という語が、「客観的」という近世認識論以降の表現で形容されていることに注目したい。

認識の客観性とは、レヴィナスが『全体性と無限』で言及する「超越論的哲学」にあっては、さしあたり、主観の個別性を超えた意識一般が形成する判断や意味の普遍妥当性のことである。他方、「認識論（épistémologie）」の語源を確認すれば、「間接知（ἐπιστήμη）」に関する「学（λόγος）」、つまり、「知識論」であった。たとえば『テアイテトス』の知識概念は、「真なるドクサにロゴスを加えたもの（μετὰ λόγου ἀληθῆ δόξαν）」（201c）と規定され、のちに「正当化された真なる信念（justified true belief）」という標準的規定が与えられている。重視すべきは、こうした知識概念において認識の客観性は知識の公共性に相当するという点である。認識論が知識論の伝統へと差し戻されるとき、ア・プリオリな意識構造に最終的な解決をゆだねていた認識の客観性という問題は、自己と他者のあいだで正当化を要する知識の公共性という問題へと変換される。ここに見出しうるのは、他者とのかかわりとしての〈倫理〉を問うレヴィナスが、最初の引用文で認識論の言葉を織りまぜながら、『テアイテトス』における感覚と知識の問題を語りだした理由である。すなわち、『全体性と無限』にあって、エレメントの変化を主観的に感受することと客観的に認識することとの関係は、私的感覚と公共的知識との関係へと読み換えられている。このとき、糧の享受にあって形容詞が分節する私的感覚とは、認識にかかわる信念の一部となりうる始原的意味のことである。

では、このような私的感覚の始原的意味はどのような仕方で信念の構成要素となるのか。つづいて、「家を治めること（＝家政 οἰκονομία）」たる「エコノミー（économie）」（TI, 109）をめぐってレヴィナスが展開した議論を確かめながら、自然の移ろいに抗するエコノミー的な行為が事物の実体的同一性を創出するとき、その実体的事物を主語にし、形容詞による感覚語を述語にして信念の命題的分節化が成り立つことを明らかにする。

＊

レヴィナスが実体的事物の変化に関する客観的認識と対照していたのは、実体なき変化の感受であった。こうした対照の背後には、実体的事物の成り立ちにかかわる独自の思考が、つまり、「労働」と「所有」という彼のエコノミー的な概念に依拠した実体論が控えている。こうした実体論の内容を明らかにするために、本節ではまず、労働と所有を可能にする身体の存在体制を享受の観点から考察する。

さて、人間は多種多様な糧を享受していた。なかでも身体による大地の享受は、人間的生にとって特別なものである。なぜなら、このおかげで人間は家と呼ばれた存在体制をそなえうるからである。この存在体制は大地に対する身体の構えとして描き出され、その構えをとることにレヴィナスは「定位する（se poser）」（TI, 133）という表現を与える。定位とは身体が「直立」（ibid.）し、大地に広がるエレメント的な「環境」（TI, 137）に対して時空間的分節化の機能を発動させることである。

レヴィナスはここで、次のような場面を想定していたように思われる。それは、飢えを充たす動物のように糧の享受に没入していた人間が顔を上げ、直立した身体の「高み」から周囲を見渡すという場面である。「われわれが家によって隔たりや延長としての空間にかかわることは、単なる〈エレメントに浸ること〉にとって代わる」（TI, 139）。このとき、「ひととひとが依存する世界とのあいだに差し挟まれる隔たり」が生じ、しかも、「この隔たりは時間に変換可能である」（TI, 120）。シュッツによって編纂されたフッサールの草稿「空間構成に関する覚書」（以下「覚書」と略記）を参照しながらレヴィナスが論じるところによれば、直立的身体をいわば超越論的な「ゼロ点」とするときにはじめて、その身体に固有な時空間が〈今ここ〉の限定を超えて開かれる

ことになる。(2)

とはいえ、人間はその結果として大地の支配に至るわけではない。時空間的分節をほどこして大地への統御を達成したかにみえても、その身体機能はそもそも大地の享受によって可能になっていたからである。「ふみしめられた諸々の場所は私に抵抗するのではなく、私を支えている」（TI, 146）。この大地を支配することは原理的に不可能である。しかも、大地はときに人知の及ばない激震を見せ、身体を超越論的ゼロ点とした時空間的分節化は機能不全に陥る。大地は人間にとって脅威でありつづけ、だからこそ、大地による支えは人間への贈与となる。

超越論的な身体機能の出来は自然の恵みに依存する。さらに、「こうした〈支え〉を介した私の場所との関係は、思考や労働に先行している」（TI, 146）。なぜなら、直立的身体を中心に開かれた私的時空間においてはじめて思考および労働が可能になるからである。時空間的分節化による補助線が引かれた自然環境のなかで、「労働はエレメントから諸事物を引き剝がし」（TI, 168）、「諸事物を生み出して、自然を世界に変える」（ibid.）。エレメント内存在であった人間は、レヴィナス流の「世界内存在」、つまり、自己自身から広がる私的世界を「わが家」（TI, 184）とする存在者となる。

では、労働が事物を生み出すとはいかなる意味か。

労働する人間は自然環境から事物をつかみとって「動産」（TI, 168, 173）とし、わが家で所有する。レヴィナスの考えるところ、わが家で所有され同一であることを本質とするのが「家産（ousia）」たる「実体」（TI, 174）である。「所有できること、言い換えれば、一見したところ異他的だが自我との関連でその他性それ自体を一時中断できること、これが同一なものの様式である」（TI, 27）。労働と所有によってエレメントの移ろいは差し止められ、人間が来し方ゆく末を把握可能な世界のなかで、「事物は名前と同一性をそなえる」（TI,148）。こうして、「実詞なき〝形容詞〟を享受する享受」（TI, 173）における形容詞的分節化は、労働と所有が適用可能にした名詞的分節化によってさらなる限定を受ける。すなわち、つかみとられ名づけられた事物は、飼いならされたエレメントの変化が帰属していく「基体（support）」（ibid.）としての実体となる。このとき、エレメントの変化を分節していた形容詞は、名詞的事物という主語的基体に述定される。実体的事物の認識にかかわる信念が成立する場面である。ハイデガーとアレントへの批判が響いているかのような、レヴィナスの身体論である。

しかしながら、この認識はいまだ客観的なものではない。客観的認識の成立には、他者に宛てた言葉で私的世界を公共世界へと転換することが必要である。次節では、こうした転換において、わが家で同一性を維持する事物が自他に同一なものとなる仕組みを明らかにする。

2　言語と、認識の倫理

ひとはエコノミー的な行為を通じてわが家たる私的世界で実体を創出し、この実体が認識の対象となっていた。こうした認識論の倫理的基底を明らかにするために、彼の言語論に注目して、私的世界から公共的世界への移行がなされる仕方を考察しなければならない。次の引用文を手がかりに、まずは第１節と第２節のつながりを確かめておく。

感覚的なものの概念化とはすでに、私の実質に、つまり、私の家という生ける肉に他者の現前が刻みこまれていることであり、私のものの他者への適合に他者の現前が刻みこまれていることである。……概念化とは最初の一般化であり、客観性の条件である。（TI, 73）

客観的認識を公共的知識と読み換えるレヴィナスにとって、「感覚的なものの概念化」とは、感受したものの言語的公共化と同義である。「私の家という生ける肉」とは身体の存在体制のことだから、そうした体制に「他者の現前が刻みこまれていること」とは、形容詞的分節化によってエレメントの移ろいを感受し、それを実体的事物として名づけ、命題的信念を獲得する私に対して、他者がすでにかかわっていたことを意味する（TI, 92, 98, 101）。言語こそは他者からのこうしたかかわりの中心をなす。つまり、私が移ろいゆくエレメントからつかみとった事物を名指して、自他に同一の実体を提示しうるのは、すでに他者から言語を学んできたからである。しかしながら、言語によるこの自己他者関係は、相互的ではなく非対称的なものである。これについて、上の引用文は二つのかかわり方を語りだしている。

感覚的なものの概念化によって、私が認識したことを他者も同様に認識するという客観性が成立するには、第一に自己から他者へのかかわりが、第二にこのかかわりを受けた他者から自己へのかかわりが必要である。しかし、こうした経路をとる自己他者関係に先立って前提される非対称性が、意味の公共性を介した他者との相互行為である言語の根源に関与している。注目すべきはここである。

レヴィナスの考えでは、言語的意味の公共性が自己と他者とを結ぶのではなく、自己他者間の非対称的な関係から言語的意味の公共性が生じる。すなわち、他者との相互行為であるような言語の手前に、他者との非対称的関係としての言語が認められている。後者の成り立ちを考えるために重要なのは、労働と所有の産物である実体について自己が他者に語りだす場面である。

そもそも話し言葉が音の単なる連なりとして聞き流されず、書き言葉がインクのしみとして見過ごされることがないのは、これらがまず直接に意味として応答されるからである。しかも、意味は音やしみに結合した記号への応答というよりは、むしろ、それを差し出した他者への応答である。なぜなら、言葉は「話し手を告示する（signalant）記号」（TI, 93）だからである。[3] 言語記号それ自体が他者から自己へのかかわりなのだ。エコノミー的な営為にたずさわる人間が他者に実体のことを語りだすさいにもちいるのも、このような言語である。次の引用は、レヴィナスのこうした言語論が、住居や所有という家政概念から組み立てられた認識論と連結するさまを簡潔に示している。

諸対象を与え、伝達し、主題化する言葉のおかげで、諸対象は固定化される。諸事物が言語のおかげで獲得する新たな固定性は、音声を事物に付け加える以上のことを想定している。享受の上に描かれるのは、住居や所有と共に、共同態、つまり、世界に対する言説である。私有と表象は享受に新たな出来事を加える。私有と表象が成り立つのは、人間関係としての言語においてである。（TI, 148）

享受における感覚の形容詞的分節化は、所有による事物の名詞的分節化からさらなる限定を受け、実体的事物に関する命題的信念が成立していた。こうした実体的事物のありようを他者に伝えるさい、「音声を事物に付け加える以上のこと」である言語的意味を介している。意味が音声と結びついた言語記号による明示的表現と共に、事物は自他のあいだでその名を確かめうる同一的実体となる。このとき、事物は自己他者間で「主題化」される対象として「固定化」される。言語的意味にこうした固定化が可能なのは、もちろん、言語記号が自他に共有されているからである。しかしながら、普遍的意味の運搬道具ではない言語記号は、その始めからこうした「共同態」であるわけではない。むしろ、「私が伝達するものはすでに他者たちの働きによって構成されている」(TI, 231)。言語的共同は他者主導のもとに確立する。この仕組みを明らかにしなければならない。

自他にとって同一な実体の成立には明示的な言語表現が必要であり、私は他者に語るそうした言語を他者から習得する。とはいえ、こうした習得から言語的共同が達成されていたと判明するのは、私が改めて他者に言葉を差し出し、この言葉が自己他者間で同一の実体を語る言語記号として共有されたあとである。他者から学んだ名詞的分節化によって、たとえば一片の木の葉を自然環境から見分けていたとしても、私が「木の葉が緑だ」と他者に語るとき、それが自他にわかちもたれた対象をめぐる言明になるとはかぎらない。自己他者間における一回一回の発語は、言語記号の布置関係を裁ち直《たなお》してしまうからである。言語的意味のこうした生成にふくまれる偶然性が乗り越えられ、言語的共同が確立する仕方を明らかにするために、レヴィナスは指示の問題へと赴く。

さて、本章第1節でみたプロタゴラスの人間尺度説をアリストテレスがとりあげたのは、『形而上学』第四巻第五章においてであった。ここではさらにクラテュロスによる「流れる川の比喩」も検討され、ひたすら変転していく事象を前にしたクラテュロスは、「ついに何事も語るべきではないと考え、わずかに指頭を動かすのみであった」(1010a12)と言われている。ロスの注釈によれば、「クラテュロスのヘラクレイトス的な原理」

とは「感覚的な事物は絶え間ない流れにあって、その知識をもつことができない」というものである[4]。このような原理に従うクラテュロスは、言葉による表現をあきらめても、指差しによる直示は行なっている。言語的共同の確立する仕組みをレヴィナスが論じるにあたり、言語に孕まれた指示機能をとりあげたのは、変転する事象のクラテュロス的なとらえ方を念頭に置きながら（cf. TI, 53f.）、しかし、それとは別の仕方で、その事象へとむかう言語と指示の関係を探るためであった。

それゆえ、事象が有意味に分節されることの最終根拠を、レヴィナスは直示的定義に求めていない。中国の諺に言われるように、月が指差されたとき、愚か者は月ではなく指先を見てしまう。こうした反応はある時期までの赤子の場合も同じである。人間特有の抽象的行動である指差しの意味を理解するためには、指差しの有するシンボル機能をあらかじめ習得しておく必要がある。いわば指も口ほどにものを言うのであり、指示行為もまた言語行為の一つである。

レヴィナスはこれをふまえ、他者に事物を指示する言語の機能を次のように語っている。

> 言葉が事物をここ今から引き剝がすとき、その事物は普遍性を帯びる。こうした普遍性は、言語が身を置いている倫理的パースペクティヴのなかでは謎めいた性格を失う。ここ今というのはそれ自体、事物が把握される所有に起源をもつが、事物を他者に指示する言語は原初の脱所有化、最初の贈与なのである。言葉の一般性が共同世界を設立する。一般化の底にある倫理的出来事は、言語の奥深い志向である。
>
> （TI, 189）

この引用文に登場する「ここ今」は、直立的身体を超越論的ゼロ点にして開かれた私的世界のなかで労働し、事物を所有する人間の〈今ここ〉を意味している。これは「共同世界」の〈今ここ〉、つまり、自己他者間で互いに確認しうるような〈今ここ〉にはいまだ至っていない。私的世界の〈今ここ〉とは、そこに生きる自己だけに意味のある〈今ここ〉だからである。

では、こうした私的世界の〈今ここ〉はどのようにして共同世界の〈今ここ〉に、上述の引用の表現で言うところの「普遍性」を帯びた〈今ここ〉に変様するのだろうか。結論を先どりして言えば、こうした変様は言語の指示機能によって達成される。問題はその仕方である。

まず確認すべきは、時空間にかかわる言語的志向が来し方ゆく末を分節し、〈今ここ〉に限られない時空間を開くということである。たとえば、〈今ここ〉で視界をかすめた落ち葉も、〈さきほどまでこのあたり〉に存在したのだから、〈いまだそのあたり〉を吹き流されているはずだし、〈これからここ〉へ舞い戻ってくるかもしれない。人間は言語によって〈今ここ〉の時空間的束縛から解放された私的世界を手に入れる。とはいえ言語によるこうした解放は、自他にわかちもたれた公共世界を創出するにはいまだ至っていない。この公共世界を創出するのが言語の指示機能である。

すでに確認したように、形容詞的分節化は私的世界のなかで名詞的分節化からさらなる限定を受けるが、このとき命題的分節化が成り立っていた。事物と事柄の分節化は同時に成立する。(5) たとえば、緑が移ろうなかで「木の葉が緑だ」と語るとき、この言明は木の葉という物とそれにかかわる事態を指示している。また、この事態は〈今ここ〉で生起している以上、「木の葉が緑だ」という言明は私的世界における〈今ここ〉を指示してもいる。私的世界のなかで把握された事象をめぐる言明は「物」と「事」の指示だけでなく、或る時空間への指示をふくむ。

レヴィナスはこうした指示の機能と私的世界との関係を説明して、次のように述べる。

或る事物を指示するさい、私はこの事物を他者に指示している。指示行為は、享受および所有を介した私と諸事物のかかわりを変様し、他者のパースペクティヴに諸事物を位置づける。……対象の客観性は、私が諸事物を引き受けることなく所有する使用ならびに享受を一時中断することから生じるのではない。客観性は、所有を審議にかけうる言語に由来する。所有のこういった解除は、事物が他者の領域に参入するという積極的意味をもつ。主題化とは、言語によって世界を他者に提供することである。（TI, 230）

さざめく新緑のなか、私が他者に「木の葉が緑だ」と伝える。この言明にふくまれた時空間の指示が達成しようとしているのは、私の〈今ここ〉を他者の〈今ここ〉として他者に理解してもらうことである。ただし、他者へと私が指示する〈今ここ〉は、他者に贈与されたときにはすでに、〈今ここ〉の痕跡と化している。しかし、贈与できるのは不可能なものだけであるかぎり、〈今ここ〉こそ贈与されうると言える。

私の〈今ここ〉と他者の〈今ここ〉は、それぞれの超越論的ゼロ点から開かれた私的世界に位置どられる具体的な〈今ここ〉である。したがって、差し出された私の〈今ここ〉が他者自身の〈今ここ〉として受けとられ、自他にわかちもたれた具体的な〈今ここ〉が成立するとき、同時に、その位置を与える共同世界が私と他者とのあいだで創出される。というのも、私的世界の具体的な〈今ここ〉は超越論的ゼロ点たる絶対的な〈今ここ〉から意味づけられており、二つの具体的な〈今ここ〉のそうしたすりあわせを通じて、自他それぞれの超越論的ゼロ点が相対的関係を築くからである。こうして自分固有の時空間に生きていた私が、みずからの〈今ここ〉を他者に差し出すと共にそこから離脱し、その時空間を他者の座標系に組みこんでもらおうと試みるのも、共同世界における〈今ここ〉を求めているからである。

こういった試みがなぜか成功したときにはじめて、自己と他者のあいだで共同世界が構成される。私が差し出した言明は、この共同世界において対象にかかわる出来事の客観的認識を意味することになる。このように明示的な言語表現が孕む指示によって共同世界の構成へとむかうのが、一つまえの引用文で言われた「言語の奥深い倫理的志向」であり、他者に定位する非対称的な自己他者関係たる言語の志向である。

私が発する言葉は、公共的な意味をもつから他者に届くのではない。他者に届いたときにはじめて公共的な意味をもつに至る。このような言葉の意味はやむことなく生成をつづけ、永久不変の意味へと硬化することは原理的にありえない。言語がこうした本性を有している以上、私が他者に宛てる言明は、同一的意味の相互交換を保証しない新たな意味生成にさらされている。だからこそ、私が言葉を他者に差し出すことはつねに他者への「贈与」であり、差し出された言葉はたえず他者との公共性を志向しなければならない。

3　レヴィナスの認識論における顔

「客観的なものはコミュニケーションを通じてのみ客観的なものとなるのであって、語ることで私は自分に客観的なものを他者へと伝えているのではない」（TI, 231）。「言葉と客観性」（TI, 229ff.）と題された一節のなかで、レヴィナスはそう書きつけていた。一九二九年に刊行された『フッサール現象学の直観理論』以来、レヴィナスはフッサール現象学において客観性が「間主観性」としてとらえ直されることを指摘していたが、これを思い返せば、この一文を理解することはたやすいかに見える。

しかしながら、それからおよそ三十年の哲学的思考を経る『全体性と無限』では、レヴィナス独自の認識論が享受概念から出発して展開されるさい、客観的認識の成立までに自己他者間で何をどれだけコミュニケートする必要があるかを語る言葉は、知識論と身体論のあいだから発せられたものである。本章ではその言葉をたどり、彼の認識論＝知識論を倫理学として明らかにすることを目指していた。その解明はこうである。

まず、直立的身体という存在体制が私的時空間を開いたあとにはじめて、共同世界を確立するために必要な座標系の一方が準備されるから、身体による大地の享受によってそうした時空間を開いておくことは、エコノミー的な活動を行なう人間が他者との共同世界へ参加するために不可欠な条件である。また、こうした時空間が来し方ゆく末をめぐる言語的志向によって私的世界となり、この私的世界が言語の指示機能を通じて自己と他者のあいだで公共化されるとき、二人ははじめて同一対象にかかわる出来事の客観的認識を成就する可能性を手に入れる。したがって次には、自己が他者に出来事を言葉で明示的に語る関係もまた、共同世界の構成に欠くべからざる条件となる。これらの諸条件こそが、他者へと言葉を贈る関係を問うたレヴィナスにとって客観的認識の倫理的基底である。

他者へと私が言葉を差し出すこと、それは最深の意味で、世界贈与ともいうべき倫理的出来事なのである。

では、私がそのようにしてかかわる他者とは、いかなる他者か。

「エコノミー的な生存」（TI, 44）における自己他者関係を記述するなかで、レヴィナスはこの問題をとりあげ、

「私が他者（Autrui）へと贈与しうる世界を所有すること、言い換えれば、むかいあう顔が現前すること」（TI, 42）と述べていた。本章を締めくくるにあたり、この問題に触れておきたい。検討すべきは、こうした世界の所有と顔の現前との「言い換え」が成り立つ理由である。この理由を解き明かすとき、上述した問題の答えが見えてくる。

レヴィナスはまず、現存在という場で開かれた世界のうちで他者を了解しつくそうとする視線の「貪欲さ」に対して、他者に物を差し出すことの「寛大さ」を指摘する（TI, 42）。この他者は、私の貪欲な視線を攪乱する他者である。こうして「私のうちなる他者の観念を超えて他者が現前する仕方」（TI, 43）が顔である[6]。この顔はそれを眼差す視線を攪乱するだけでなく、「形をもったイメージをあふれ超える」（ibid.）。視線や手でとらえうる一つひとつの具体的な形を超えるとき、形それ自体があらわれる。「顔はみずから表出する」（ibid.）とは、この意味である。事物を語り出す言葉がこうした顔という端的な他者に差し出された結果、事物に関する出来事の客観的認識という共有可能性が生起する。それゆえレヴィナスは、「理論的な真偽の条件は他者のパロール、つまり、他者の表出である」（ibid.）と述べる。自己が他者に出来事を言葉で明示的に語る関係は共同世界の構成に不可欠の条件であったが、その相手となる他者は、みずから表出する顔なのである。

＊

以上のように私の時間性にもとづく存在了解の全体性を超越する他者とのかかわりは、事物の客観的認識にも深く刻みこまれている。次章では、ひきつづき『全体性と無限』のエコノミー論をとりあげ、私の時間と世界をあふれ出るものとのかかわりを考察したい。

第十章　身体とその過去

はじめに

レヴィナスは『全体性と無限』第二部「内部性とエコノミー」のなかで、超越論的な身体機能の出来がもつ奇妙な時間的意味を具体的な生の細部のうちに探っていた。この細部には、「大地」（TI, 134）という〈他なるもの〉と身体的自己とが交わした始原的関係が刻まれている。

本章ではまず第1節で、レヴィナスによるフッサール解釈とそこにふくまれたレヴィナス独自の哲学的思考が、『全体性と無限』の身体論およびエコノミー論に与えた影響を見定める。つづいて第2節では、超越論的な身体機能の出来にまつわる過去の問題を検討する。これをふまえて第3節では、レヴィナスの時間論が根差す哲学的基底をエコノミーの外部に確認する。このように身体の超越論性にかかわる過去の考察を通じて判明するのは、瞬間の贈与と人間的身体の出来とが有する最根源の関係である。

1　享受する身体

さまざまな享受の志向性のなかでも、家と呼ばれる身体の存在体制を設立する大地の享受は、人間的生にとって特別なものであった（TI, 167ff.）。大地の「固さ」（TI, 159）を享受するなか、大地をふみしめて世界に住む拠点を築き、エレメントにみちた「環境」（TI, 137）に対して時空間的な力線を引く。ここでレヴィナスは、次のような事態の哲学的意味を考えていたように思われる。すなわち、「空腹に耳なし」という状態で糧の享受に没頭していたひとが顔を上げ、直立した身体の高みから周囲を見渡すことである。[1] その場合、各人に持続的な直立姿勢が経験的に獲得されているか否かをレヴィナスが問うことはないはずである。哲学的人間学の視線をそなえつつ、彼は独自の仕方で人間的身体の直立がもつ哲学的意味に迫っていた。「知恵あるひと（homo sapiens）」となる前に人類は「直立するひと（homo erectus）」という段階を経ていたが、身体的直立化をもって「ヒト科としての人類」の発生が確定されることを念頭に、[2] レヴィナスは大地に直立する人間的身体の超越論的機能を明らかにしようとする。[3]

彼の言葉でそうした超越論的機能の成果を示すと、まず、「われわれが家によって隔たりや延長としての空間とかかわることは、ただ〈エレメントに浸ること〉にとって代わる」（TI, 139）。家という存在体制によって、ひとはエレメントを享受する次元から脱している。このとき、「ひととひとが依存する世界とのあいだに差し挟まれる隔たり」が生じている（TI, 120）。しかも、「この隔たりは時間に変換可能である」（ibid.）。直立的身体をいわば超越論的な中心とするときにはじめて、こうした身体に固有な、その意味で私的な時空間が開かれる。とはいえ、ここで「私的」という言葉は痛覚の一人称特権で語られるような「私秘性」のことではない。いまだ公共化されていないという消極的意味でもちいられている。

では、身体が直立して大地に定める時空間的中心とは何か。

この問題を考えるときレヴィナスが参考にしていたのは、フッサールの草稿「空間構成に関する覚書」である。[4] というのも、レヴィナスは『全体性と無限』刊行の二年前、一九五九年に発表された小篇「志向性と形而上学」のなかでこの「覚書」を読み解き、『全体性と無限』の身体論にむかう途上の思考を垣間見せていたからである。そこで彼は、「事物の運動やその場所および空間は主観性のゼロ点から発して構成されており、こうしたゼロ点は諸々のキネステーゼと運動との結節点である」（EDL, 141）と述べている。

「キネステーゼ」とは、レヴィナスが一部引用した「覚書」の言葉によれば、「知覚に適合して外的に現出するものの静止と運動に対する関係基礎」（NR,25, cf., EDL, 143）のことである。すなわち、時空間において運動・静止する事物と対峙しながら、みずから運動・静止する身体の自己感覚を意味する。レヴィナスがキネステーゼと運動および時空間との関係をめぐってフッサール現象学のうちに確認したことの内実を明らかにしなければならない。

まず、身体的自己が「位置どり、ふみしめる大地を移動していく」（EDL, 141）さい、ふみしめた場において身体が必ず超越論的ゼロ点となり、ここから時空間が開かれる。大地と身体的自己との関係が、私的な時空間の超越論的ゼロ点を生起させているわけである。次に、自分以外の存在者の運動・静止も、そうした私的時空間のなかで把握される。このように身体のありようを分節するキネステーゼは、身体が大地をふみしめてそのつど定める超越論的ゼロ点から発せられている。

レヴィナスによる「覚書」の読み解きは、さしあたり、以上のようなものである。『全体性と無限』の身体論はこれをもとに展開されていく。とりわけ、その独自性は次のことを解明した点にある。すなわち、身体が大地という〈他なるもの〉を享受する始原的関係によって、キネステーゼの超越論的ゼロ点が出来するが、この出来は奇妙な時間的意味を有することである。とはいえレヴィナスは、「志向性と形而上学」論文の段階ですでにそうした時間的意味の奇妙さに気づいていた。彼は次のように述べる。

キネステーゼを構成する積極的可能性とは、内部性においてキネステーゼの起源を想起する可能性のことである。……おそらく無駄だとしても事後的にみずからを探る、こうした可能性は、感性が成就する超越の本質に属している。人間がみずからの運命を全面的に支配するのは、失われた時を求めての想起においてだけである。[5]

プルースト的な表現に彩られたこの引用が属する文脈をたどるかぎり、フッサール解釈の背後でレヴィナスに兆した独自の思考は以下のように説明できるだろう。彼は、身体を除き去った純粋精神の記憶のうちに「キネステーゼの起源」を見出そうとするのではない。こうした探求は「おそらく無駄」だからである。キネステーゼの起源を探るためにとりあげられたのは、あくまで身体的生の具体相であり、つまり、身体から大地への「超越」である。とはいえ、キネステーゼに分節されたさまざまな顕在的・潜在的体験が「自我極」に沈殿して形づくられた「習慣性[6]（Habitualität）」のうちに、キネステーゼの起源が確認されるわけでもない。記憶や習慣性といった「内部性」ではなく、或る時に身体と大地が関係したという事実のうちにキネステーゼの起源を探ろうとしている。こうした事実にかかわる過去こそ、キネステーゼを放つ超越論的ゼロ点の出来がもつ時間的意味なのだが、「志向性と形而上学」論文はそうした問題の所在を示唆するだけに終わる。

キネステーゼおよびその超越論的ゼロ点の起源はいまだ探りあてられていない。この起源にまつわる「失われた時を求めて」、「志向性と形而上学」論文で展開しきれなかった時間論的考察を、レヴィナスは『全体性と無限』におけるエコノミー論のなかで語り出していく。次節では、こうした考察の内実を明らかにする。

2　身体の過去

エコノミー論が素描された或る節のなかに、「あらゆる事物をつかみ、手にしたいなら、歩くだけ、行為するだけで十分である」（TI. 26）という文章がある。無造作に記されたかに見えるこの文章は、しかし、身体と大地が交わす関係の一面を簡潔に言いあてている。たとえば、大地を一歩一歩ふみしめていく足はその固さを享受し、さらに、私が格別意識せずともその起伏をなぞっている。こうして歩みゆく私をとりかこむ世界は、ことさら眼にとまらずに流れ去る風景となりつつも、その変化に応じておのずから歩み方を調節する身体にしっかりと感じとられている。大地に広がる世界で事物を把握するには、「歩くだけ、行為するだけで十分である」。キネステーゼのこのような分節力は、大地や世界に対して一方的に強大であるかに見える。

しかしながら、身体でその固さを享受した大地がみずからに固有の時空間へと変わり、そのなかで自他の運動・静止がキネステーゼにもとづいて把握されていくとき、実は、享受とキネステーゼに感じとられた大地のほうが直立的身体を条件づけている。というのも、身体を投下すべき大地がなければ、身体はそもそも超越論的ゼロ点として発現しえず、そこから時空間が開かれることもないからである。

享受とは、〈他なるもの〉の感触に快苦をおぼえ、生が躍動あるいは沈静することであった。しかし、大地という〈他なるもの〉は、その感触がいかなるものであるにせよ、身体に享受され、超越論的ゼロ点としての身体を成立させる。このかぎり、大地とのかかわりは、享受された感触に収まりきらない余剰を孕んでいる。身体による大地の享受が特別なのは、享受の回収同化をあふれ出る余剰が、しかも、家という存在体制を確立する余剰が享受にさいして生じるからである。キネステーゼの超越論的ゼロ点という身体機能を起動させるために、人間的身体はそのつどふみしめて享受すべき大地を必要とする。大地に対して強大な力をもつかに見えた身体は、逆にむしろ大地を基底としている。こうした事態をとらえてレヴィナスは次のように指摘する。

ふみしめられた諸々の場所は私に抵抗するのではなく、私を支えている。このような〈支え〉を介した私の場所との関係は、思考や労働に先行している。身体、定位、みずからを支える事実といったものが、自分自身との最初の関係、私と自分自身との一致を下書きしているのだが、こうしたものは観念論的表象にまったく似ていない。

（TI. 146）

ここで「思考や労働」と併置されているのは、これら二つが共に、享受の志向性によって生起した超越論的ゼロ点から開かれる私的時空間のなかで可能になるからである。わけても思考は、享受の志向性との対比で

「表象の志向性」（TI, 133）と呼ばれていた。フッサール解釈としての正否はさておき、レヴィナスの考えによれば、表象の志向性は「同一なものの最初の運動」（TI, 131）である。「表象（再現前化 représentation）」のこうした運動によって「外部的なことがノエマへと転換されていく」（ibid.）。私にとって「超越的」な対象も、「ノエマ」において自己意識に所有され同化される。こうした表象の志向性は、しかし、身体が大地を享受して開く時空間のなかではじめて機能しうる。そうである以上、表象的志向性による概念化の果てに形成された「観念論的表象」によって、享受の志向性に関連する「身体、定位、みずからを支える事実」を描き出すことは本末転倒となる。

こうした表象の志向性はまた、エコノミー的な生に参与している。たとえば、明日の糧を求める労働は、逃げ去る獲物を狙い、道具で狩ることであろう。狩猟には獲物を見定める表象的思考がふくまれ、それゆえ、思考と労働はすぐれて協働した行為となる。運動する〈他なるもの〉と狩人たる私とのあいだで相関関係を築きうるのも、身体が大地をふみしめて享受し、キネステーゼの超越論的ゼロ点を生起させ、そこから時空間的な力線を環境に引いていたことによる。労働する生の構造を深層にいたるまで解明できるのも、レヴィナスが享受の志向性へ、なかでも身体による大地の享受へと哲学的視線をむけていたからである。

この視線はさらに、大地と身体とのかかわりのうちに、「触れる／触れられる」という表裏の関係からあふれ出る「他性」を認めていたように思われる。[7] フッサールの言葉を借りれば、触覚にかかわる「身体構成」と「空間構成」の交錯点がレヴィナス独自の仕方で探られていた。とはいえ『全体性と無限』にあって、身体構成は超越論的ゼロ点として身体を構成することを指している。身体によって〈他なるもの〉の感触を享受するさい、そうした身体構成が「触れる／触れられる」ことと接続する。[8] その感触が享受された〈他なるもの〉は触れられたものになるわけである。また、大地をふみしめて空間構成を行なうことは、すでに「志向性と形而上学」論文のなかで、「単なる接触から区別されるべき原初的志向性」[9]にもとづくと言われていた。この原初的志向性は『全体性と無限』において享受の志向性の一部となり、その内実が変化する。すなわち、単なる接触ではない特別な接触は、大地をふみしめてその感触を享受するという意味になる（TI, 133f.）。とすると、その感触が享受された大地は、身体を超越論的ゼロ点として成り立たせるような触れられたものの別名である[10]。このように空間構成と身体構成とにおける触れられたものが一致するところで、享受における「触れる／触れられる」という表裏の関係に収まらない余剰が示される。この余剰が人間的身体に対する大地の他性であり、大地という〈他なるもの〉の他性なのである。

では、彼のこのような哲学的視線がそそがれる身体的生の最深層とは何か。

それは、キネステーゼが放たれる超越論的ゼロ点を出来させる享受の瞬間とその時間的意味である。しかしもちろん、身体と大地の始原的関係を時間的に意味づけるのは、表象の志向性と相即した「内的時間意識」ではない。というのも、『全体性と無限』のわけても第二部「内部性とエコノミー」における時間論、『実存者へ』を中心とする前期思想が前提となった時間論によれば[11]、内的時間意識の根源的な流れが生じる手前で、瞬間瞬間がみずから生成消滅しているからである[12]。

ここで『実存者へ』を簡単にふりかえると、レヴィナスの瞬間概念は、デカルトの「時間の不連続性」を手がかりに彫琢されていた[13]。これは『全体性と無限』に受け継がれた参照項である（TI, pp.45-54）。彼の考えるところでは、現実化している今、「現在という比類なき瞬間」（EE, 130）は私の存在を意味づけるが、この現在的瞬間はそれと前後する瞬間と断絶している。現在的瞬間はみずから生成消滅するからである[14]。

こうした現在的瞬間は、内的時間意識が成り立つ手前でみずから生成消滅する「絶対的なもの（＝孤絶したもの l'absolu）」（EE, 132）である。以上のような瞬間概念を提示する時間論を背景に、身体と大地の始原的関係は内的時間意識に回収できない過去の出来事となり、次のように論じられる。

思考とは根本的に異なった運動が姿をあらわすのは、思考による構成がみずから自由に受け入れたり拒んだりしたもののうちに、或る条件を見出すときである。つまり、表象されたものが、表象の現在を経由しなかった過去へと転じるときである。これは、絶対的な（＝孤絶した absolu）過去が記憶から意味を受けとらないのと同じ（comme）である。（TI, 136）

「志向性と形而上学」論文のなかですでに気づかれていた奇妙な過去という問題が、ここに登場する。その論文におけるフッサール解釈では、キネステーゼの起源にいたる道を「想起」が案内してくれるかに見えた。しかし、享受の志向性を身体の根本機能とみなす『全体性と無限』のレヴィナスは、キネステーゼにせよ、表象（＝再現前化）にせよ、こういった構成機能を可能にする超越論的ゼロ点が享受によって出来した瞬間を、内的時間意識から意味づけうるとは考えない。身体による大地の享受という始原的関係が生じたこの瞬間は、構成の「現在を経由しなかった過去」であり、したがって、「記憶から意味を受けとらない」過去、絶対的な過去だからである。

こうした過去を論じるのに、レヴィナスはデカルトの形而上学的思考をふたたび援用する。『全体性と無限』では、人間が事後的に存在理由を探る仕方を明らかにするために、コギトの存在証明と神の存在証明とが互いに根拠となってしまう「デカルト的循環[15]」の一方を利用していた（TI, 46f.）。これと同様の仕方で説明されるのが、家と呼ばれる身体の存在体制と同義の「分離」という術語をもちいた次の一文である。「分離は事後的に以前のものとして《認識》されるのではなく、そうしたものとして生起する」（TI, 184）。人間はその実存が始まる瞬間に立ち会えたわけではないが、みずから現に存在している以上、そうした実存の始まる瞬間は必ず生成していたはずである。存在したあとに想定するしかない出来事の始まる瞬間、それが「事後的に以前のもの」である。

人間は大地に支えられて直立し、未来に開かれていない動物的な現在への没入から覚め、家を構えるのであった。こうした事態における事後的に以前のものとは、大地と身体の始原的関係によってもたらされる人間的存在体制の生起した瞬間のことである。この瞬間より以前、人間は超越論的ゼロ点から私的時空間を開くこともなく、動物的な現在からその生を意味づけていた。しかし、身体の直立という出来事は、そうした動物的な生を脱却して生起するがゆえに、この生起を動物的な現在から意味づけることはできない。また、キネステーゼや表象といった構成機能は、身体による大地の享受を通じて人間的存在体制が確立してからはじめて可能になる以上、そうした構成機能と相即した内的時間意識によって、その存在体制が確立する瞬間を時間的に意味づけることも不可能である。

人間は、みずからの身体に固有な時空間で生きながらも、大地と身体が交わす始原的関係の瞬間に、つまり、そうした私的時空間を可能にする始原的関係の瞬間に立ち会っていない。そうであるかぎり、想起によってその認識が得られる可能性はそもそも存在せず、身体と大地が関係した出来事は事後的に以前のものとして生起したと言わざるをえない。それゆえ、こうした始原的関係の生起は、記憶から意味を受けとらない絶対的な過去という奇妙な時間的意味を与えられる。

では、こうして探りあてられた過去は、レヴィナスの時間論が根差す哲学的基底といかなる仕方で接続しているのか。

第3節では、この問いを贈与とエコノミーの観点から検討し、レヴィナスの時間論がもつ独自の可能性を確認して本章を締めくくる。

3　瞬間の贈与

『実存者へ』をふたたびかえりみると、そこには、時間とエコノミーとの関係を示す次のような言葉が残されていた。「エコノミー的な生の時間において諸瞬間は互いに等価である」（EE, 158）。諸々の瞬間は直線上でとりかえがきく一点一点のように等価であり、「エコノミーの時間」（EE, 154）は諸瞬間の位置をとりかえうる等質的時間である。人間はこうしたエコノミーの時間にあって、たとえば今すべきことを明日へと先送りし、あるいは荷物を目的地まで運ぶのに必要な時間を見積もる。エコノミー的な生においては、このように一分一秒まで時間の分配効率を考えて労働することになる。『全体性と無限』における労働の時間は、エコノミーの時間である。

とはいえ、時間はその根源からエコノミーの時間として生起するわけではない。前期思想から『全体性と無限』に至るまでのレヴィナスが、エロス的生の細部に哲学的視線をむけて考えるところでは、私が他者に焦がれ触れる関係において、相異なる瞬間と瞬間のあいだで差異化がおこり、根源的時間がいわば流れ出す。つまり、時間の成立には現在的瞬間とそれとは別の瞬間との動的関係が必要だと考えられている。みずから生成消滅するがゆえに自己閉塞した現在的瞬間が私の存在を意味づける。この私に現在的瞬間とは異なった瞬間との関係をもたらす存在者、それが他者である。というのも、他者の存在を意味づけるのは「他なる瞬間」（EE. 160）だからである。

時間が私という場で生起するのは、私の現在的瞬間と決定的に隔たった他者の瞬間が、しかし、私の現在的瞬間とかかわるときである。現在的瞬間と他なる瞬間のあいだで生じる差異化とは、両者がかかわりつつも、両者の共通平面となる関係の同等性からはたえず逃れていく差異化のことである。この差異化が私の脱現在化を遂行し、時間が成り立つ。これがレヴィナスの哲学的思考における根源的時間なのである。

根源的時間は、他者が私から逃れるほどにいっそう他者への欲望が駆り立てられることによって、相異なる瞬間と瞬間のあいだで時間化する。とはいえ、根源的時間がこうして成立する手前で、現在的瞬間はみずから生成消滅し、それゆえ一回的である。このようにとりかえのきかない固有性を帯びた瞬間と他なる瞬間が関係するときにこそ、そのあいだに差異化がおこり、根源的時間が流れ出す。

しかしながら、そうした根源的時間が直線的表象によって空間化されるとき、等しからざるはずの瞬間が同等と化したエコノミーの時間へと変様する。『全体性と無限』で論じられたエコノミー的な生を意味づけるのも、こうしたエコノミーの時間である。

本章第1節で確認したとおり、家という存在体制を築いた人間が延長としての空間とかかわるとき、人間が依存する世界とその人間とのあいだには隔たりが生じていた。この隔たりは、エコノミーの時間へと変換することが可能である。直立的身体を超越論的ゼロ点として、その身体に固有な時空間が開かれていたが、こうした時空間で展開されるエコノミー的な生は、エコノミーの時間から了解されることとなる。

そして、本章でとりあげた奇妙な過去は、このようなエコノミーの時間のうちに占めるべき位置をもたない。というのも、エコノミー的な生は超越論的ゼロ点に発する時空間のなかではじめてくりひろげられうるかぎり、この超越論的ゼロ点を定めている、身体と大地が始原的に関係する瞬間は、エコノミー的な生と時間の手前で生起するからである。しかも、この瞬間それ自体も根源的時間が成り立つ手前でみずから生成消滅するから、そもそものところ、根源的時間の外部で生起していることになる。とすれば、この瞬間は根源的時間にとって〈不可能なもの〉であり、時間的生を送る人間からその瞬間に関与することはできない。デリダの言葉を借りれば、人間に対して「それが瞬間を与える[16]（Ça donné l'instant.）」のであり、ここでの「それ」は瞬間そのものを指す。瞬間はみずから生成消滅するからである。瞬間という〈不可能なもの〉は、瞬間それ自体から人間へとつねにすでに贈与されていた。この瞬間は、根源的時間の構成要素となりつつも、人間の記憶を経由しない〈絶対的な過去〉なのである。

＊

超越論的現象学はその対象が原事実としての私へと極まっていくとき、同時に、そういった私の解明が超越論的現象学自体の基礎づけとなる。しかしレヴィナスは、超越論的現象学という哲学的営為を徹底したフッサールと歩みを共にしつつも、身体的生をめぐる独自の哲学的思考を『実存者へ』から『全体性と無限』へと深化させた結果、超越論的現象学の外部へと超え出ていく。この外部とは、人間的生が時間から了解されるさい、こうした了解にとって〈不可能なもの〉のことである。このようにして了解の内部と外部は根源的時間にもとづいて画定されるが、このとき出会われるのは、根源的時間にとって〈不可能なもの〉、つまり、一回的瞬間という〈不可能なもの〉である。

こうしてレヴィナスは他者とかかわる身体的生の細部を注視し、根源的時間が成り立つ構造と、この根源的時間を織りなす一回的瞬間が私へと贈られた出来事とを解き明かしていた。次章でもひきつづき『存在の彼方へ』の時間論をとりあげるが、『全体性と無限』においてすでにこうした哲学的視線を獲得していた彼だからこそ、エコノミー的な生がいとなまれる時空間を開く身体とその絶対的な過去という〈不可能なもの〉に、哲学の光をあてることができたと言える。

第十一章　差異の時間と身体

はじめに

差異は、或る二つの存在者のあいだに見出された一つの関係である。そう考えるとき、こうした差異関係の認知は、両者がそれぞれ同一性を保持した存在者としてすでに存立していることを前提とする。存在者の同一性は存在者間の差異関係に先立つ。では逆に、存在者間の関係であったはずの差異を、存在者の同一性に先立つ始原だと考えることは可能であろうか[1]。本章でとりあげるのは、このように或る意味で矛盾した発想にかかわる問題であり、差異と同一性のいずれが始原なのかを問うレヴィナスの哲学的思考である。

しかし、ここで注意しなければならない。他者との差異、もしくは他者とのかかわりとしての倫理について考えるレヴィナスは、同一平面で二つの存在者を見比べ、そこに差異を認めようとしていたのではない。同一平面での差異は、実のところ、表象的思考によって差異を見出す観察者が加わった三者関係の産物だからである。レヴィナスが問うたのはそういった関係ではなく、一方が私自身であるような二者関係における差異であり、表象的思考にとって〈不可能なもの〉であるような差異である。このような問題を抱えたレヴィナスは、差異という失われた始原を求めて、贈与の次元へと進んでいく。

本章では、差異と贈与とのそうした関係を明らかにしつつ、時間の成り立ちに迫る。というのも、レヴィナスにあって差異と贈与をめぐる哲学的思考と縫いあわされていたのは、時間をめぐる哲学的思考だったからである。本書第一章第2節と第3節で確認したとおり、ハイデガーから「時間性はみずから時熟する」(SZ, 328)という哲学的洞察を学びながらも、レヴィナスは独自のデカルト読解と自己他者間における差異の考察にもとづいて時間の成り立ちを問うている。この問いへの解答が明確に提示されたのは、『実存者へ』を中心とする前期思想と、『存在するとは別の仕方で、あるいは存在することの彼方へ』(一九七四年。以下『存在の彼方へ』と略記)を中心とする後期思想においてである。

それゆえ、本章ではまず第1節において、『全体性と無限』で提示された「無限の観念」を考察し、この観念が自己他者間の差異関係を意味することを確かめ、中期思想と後期思想の連続性を示す。つづいて第2節では後期思想をとりあげ、他者との差異が「痕跡」と化していく時間が、他者による身体的自己の触発を通じて成立する仕組みを解き明かす。最後に第3節では、このように他者との差異が織りなす時間において私は倫理的主体となり、とりかえのきかない私の「唯一性(unicité)」を成就することを指摘する。

以上の考察を通じて後期思想の特徴として判明するのは、私から失われた始原である差異が贈与されることで、誰とも代わりえない無限の「責任(=応答可能性 responsabilité)」が生起し、こうした他者への責任においてこそ、唯一無二の私とたえず差異化する時間が出来するということである。

1　無限の観念という自己他者関係

さて、『全体性と無限』の時間論をごく簡単にふりかえると、そこでは歴史的時間と対照された「無限の時間」の生起が主題的に検討されているが（TI, 317f., 306-310）、これに対して、私の時間意識を可能にする仕組みが詳細に論じられることはなくなる。そうした時間をめぐる問いへの関心は前期思想に比べて後退したわけである。しかし、一転して『存在の彼方へ』では、他者との差異関係から時間をめぐる問いに迫る試みがふたたび前景化し、「隔時性（diachronie）」という新たな時間形態が指摘されることになる（AQ, 10-13）。本章第2節で「隔時的時間性」（AQ, 107）の成り立ちを明らかにするために、本節では、後期思想の差異概念を準備した無限の観念、『全体性と無限』とこれにつづく論考「他者の痕跡」（一九六三年）における無限の観念についてその内実を確認する。

本書第一章第2節と第3節で『実存者へ』をとりあげて解明したように、他なる瞬間は他者の存在を意味づけるが、私はその他性とは接続不可能であり、それゆえかえって他者へと駆り立てられていた。通常、他者の現前とは、存在する他者が私の現在において出会われることを意味する。しかし、エロス的関係にあって「他なるものの不在は、まさに他者が他なるものとして現前することである」（EE, 163）。他者の他性が通常の仕方で私に対して現前するならば、この他性は私の現在に回収同化され消滅してしまう。これに対して、端的な他者はその他性が不在なままに私へと現前する。エロスの現象を手がかりに解き明かされたのは、このように特殊な現前を介する自己他者関係の仕組みであった。[2] 他者とのこういった関係は、『存在の彼方へ』のなかで無限の観念という観点から考え直される。しかし、この観点は、レヴィナスがすでに『全体性と無限』におけるデカルト読解を通じて導入していたものである。

では、レヴィナスはそこから何を入手したのか。この問いに答えるために、まずはデカルトの無限論を見ておく。『省察』の形而上学が必要最小限にくりかえされた『哲学原理』第一部の第二十六段落で、その無限論はこうまとめられている。

われわれは無限（infinitum）に関して、いかなる議論にも精魂を尽くすことはできないだろう。というのも、われわれは有限だから、無限について何ごとかを規定し、つまり、無限をいわば限定し、完全にとらえることを試みるとしても、確かに不合理だからである。……これに対して、或る観点のもとではどんな限界も見出せないものを、われわれは無限だとは主張せず、無際限（indefinitum）とみなす。

（AT, VIII-1, 14f.）

デカルトはつづく第二十七段落で、「無限（infinitum）」という名称は神だけにもちいられると述べ（AT, VIII-1, 15）、可能的無限としての「無際限（indefinitum）」と区別している。前者の無限、すなわち、神という形而上学的無限の観念こそ、人間の魂に刻まれた「本有観念」である（AT, VII, pp.37-40, 45f.）。デカルトの形而上学にあって無限の観念は、神と人間とのあいだの関係をあらわす。

レヴィナスはこうした無限の観念を次のように読み解いていく。

無限のデカルト的概念に、つまり、分離的存在者（l'être séparé）のうちに無限によって置かれた〈無限の観念〉に立ち戻ることで考慮できる無限の肯定性とは、有限な思考すべてと有限をめぐる思考すべてに対する無限の先行性、有限に対する無限の外部性のことである。これが分離的存在者の可能性を特徴づけている。無限の観念は、内容によって限定された思考をあふれ出ること（débordement）である。[3]

「分離的存在者」とは個体化した私のことだが、レヴィナスの考えるところ、そうした私が「観念」＝「思考」を介してかかわる無限こそ、全き他者の別名である。無限なる他者は私の有限的思考からあふれ出る。デカルトにあって神とのかかわりを示した無限の観念は、レヴィナスにはまずもって、全き他者とのかかわりを意味することになる。とはいえ、この他者は神のような形而上学的無限だと言われているわけではない。彼が注目するのは、無限の観念があくまで自己他者関係を意味する点である。

レヴィナスはこうした無限の観念をデカルトの言葉を交えて説明する。「無限の観念が例外的なのは観念されたもの（*ideatum*）が観念を凌駕する点であり、これに対して事物の場合、その《想念的》事象性と《形相的》事象性（réalités《objective》et《formelle》）との全面的一致は除外されていない」（TI,40）。デカルト『省察』のなかでは、差し当たり、「もの（res）」の「本質存在（essentia）」を意味する事象性は二つに区別されている。ものが観念として精神内にある場合にその可能的規定をあらわす《想念的》事象性と、ものが現実として精神外にある場合にその現実的規定をあらわす《形相的》事象性とである。[4] 無限の観念は事物の観念と違い、それら二つの事象性が一致することはない。レヴィナスはこの不一致に注目し、「他者の痕跡」論文のなかで、無限は私の観念に対して「余分（surcroît）」（EDL, 196）をもつと指摘する。無限なる他者は、私の「志向性に適合しない或る余分」（ibid.）を私に贈っている。「このように回収同化できない余分ゆえに、……私を他者へと結びつける関係のことを、われわれは無限の観念と呼んでいた」（EDL, 196）。無限の観念は、表象的志向性の秩序を乱す余分、つまり、表象的思考にとって〈不可能なもの〉である差異を孕んだ自己他者関係なのである。『存在の彼方へ』に至ってさらなる展開を見せるのが、このように無限の観念を自己他者間の差異関係として考察していく試みである。次節ではこれを検討する。

2　『存在の彼方へ』における時間の倫理学

後期思想の無限論が簡潔明瞭に提示された論考「神と哲学」（『観念に到来する神について』第二版所収）のなかで、無限の観念は、「……あらゆる現前に先立ち、意識におけるあらゆる起源に先立つがゆえに、痕跡（*trace*）において接近可能な無‐始原的意味作用を意味する観念」（DVQ, 107）だと説明されていた。この文言のうちに少なくとも確認しておきたいのは、次のことである。現前概念に代えるべく提起された「痕跡」概念が最初に登場する論文「他者の痕跡」以来、レヴィナスは無限の観念に対する考察と並行して痕跡概念へのそれを深めていったということである（EDL, 196f. cf. AQ, 127）。特に他性の痕跡は、非現前という仕方でさえ現前しないがゆえに表象的思考にとって〈不可能なもの〉であり、表象的思考の秩序を「攪乱」するものである。[5] レヴィナスはこうした攪乱する他性の痕跡のことを「本来的な痕跡」と呼んで（EDL, 196）、こう説明している。

痕跡の原初的な意味作用は、たとえば、完全犯罪を行なう目論見（souci）において自分の痕跡を消去しようとした者が残す形跡に描き出されている。自分の痕跡を消去しようとして痕跡を残してしまった者は、自分が残した痕跡によって何かを言おうとしたのでもなければ、何かをしようとしたのでもない。彼はとり返しのつかない仕方で秩序を混乱させてしまった。（EDL, 200）

こうして「本来的な痕跡は世界の秩序を混乱させる」（EDL, 196）。このような本来的な痕跡とは違い、「記号の役割」（EDL, 199）を果たす形跡の場合、その形跡が生じる「原因と結果は、時間によって分離されているにしても、同じ世界に属している」（EDL, 201）。たとえば「刑事」は「犯人」の形跡を捜査し、「猟師」ならば「獲物」の足跡を追うように（ibid.）、人びとが共通して確認可能な「世界時間」（SZ, 414）の支配する世界では、出来事の因果関係をたどりうる。これに対して本来的な痕跡は、時間秩序を攪乱させて過ぎこしていく「絶対的な過去（passé absolu）」（EDL, 201）である。それは、世界のうちで他者の過去を指示する形跡ではなく、秩序の攪乱に示された他性の痕跡であり、秩序とは「隔絶（absolu）」している。後期思想の結論から言えば、こうした他性の痕跡を贈与する他者との差異関係が、時間を生起させる。

では、こうした他性の痕跡を贈与する他者とは、一体、いかなる他者か。

それは、死にさらされた生を生きる他者のことである。こうした他者とのかかわりについて、レヴィナスは次のように言う。

そこに存在する（est là）ひとが愛撫のなかで求められるとき、そのひとはまるでそこに存在しないかのようであり、皮膚がそのひとに固有な退隠（retrait）の痕跡であるかのようである。（AQ, 114）

私がふれる他者の「皮膚」には、他者の生きてきた時間と共に深まり増える「数々の皺」（AQ, 115）が刻まれている。この皺が示しているのは、「呼吸する」（AQ, 113）ことで生を維持しながらも、他者がそのために自身を燃焼させ余命をすり減らしていること、その死にむかって「退隠」していくことである。[6]「退隠は他性なのだ」（AQ, 114）。本書第一章第2節で解き明かしたように、他者を他者たらしめる他性とは他なる瞬間のことであった。とすると、皮膚の皺こそ、死にさらされた他者の生を他なる瞬間が意味づけていたことを示している。したがって、皮膚の皺もまた「退隠の痕跡」なのである。

このように「愛撫」という経験の細部に哲学的視線をそそいで判明したのは、むしろ、愛撫を介した自己他者関係に限定されることのない関係の仕方である。生きるかぎりは呼吸しつづける他者とのかかわりならば、それは他なる瞬間との差異を身体的自己にもたらし、その差異からなる時間が出来する。エロスという現象の考察が徹底されるなかで、しかし、非エロス的な自己他者関係論が産み出された動向と軌を一にして、時間をめぐるレヴィナスの思考は深まっていく。

わけても、他なる瞬間が身体的自己にもたらされる仕方は、『存在の彼方へ』における個体化概念の変化にともない、前期思想や『全体性と無限』とはさらに違ったものとなる。[7]この個体化概念を確かめよう。着目すべきは、身体的自己の「感受性」である（AQ, 70, 94）。この感受性こそ「どんな受容性よりも受動的な受動性」（AQ, 61）である。なぜなら、何らかの引き受けを私が意図する以前に、接触するものすべてに対して身体的自己の感受性が「留保なしに供されてしまっていること（un avoir-été-offert-sans-retenue）」（AQ, 94）をレヴィナスが指摘するからである。とりわけ、他者に「触発される」とき、他者への対応を決める以前に身体的自己の感受性がつねにすでに応答している（AQ, pp.126-128, DMT, 21, 24）。こうした応答による他者への「臣従（sujétion）」こそ、私の「主体化（sujétion）」であり、[8] そのような主体の応答する瞬間が私の現在となる。したがって、『存在の彼方へ』における個体化は、身体的自己の感受性が呼吸する他者の触発にさらされ、そのつど必ず応答する主体の現在的出来であると考えられている。これは応答のたびに他者への責任（応答可能性）がいや増していく倫理的主体であり、それゆえ、その責任はつねに私の責任能力をあふれ出て無限と化す（AQ, 178, 181）。ここにおいて、自己他者関係としての無限の観念は、他者に対する無限責任という新たな内実を獲得する。

とはいえ、このように応答主体が出来するにしても、この現在的出来は他者の触発のあとでのみ可能である。そうである以上、応答の現在は他者が触発した瞬間に必ず「遅れている」（AQ, 127f.）。これは、触発した他者と応答主体としての私とのかかわりにおいて、私が「とり返すことのできない遅れ」（AQ, 112, cf. 128）である。私の生を意味づける連続的時間上の遅れではなく、そういった連続的時間の成立に先行するがゆえに痕跡と化した〈遅れ〉、他性との差異という〈遅れ〉だからである。この〈遅れ〉は、連続的時間から生を了解する人間にとってその了解を超えた〈不可能なもの〉であり、触発する他者から私に贈られた差異なのである。

他者は呼吸による身体的生の燃焼によって生きるかぎり（cf. AQ, 228）、死にさらされて老いゆく。他者のこうした生を意味づける他なる瞬間は、その他者が身体的自己を触発することを通じて、応答する私の現在的瞬間と関係していた。このような他なる瞬間は、触発のあとにはじめて出来可能な応答主体の現在的瞬間を一度も経由することなく過ぎ去る。レヴィナスの考えるところでは、他なる瞬間は、触発以前に「予期」という仕方で私の現在的瞬間へと回収できない未来であり、触発以降には「想起」という仕方で私の現在的瞬間へと回収できない過去である[9]。しかし、呼吸する他者と身体的自己の接触関係によって、他者を退隠させる他なる瞬間と応答主体の現在的瞬間とのあいだで、同一化とは無縁の差異化である隔時性が生起する（cf. AQ, 107）。

ここで隔時性という端的な差異化の特徴を際立たせるために、ベルクソン『意識に直接与えられたものへの試論』（一九二七年）の「全き純粋持続」[10]とその隔時性とを対照しておきたい[11]。ベルクソンは純粋持続の同一化と差異化の相即性を示すために「メロディー」をその比喩として用いていた[12]。メロディーは「同一でありながら変化していく存在者」だとされるが、それも、一つひとつの「楽音」が互いに異なりながらも「相互浸透」によってメロディー全体へと同一化するからである[13]。メロディーは同一性を保持しつつ、その内部でメロディー自身に対して差異化していく。こうした比喩が示しているのは、純粋持続もメロディーのような仕方で同一化と差異化を相即的に遂行しているということである。

純粋持続のこのような相即性に対して、隔時性とは、同一性とは無関係の差異化のことであった。隔時性は隔時性それ自体に対して差異化していくのではない。こういった自己差異化であるとすれば、隔時性の同一性が前提されてしまう。そうではなく、隔時性はいかなる仕方でも隔時性として現前することがなく、痕跡と化していく差異化である。それは応答する私の時間的同一性を引き裂き、私の現在的瞬間へと回収同化されることなしに差異化しつづける時間なのだ（cf. AQ, 48, 66-68）。

以上が、時間をめぐる問いに対して『存在の彼方へ』が提示した解答である。自己他者間の差異関係が時間の生起を可能にするという前期時間論以来の構図は維持しつつも、『存在の彼方へ』の後期時間論でレヴィナスは、連続的時間ではない隔時的時間の生起を主張していく。ふりかえってみれば、『実存者へ』において私が存在することの始原を問うて見出された瞬間の生成消滅は、瞬間の内部で遂行される差異化であり、そこへ性的差異に隔てられた自己他者間のエロス的関係が上乗せされ、連続的時間が成立する。すなわち、時間をめぐる問いに対しては、瞬間に内蔵された差異と自己他者関係の差異という二つの差異が私へと贈与されることに注目して解答が示されていた。

ところが、『存在の彼方へ』に至って瞬間の生成消滅はそれ自体に内在した機能ではなくなる。私の存在を意味づけるのは他者に応答する現在的瞬間だとしても、応答する私の現在が生起する始原は他者からの触発によって贈られる。こうしたかかわりによってはじめて他者へと無限に応答する主体として出来する私にとって、触発された瞬間は私からあらかじめ失われた始原、私の自由によって関与することが不可能な「無始原(anarchie)」(AQ, 156)である。それゆえ、応答する私の現在的瞬間の生起と共に、他者との無始原的差異からなる隔時性の生起は、他者から贈られた一つの出来事なのである。

3　応答する主体の唯一性

存在者間の関係である差異が、その前提であったはずの存在者の「同一性(identité)」に先立つ始原である。私が私であることの始原を求めるなかで立ちあらわれた、このように逆説的な発想を本章では最初に提示していた。それゆえ最後に、隔時性という差異化と、他者への無限責任における私の代替不可能性である「唯一性

（unicité）」（AQ, 67, 72f.）との関係を明らかにし、差異と同一性をめぐるレヴィナスの哲学的思考を整理したい。

第一章第2節と第3節でとりあげたレヴィナスの前期時間論において判明したのは、私という場における連続的時間の生起である。すなわち、私の現在的瞬間と他者の他なる瞬間とのあいだで差異化がおこって連続的時間が成立し、このとき、生成消滅する瞬間の孤立および不連続な瞬間同士の断絶が解消される。こうした連続的時間のなかで現実化する今は、一つひとつの生成消滅する瞬間それぞれが異なりながら、同時に、それが現在という同じ身分をもつ。連続的時間のなかでこそ、現在的瞬間は同一化と差異化を共に遂行し、立ち止まりつつ流れる今となる。このような現在的瞬間が私の存在を意味づけ、連続的時間の内部で私の同一性が保証される。前期時間論では、他者との差異が連続的時間の成立根拠となりつつも、その差異によって私の連続的な同一性は破壊されず、私は表象的思考の始点となりうる。

これに対して、後期時間論が提示するのは、無始原の次元でたえず差異化していく隔時性であった。もちろん、無始原的な差異からなる隔時性にあって、私は他者への無限責任を負う主体としてとりかえがきかない。私のこういった唯一性を保証するのは、連続的時間のなかで立ち止まりつつ流れるような「生ける現在」ではなく（AQ, pp.41-43）、感受性としての身体的自己とそれを触発する他者との差異関係である。この関係において応答する私は他者との差異によってたえず引き裂かれ、連続的時間をつらぬく同一性を確保できない。というのも、他者からの触発でそのつど代替不可能な応答主体として私は出来しながらも（AQ, 142）、私の成立根拠である他者はつねにすでに過ぎ去っているからである。他者は「絶 - 対的な過去における超越」（EDL, 199）である。この他者による差異の贈与は、私の現在を経由しない「隔時的な過去（passé diachronique）」（AQ, 18）の出来事である。こうして私の現在に回収同化されないまま散逸していく過去の差異は、連続的時間からの了解が不可能であり、このような差異のたえざる生起が隔時性である。そうであるかぎり、私を主体化する差異は私の連続的時間にとって〈不可能なもの〉であり、他者から贈与された差異という無始原なのである。

*

第六章の第5節「多層的人間の自己同一性」で確認したのは、アレントがハイデガーの本来性／非本来性の構図を逆転しつつ、多層的な活動性に従事する政治的人間の「物語り的自己同一性」として、とりかえのきかない私の「唯一性」を考える可能性であった。これに対してレヴィナスの「唯一性」概念は、形而上学的身体とも言える次元での自己他者関係が私を応答主体として出来させるさい、他者に応答する私の代替不可能性として成り立っていた。これは、ハイデガーの超越論的構図を転倒すると同時に、フッサールの「生ける現在」概念をあらためて批判的に検討したうえで提出された唯一性概念である。

本書では直接のテーマとすることはなかったが、第二主著『存在の彼方へ』の核をなす第四章で提示された「身代わり（＝おきかわり substitution）」概念は、そうした唯一性概念と相即している。というのも、他者とのかかわりとしての倫理における私の唯一性は、私が生起する場所の問題を呼びこむからである。

次章では、このような場所という問題を第一主著『全体性と無限』に探りつつ、他なる人間の顔がもつ無限性を解き明かす。この解明を通じて、ハイデガーにレヴィナスが帰する存在論的思考を超えて彼自身が独自の倫理学的思考を語り出す理由が見えやすくなる。

第十二章　顔の無限性と場所の倫理

はじめに

「顔（visage）」（TI, 217）や他者への「無限なる応答可能性（＝無限責任 responsabilité infinie）」（TI, 273）といったレヴィナス固有の概念は、その第一主著『全体性と無限』（一九六一年）において展開された哲学的思考の中心に位置している。本章ではそれら二つの概念に倫理学的場所論の消息をたずね、有限的人間がたまさかに生きるその場所の成り立ちを明らかにする。このとき、第一主著を浅薄なハイデガー批判の書として矮小化することなく、両者のすれ違う地平を明らかにしながら、それら二つの概念にこめられた積極的主張を読み解いていく[1]。

ここで簡単に前期思想の代表作『実存から実存者へ』（一九四七年。以下『実存者へ』と略記）で提起された存在概念の一つである「イリア（il y a）」（EE, 95）と個体化概念である「イポスターズ（hypostase）」（EE, 107）をふりかえり、生存の場所が分与される仕方を復習しておく。

レヴィナスは、ハイデガーが認めるとは思わないと断りながらも、全き闇夜の「不眠」（EE, 109）のなかで「存在者なき存在[2]」であるイリアが現前すると述べ、存在一般に迫ろうとしていた。不眠の闇にあって自己意識と外界との境界が混濁する実存情況にのみこまれた私は、没私的イリアへと「融即」（EE, 100）し、一切の存在者が脱個体化する。このようなキネステーゼの麻痺によってレヴィナスはイリアの存在情況を特徴づけ、彼なりの仕方で世界の無をとらえてはいるが、とはいえしかし、世界の無はそもそも存在一般ではない。こうして存在一般を語りだすことにレヴィナスは失敗している一方、さまざまな存在意味に彩られた存在者全体の意味連関である世界がキネステーゼの麻痺によってその意味連関を無効化されて「点のひしめき」（EE, 98）に変わるという指摘は、存在者全体が存在していることそれ自体の原事実を文学的にはたくみに語っている。

またもう一つの出来事はイポスターズという個体化であった。[3] イリアはのちに「存在の舞台それ自体が開かれていること」（EI, 38, cf. EE, 10）だと説明されているが、[4] 点のひしめきであるイリアへの融即態から自己意識の画定可能な個体へと転化し、世界劇場という「存在の舞台」の或る場所に私が生起することをイポスターズは指している。人びとのそれぞれがすでに個体化した状態からふりかえれば、私には存在の舞台に生存する場所がイポスターズによってなぜか分与されていたことになる。ハイデガーの言葉を交えて特徴づければ、世界劇場で「仮面＝役割」をもつ私と他者たちとは共に人生劇をくりひろげているが、こうした役割存在論における自己他者間の「存在者的（ontisch）な超越」（GA26, 194）の手前で生起する出来事がイポスターズという個体化なのである。

前期思想以来のこうした諸概念を創出するさいにレヴィナスの念頭にあったのは、世界が開かれている場である「現（Da）」をめぐってハイデガーが織りなした哲学的言説である。[5] われわれの一人ひとりは他でもありえた個別的情況に投げこまれ、この個別的情況に応じた仮面＝役割のもとで日々を過ごしている。しかし、そうした個別的情況に先立ち、世界の開かれる現へと各々が投げこまれて存在している「事実」が、勝義での「被投性」であった（SZ, 135）。これは「〈頽落しつつ‐被投的‐企投する〉という世界内存在の構成契機」の一つである。[6]こうして現存在には「世界内存在として明るくされている」（SZ, 133）場所が与えられている。現存在の現が「明るみ」（SZ, 133）であるのも、「脱自的時間性が現を根源的に明るくしている」（SZ, 351）からである。

これに対してレヴィナスは、世界が上述のようにして現で開かれる手前の次元に脱自的実存とは異なる存在の仕方を見出そうとしていた。それは存在者なき存在だとみなされたイリアのことであった。こうしたイリア論を通じて批判がもくろまれていたのは、ハイデガーの「無」概念と相即した世界論である（vgl. SZ, §68）。これによると、存在者すべての存在意味が世界から脱落して「世界の無意義性（Unbedeutsamkeit）」（SZ, 186）に現存在がさらされるとき、無ではなくて何かが存在することそれ自体に驚きを覚える（cf. GA9, 307）。いわゆる「超越三部作」の一つ「形而上学とは何か」（一九二九年）の印象的な一文で、「不安の無の明るい夜のなかではじめて生じるのが、存在者が存在者として根源的に開かれること（Offenheit）である」（GA9, 114）と述べられていた。無いこともありえたのに何かが在ること、そうした存在論的偶然が剝き出しになるのは現存在の「現」にあってである。このような世界論に対するレヴィナスの理解を世界劇場の比喩をもちいて示せば、存在の舞台に立ちながらもその外部に設定した視点から世界劇場を眺めるとき、つまり、「私はまるで世界にいないかのように世界を眺める」（シモーヌ・ヴェイユ）とき、現存在は存在者が存在することそれ自体に驚くということになる。

これに対して『実存者へ』の場合、存在の舞台上にそれぞれ一つの場所を占める実存者たちも、全き闇夜の不眠にあっては一切がイリアへと融即し脱個体化していた。だから、舞台上の場所一つぶんが再び区分けされる仕方、つまり、イポスターズという個体化が検討される必要が生じた。このようにイリアとイポスターズという二つの出来事のあいだを眼差すレヴィナスは、何かが在ることそれ自体に心を奪われたのではない。生存する場所が無いこともありえたのに、しかし、それが舞台上になぜか分与されたこと、つまり、生存する場所の贈与というたまさかの存在論的出来事に直面していた。

イリアへの融即は「《出口なし》」（EE, 100）の存在体験であった。全き闇夜の不眠に取りこまれると、イリアという存在の仕方以外では存在しえない。イリアに融即した当人は「キネステーゼ」[7]の機能不全に陥り、みずからの手でその生を終わらせることもできない。それゆえ、イリアは《出口なし》なのである。しかし、そうした不眠という個人的体験を糸口にしたことの限界がここで露呈してしまう。というのも、全人類が不眠状態となるわけではないイリアへの融即態にあって、孤独な不眠者は他者の殺意にさらされうるからである。イリアの現前においてさえ、生存の場所は他者によって略奪される可能性が残る。それゆえ、死ぬこともありえたのに私は生存している事実、その偶然性はたえて抹消されることがない。

以上、レヴィナス前期思想の確認を終えてみると、生存の場所をめぐる哲学的思考はハイデガーの思索に対する批判というよりも、その変奏のように聞こえる[8]。存在者全体が無意味へとすべり落ちていく剝き出しの存在体験を二人は論じていたからである。しかしながら、イリアおよびイポスターズの考察を出発点にして、生存の場所に関するレヴィナス独自の倫理学が展開していく。まず「存在論は根源的か」（一九五一年）という小篇の最終節「他者の倫理的意味作用」のなかで「顔」による自己他者関係が倫理だとはじめて主張される[9]。それから十年の時を経た第一主著において、そうした倫理の観点から顔概念が練り上げられていくのだが、このとき生存の場所という問題が自己他者関係論へともちこまれる。それゆえ第1節では、レヴィナスが第一主著のなかで顔概念を彫琢するさいに哲学的視線をむけた事象は、他者が生存する場所と私が生存する場所との倫理的関係であったことを解き明かす。

第1節から第2節への進行は以下のとおりである。①存在と無に関する哲学的思考へと顔概念をひとまずは翻訳することで、②生存の偶然性という観点を導入し、前期思想と第一主著との連続性を指摘する。しかし、③そうした存在論的思考の言葉では語り尽くせない事柄として顔の無限性が照らし出され、④この無限性という観点から、生存の場所という問題と『全体性と無限』の独自性との結びつきが証示される。

つづいて第3節では、以上の考察をふまえ、他者に対する無限の応答可能性ゆえに私の生存する場所へと他者から倫理的意味が与えられていく仕組みを明らかにする。

1　生存と死、あるいは存在と無

本節では、他者が生存する場所と私が生存する場所との関係に注目しながら、『全体性と無限』における顔概念の消息を辿りたい。最初に確認しておくべきは、論述を試みてもその論理的限界を越えてしまう事象にアプローチするさい、比喩に頼るフランス哲学の流儀にレヴィナスもまた従っている点である。こうして選ばれた顔という表現を解釈する最初の手がかりとなるのは、次の文章である。

> 他者の超越というこの無限は、殺人よりも強く、すでに他者の顔においてわれわれに抵抗している。この無限は他者の顔、つまり、根源的表出（*expression*）であり、〈汝、殺すなかれ〉という最初の言葉なの

である。（TI, 217）

〈汝、殺すなかれ〉という顔の命令が「最初の言葉」である。この言葉は、もちろん「十戒（les dix commandements/un décalogue）」の一つをなすものだが、規範倫理学の問題として検討されたわけではない。また、規則はそれによって制御したい現実があるからこそ制定されたと発生論的に言えるけれども、レヴィナスは顔の命令にまつわる事情をそう考察して規則の制定が要請される現実を記述したわけでもない。彼にとって顔概念は形而上学的考察の対象であった。その顔が表出する〈汝、殺すなかれ〉という命令のフランス語文は "tu ne commettras pas de meurtre." だが、これを直訳すれば、〈君は殺さないだろう〉となる。[10] 第一主著に先立つこと八年、一九五三年に顔概念が集中的に検討された『自由と命令』では、「顔こそ、或る存在者が直接法ではなく命令法でわれわれを触発し、そうした仕方であらゆるカテゴリーの外部にあるという事実なのだ」（LC, 44）と指摘されていた。

さて命令文の場合、多くは主語が隠れているけれども、〈汝、殺すなかれ〉という命令のように、その聞き手を二人称で明示することも可能である。顔による命令は独白ではなく、逆にそれは自己他者関係を構造的にそなえている。[11] このとき注意すべきは、〈汝、殺すなかれ〉という最初の言葉は、顔から聞き手に放たれてはじめて命令となる資格を獲得する点である。しかも、従うと否とにかかわらず、あるいは無視されるにせよ、聞き手がその言葉に応じてしまっているがゆえに、命令形の言葉は命令として成り立つ。だから、みずから現前する顔の命令は、他者の生存する場所という観点から読み解けば、〈君は私が生存する場所を奪う（prendre）ことはないだろう〉という意味になる。

本章の第1節では、前期思想において生存の場所という哲学的問題が検討されるさまをすでに確かめた。この問題は、レヴィナスの第二主著『存在するとは別の仕方で、あるいは存在することの彼方へ』（一九七四年）に後続する対談集『倫理と無限――フィリップ・ネモとの対話』のなかで、「私が世界のなかに存在していることで、誰かの場所（place）を私は奪っている（prendre 占めている）のではないだろうか」（EI, 120, cf. DVQ, 257）と定式化されることになる。しかも、この一文が登場する直前で彼は、「存在の意味をめぐる重要な問いは、なぜ何ものかがあって無ではないのかという問い――ハイデガーによって註釈されたライプニッツの問いではなく、私は存在することによって殺害してはいないのかという問いである」（EI, 119）と述べていた。存在者の存在をめぐる決定的で深刻な問いが連ねられている。しかし、ここで少なくとも次のことだけは押さえておきたい。つまり、さまざまな他者とのさまざまなかかわりを重ねつづける私が生存する場所の倫理的意味を問うことは、レヴィナスにとって、哲学史を彩る中心的問いを考え抜くことに匹敵する試みであった[12]。

第一主著の考察に戻ろう。

他者の顔は、生存の場所にまつわる自己他者間の始原的関係を表出していた。もちろん十戒中の第六戒においてユダヤ教の神が人間に禁じていたのは別の人間を殺害することであり、それゆえ十戒は、神と人間二人との三者間での契約であった。これに対し、とりわけ第一主著にあって顔の命令が二者関係に限定されていたことは、レヴィナスの思想的変遷を辿るうえでも、強調されてよい。

さて、「存在と無の二者択一における思考（la pensée dans l'alternative de l'être et du néant）」（TI, 258）に依拠すれば、殺人にあって無とは他者の死のことである。このような存在論的思考の言語をもちいて、みずから現前する顔の命令という事象をひとまず翻訳しなければならない。というのも、「ギリシア人が知らなかった諸原理をギリシア語で述べる[13]」こと、それをレヴィナスは試みていたからである。したがってもちろん、デリダが「暴力と形而上学」で批判していたように、『全体性と無限』で紡がれた言葉はすべて「意味とディスクールの根源としての暴力」（VM, 189）を孕んでいる。だがしかし、第一主著はそうした「存在論的言語」によって語り出されてもなお（cf. DVQ, 133, EN, 231; VM, 208, 211f.）、存在と無をめぐる哲学的思考とは別の仕方で「第一哲学」としての倫理学を主張しえた。[14]というのも、他者が生存する場所と私が生存する場所との関係を存在論的言語で語りだしたときにはじめて、この関係が存在論的言語では語り尽くせない倫理的事象であることが判明するからである。この結果、生存の場所をめぐる自己他者関係は存在論的思考からあふれ出る無限の問題としてその姿を見せることとなる。

倫理と存在をめぐる二つの原理的思考は以上のように第一主著において絡まりあい、そのなかでレヴィナスに固有の倫理学が前景化していく。この事情は、偶然性という補助線を引くことで、いっそう鮮明になる。本書での概念規定を示せば、偶然性は「他でもありうること」という可能性の一様態であり、必然性は「それ以外にはありえないこと」という不可能性の一様態である。[15]両者は可能性一般という共通地平に開かれている。顔の命令という倫理的事象に迫るために、自己他者間の生存に刻まれた偶然性および必然性の諸相を動態的にとらえなければならない。

上述の概念規定によると、生存の偶然性とは「生存にとって他でもありうること」＝「死ぬこともありうること」であり、生存の必然性とは「生存にとって他ではありえないこと」＝「生存以外はありえないこと」である。顔の命令が下される前後で、可能性一般という共通地平においてこのように定義される生存の偶然性と必然性とが入れ替わっていく様を記述できる。

まず顔の命令が発語される以前、他者と私のいずれもが生きている現在において両者の生存は無関係である。死ぬこともありえたのに私は生きており、他者もまたそのように生きている。二人の偶然的生存はさしあたり交錯することなく維持されていく。しかし次に、顔の命令〈汝、殺すなかれ〉がその私にむけられたとき、二人の関係は変化する。すなわち、二人が生きる現在にあって、その私が死ぬこともありえたのに生きていることに変わりはないが、他者は生きる以外にはありえないという生存の必然性をみずからに呼びこむ。もちろん現実世界では、日々の報道を少しく耳にするだけでわかるとおり、殺人はむしろありふれた出来事である。他者の必然的生存を求める命令がその世界で完全に守られることは夢想に等しい。とはいえ、こうした実情がレヴィナスには見えていないわけではない。本章でいま試みられたこと、つまり、自己他者間における生存の問題をいったん可能性一般の地平へと開く作業は、顔の命令という倫理的事象を存在論的言語で語り出すことの限界画定を目的にしている。顔の命令が存在論的言語へと翻訳されると、私が生存することの偶然性と他者が生存することの必然性とが観念上は共に比較可能な共通地平に並ぶが、現実には両者が接しえないことが明らかになる。こうして画定された生存の偶然性／必然性は存在論的思考にもとづいており、これはだから、人間的生存にまつわる「存在と無」の偶然性／必然性なのである。レヴィナスは、以上のように存在論的思考では届かない余白を眼差していた。

本章第1節で論じたとおり、『実存者へ』にあって生存の偶然性とは、生存の場所がないこともありえたのになぜか私に分与されている事実を指していた。第1節の作業を通じて判明したのは、生存の場所に関する哲学的思考が前期思想から第一主著へと深まり、自己他者関係にまつわる倫理的次元が拡張したことである。この経緯を念頭に置きつつ、無限の観点からレヴィナス流の場所論がそなえる独自性を照らし出さなければならない。

2　顔の裸性と他者の無限

顔の無限性を解き明かすために、レヴィナス独自の概念「裸性（nudité）」（TI, 71）を手がかりにしよう。「裸性とは、物にとってその存在がその目的性（finalité）に対してもつ余剰のことである」[16]。これはレヴィナスが持論を展開する場面での一文である。加えてハイデガーの『存在と時間』「日常性の解釈学」で説明された「道具連関」（SZ, 75）を批判する文脈であるゆえ、そこでのハイデガーの言葉を借りて裸性概念を解釈したい。

たとえば足もとに転がる石が、釘を打ちつけるさいに手ごろなハンマー〈として〉代用される場面を思い浮かべよう。物は〈……のために〉という用途に適した形が見出されることで現存在が集約点となる目的手段連関に組みこまれ、そのなかで存在意味が与えられていく（cf. TI, 220）。物の目的と存在は相即して考えられているわけである。これに対し、物の裸性は『存在と時間』第十六節の術語で述べれば、「物在性」をも欠如態として含意する「用在性」のネガという意味での余剰であり、「物の不合理性と非有用性」（TI, 71）のことである。換言すれば、「用具的存在者」でもなく、使用時に不具合が生じて注視される「事物的存在者」でもなく、用途と形がはぎとられて物がただ在ること、これが物の裸性である。つまりは、さまざまな目的手段連関が織りなす全体性の外部に示された余剰のことである。

物の裸性に関するこの構図は、とはいえ、顔のそれに適用することができない。

もちろん、存在の舞台で人生劇をくりひろげる人間は、たとえば部下に対しては仕事を指示する〈ための〉上司〈として〉、子に対しては扶養義務を果たす〈ための〉父〈として〉というように、さまざまな役割＝仮面[17]のもとで日々を暮らしている（cf. EI, 80）。これはレーヴィット『共同する人間の役割における個人』（一九二八年）において展開されたいわゆる「役割存在論」が描き出すとおりである。本書第二章第2節で確認したとおり、この役割存在論を「日常性の解釈学」に孕まれていた可能性としてとらえるときに判明するのは、多様な役割もまた目的手段連関に編みこまれ、その内部で位置価をもつということである。「存在了解という光（Lichte）のなかでのみ、存在者は存在者としてわれわれに出会われる」（GA24, 390）という存在論的構造において、役割の存在意味は、『存在と時間』で考察された諸存在者の存在意味と同様に、そうした光によって照らし出されていく。

とはいえ、「顔の裸性」（TI, 72）がこうした役割連関のネガとして了解されるわけではない（cf. LC, 43f.）。物のように用途や形が剝ぎとられたとき、顔がただ在ることを顔の裸性は意味するのではないということである。「……言葉の作用はあらゆる形を除かれた裸性とかかわることなのだが、このとき、言葉の作用はそれ自身によって、それ自体で（kath'auto）意味をもち、われわれがその裸性に光をあてるに先だって意味する」（TI, 72）。顔の裸性は、存在了解の光に照明され象られることがない。『自由と命令』においてすでに指摘されていたことだが、「パロールによって私とかかわる表出に固有の輝き（luisance）は、殺害不可能性によってみずからあらわれる物自体という絶対（absolu）である」（LC, 44）。この絶対とは、カント的な「二世界説」（ハインツ・ハイムゼート）からすれば、「現象界」からの「隔‐絶（ab-solu）」のことであり、現象学的言語で語るならば、ハイデガー的な「世界」あるいはフッサール的な「世界地平[18]」からの隔‐絶のことである。『自由と命令』

では「表出において成就されるのは、ヌーメノンの真なる〈現象学〉である」（LC, 43）と表明されていたが、世界で対を絶した顔という絶対者の顕現へと迫る哲学的思考こそ、レヴィナスのいわば「形而上学的現象学」である。第一主著にあって顔の無限性は、端的な他者が表象的志向性によって目指されるにしてもその志向性を挫折させられることを例として説明されていたが、ここでは現象学的言語の消極的用法によって、顔の無限性を志向性の彼方として示しているわけである。これに対して、顔概念が哲学的比喩の積極的用法に従って語り出されると、顔の表出は「輝き」であり、顔自身が「言葉の作用」だとなる。

ただし、レヴィナスは『全体性と無限』のなかで光の比喩をもちいて顔概念を語りだすさい、細心の注意を払っていた。すなわち、そうした比喩の歴史的使用に批判的検討がほどこされたのちにはじめて、「光を見るための光」（TI, 209）という矛盾した表現で非対称的自己他者関係を開始する顔のことが説明される[19]。

そうまでしてなお、光の比喩に訴えるのはなぜか。

まずもって注目すべきは、『全体性と無限』において顔が特徴づけられるさい、存在了解の光と比較されたことである。他者の存在意味を了解する場合に存在了解の光はその内部に他者を取りこんでいくのに対し、顔の命令は逆に端的な他者という外部から私へとむかってくる。顔は、存在了解の光のように存在者を象る光でもなければ、芸術美のように放った「輝き（splendeur）」（TI, 218）が人びとに鑑賞されるわけでもない。レヴィナスの修辞によれば、顔は「光を見るための光」であった。そもそも無色透明の光それ自体を見ることはできない。光はその媒体である明るさを通じて何ものかを可視化し、何を見るさいにも同時に光の存在が示される。しかしながら、顔はこうした光でもない。何も可視化しない光の溢出である。光を見るための光は、光の溢出で視覚が麻痺するさい、光の存在が示される事態を指す。他者が顔によって私へとかかわるとき、このかかわりにおいて顔は、何ものも可視化せずに他者から私へとむかう一方通行の光なのである。

顔は光と言語にまつわる概念群を比喩にもちいて表現されていた。〈汝、殺すなかれ〉というパロールが最初の言葉だと指摘される所以も、顔がみずから始原的自己他者関係を産出する点に認められる。[20]レヴィナスは、「言語の本質が他者とのかかわりである」（TI, 277）ことを論じるなかで、無限の現前に関して次のように指摘する。

> 意味作用こそ無限である。とはいえ、無限は超越論的思考に現前することがないし、ましてや思惟された活動性に現前することもなく、他者（Autrui）においてみずから現前する。他者は私に顔をむけ、私を問いただし、無限というその本質によって私に責務を課す。（TI, 227）

「意味作用」は上述した「言語の作用」と同義であり、顔という無限は私に対してみずから現前するのであった。「殺害に対して顔が無限に抵抗することこそ、私に先行的あるいは外部的であるような意味作用である」（LC, 46）。〈汝、殺すなかれ〉と発語することが顔による抵抗であり、顔の意味作用である。こうして「顔の倫理的要求」（TI, 278）による抵抗は、私の自己意識、すなわち、「顔を迎え入れる意識を問いただす」（TI, 278）。この仕方で顔が非対称的自己他者関係を開いてその始原的意味を産出する作用こそ、言語の本質なのである。

つづいて、そのような顔の現前が無限の現前と等置される理由を明らかにしたい。レヴィナスのデカルト読解が手がかりになる。デカルト『省察』にあって神という形而上学的無限の観念は人間の魂に刻まれた「本有観念」であった。[21]したがって、無限の観念は神と人間とのあいだで結ばれた関係のことである。レヴィナスはこうした無限の観念を次のように読み解いていく。

無限のデカルト的概念、つまり、分離的存在者（l'être séparé）のうちに無限によって置かれた〈無限の観念〉に立ち戻ることで考慮できる無限の肯定性とは、有限な思考すべてと有限をめぐる思考すべてに対する無限の先行性、有限に対する無限の外部性のことである。これが分離的存在者の可能性を特徴づけている。無限の観念は、内容によって限定された思考をあふれ出ること（débordement）である。

（TI, 215）

「分離的存在者」はイポスターズによって個体化した私のことを第一主著において言い換えたものだが、レヴィナスの見立てでは、そうした私が観念を介してかかわる無限こそ、全き他者の別名である。無限なる他者は私の有限的思考からあふれ出る。デカルト哲学にあって神とのかかわりを示した無限の観念は、レヴィナスにとって全き他者とのかかわりを意味することになる。とはいえ、この他者が神のような形而上学的無限だと言われているわけではない。彼が着目するのは、無限の観念があくまで非対称的自己他者関係を指す点である。[22]

「無限の現前（présence de l'infini）」、「無限の観念（notion de l'infini）」、「無限なる応答可能性（responsabilité infinite）」という表現が登場した。これら三者は、顔による非対称的自己他者関係という同一事象を異なった観点から特徴づけたものである。他者からの命令という方向でこの自己他者関係をとらえる観点からは、これまで確認したとおり、みずから現前する顔の命令に私がさらされたさい、無限の観念は私の思考をあふれ出ることが解き明かされた。他方でレヴィナスは、顔の命令に私が応答する方向から自己他者関係を考察することも忘れていない。次節で検討する無限なる応答可能性という問題である。

3　無限なる応答可能性

存在と無の二者択一的思考のもとでは、殺人における無は他者の死に相当していた。そのような存在論的思考の彼方へとむかうレヴィナスの歩みは次の引用に記されている。

アベルを殺したとき、カインは死に関する知を所有したにちがいない。死を無と同定することに対応しているのは、殺害における他者（L'Autre）の死である。しかしながら、ここで同時に、そのような無は或る種の不可能性としてみずから現前する。実際のところ、私の道徳的意識の外では他人（Autrui）は他者としてみずから現前することができないであろうし、他者の顔は私が無化することの道徳的不可能性を表出している。（TI, 258）

私が他者を無化しようとするときの、その「道徳的不可能性」とは何か。

多くの人びとが殺されてきた事実を思うだけでも、殺害の「実際的（réelle）不可能性」（LC, 44）が幻想にすぎないことは明らかである。しかしレヴィナスの考えるところ、殺害が実際に可能であっても、他者を完全に無化することは道徳的に不可能である。その他性以外の何かが無化されうる他者であれば、それは役割連関全体の一部をなす相対的他者にすぎない。存在の舞台で人生劇をくりひろげる相対的他者はいくつかの役割を有しており、ときに或る役割が剝奪されることもある。ただしそうなったとしても、また別の役割のもと、存在の舞台に立ちつづけることはできる。役割が変化しても、生きることは可能だからである。役割は再所有や交換が可能であって、失われると決して取り戻せない生命とは異なる。

これに対して、顔がかかわっているのは、ひとまず存在論的に言えば、そうした生命を維持する場所であった。顔の命令が「殺すなかれ」、「奪うなかれ」と一方で呼びかけているのは、一度でも降りると再び立つことのできない存在の舞台に他者が占める場所のことであり、他者の生命のことである。したがって、〈汝、殺すなかれ〉の意味を存在論的言語で語りだせば、「私の生きる場所を、私の命を奪うな」と翻訳できる。しかしながら、命令通りの現実がつねに訪れるわけではない。現実世界で暴力は絶えることがなく、無数の人命が失われてきたからである。こうした現実を前にしてレヴィナスは、その暴力でさえ、他者の他性を無化することは原理的に不可能だと主張している。この消息を少しく丁寧に見ておきたい。

ピエール・アヤが「倫理的個人主義の哲学」のなかで確認していたとおり、顔概念の二契機のうち、一つは〈汝、殺すなかれ〉という命令であり、また一つは殺害への誘惑である（cf. LC, 13f.）。しかし、他性の無化と同義であるような殺害は原理的に不可能であった。その理由は、無化が可能な他性はそもそも他性と呼ばれる資格をもたず、無化が不可能な他性こそ、他者をすぐれて他者たらしめていたことにある。こうした端的な他者と私とのかかわりがあらわになる場面の一つは、逆説的にも、他者を殺害する誘惑に駆られるときである。このとき、何より求められているのは端的な他者の殺害であり、それゆえ、その他者をすぐれて他者たらしめる他性の抹消である。殺意は、思い通りに動かせる人間や興味を引かない人間にではなく、たとえば自分の意に反して裏切った相手へと執拗にむけられていくからである。他者を余すことなく支配したい欲望が殺意という形をとる。とはいえしかし、ここでその欲望は挫折することがあらわになる。裏切り者のような端的な他者を殺害し、その他性まで完全に抹消したつもりになっても、抹消できるような他性はそもそも他性ではない。他性は抹消できないがゆえに他性なのだ。他者がたとえ殺されても、その他性は消え去ることがなく、「バンクォーの亡霊」（シェイクスピア『マクベス』）のごとく、殺人犯に取《と》り憑《つ》いて離れない。これが、他者を無化することの道徳的不可能性と呼んでレヴィナスが主張したかった切実にして枢要な事柄である。

顔は〈汝、殺すなかれ〉と表出していた。ここでは、こうして顔という比喩が選ばれたわけを世界劇場論のうちに探ってみることにしたい。たとえば人生劇ではありふれた営業スマイルの場合、そうした表情と営業の役割とは相即して機能している。たとえば営業担当〈として〉私はお客に商品を売る〈ために〉愛想よく微笑む。この事情をハイデガー＝レーヴィット的な役割存在論に依拠して考えてみれば、そうした役割関係という存在者的超越を可能にしているのは、世界劇場への「存在論的（ontologisch）な超越」（GA24, 423）である。しかし、顔という比喩は役割存在論と縫いあわされた「表情論」を呼びこむために選ばれたわけではない。たとえば「顔を見せていって」という私の言葉が電話口で相手に了承されるとき、どんな表情で対面がなされるかは不明だとしても、二人が顔をあわせることそれ自体は確かである。顔の命令もまたこのように二者関係それ自体にまつわる倫理的言語で最終的には語られるのであり、しかし本章第1節ですでに論じたように、それはひとまず、世界劇場で分与された生存の場所をめぐる存在論的二者関係と消極的に結びついていた。こう説明できる顔と表情との哲学的関係をさらに探るならば、記号としての表情はそもそも他者へとむけられたときにはじめて有意味となりうるが、顔なしには表情を浮かべえないように、表情を介する自己他者関係は顔による始原的自己他者関係を必ず前提している。また、無表情も表情の一種であるかぎり、すべての表情を脱落させれば、顔それ自体を見うるわけではない。顔の命令〈汝、殺すなかれ〉は自己他者間の具体的関係を語り出すのではなく、存在論的言語では汲み尽くしえない自己他者関係、つまりは他性とのかかわりを示している。

存在と無に関する哲学的思考に従えば、他者を実際に殺すことは他者の無化と誤って同一視されていた。しかしレヴィナスの哲学的主張によれば、或る人が他者を殺害したとしても、存在と無の彼方へと逃れ去っていくその他性にとどくことはない。他性を無化することの道徳的不可能性を表出する顔の命令が開始する非対称的自己他者関係においてこそ、他者の他性は私との無限な差異であることが示される。

では、他者のそうした他性と〈汝、殺すなかれ〉との積極的関係をレヴィナスはどのように考えていたのであろうか。

〈汝、殺すなかれ〉という命令が発せられるのは、他者と私のどちらもが存在の舞台上に生存するときであった。この命令によって非対称的自己他者関係が始まり、無化が道徳的に不可能な他性は私の存在論的思考から限りなくあふれ出ていく。こうした他性を表出する顔が、他者への無限なる応答可能性を私に課す。レヴィナスはこう論じていた。

> 応答可能性が無限であることは、それが現実的に広大無辺であること（*immensité*）をあらわしているのではない。そうではなく、引き受けられるほどに応答可能性が増していくことを表現している。（TI, 274）

他者への応答可能性は無限なのだが、それは「現実的無限」ではなく、「引き受けられるほどに応答可能性が増していく」、「可能的無限」である。応答可能性のこうした無限性が生存の場所をめぐる倫理的思考に響いている。その仕組みは以下の通りである。

一方で、みずから現前する顔の命令は〈君は私が生存する場所を奪うことはないだろう〉と翻訳され、しかし、こうして語り出された存在論的自己他者関係をあふれ出る倫理的自己他者関係において他者の他性が私に示されていく。つまり、〈君は他者の他性を無化することはないだろう〉という倫理的言語によって顔の命令はあらかじめ発せられていたのであり、他者の生存する場所は、存在論的自己他者関係の装いを取り去れば、無限な他者と有限な私とのあいだの倫理的非対称性に染められていたことが判明する。生存の場所をめぐる倫理的関係のこうした始まりは、一人芝居ではない人生劇が世界劇場で公演される可能性の条件であり、端的な他者と私との二人が非対称にかかわりながら世界劇場に立つことそれ自体である。

他者の他性にまつわる顔の命令は、世界劇場で他者が生存する以外に他の可能性はないという実際的必然性を現実化することはなく、他性の無化が道徳的に不可能であることを意味していた。抹消されうる他性はそもそも他性ではなく、すなわち、他性の抹消不可能性が顔による非対照的自己他者関係において無化の道徳的不可能性となる。こうした顔の命令が私へと放たれつづけるかぎり、私が生存する場所は、顔の意味作用から無限に倫理的意味が与えられていく。その場所は顔の命令によって端的な他者との関係それ自体を意味し、こうした自己他者関係のなかで他性は無限に私から差異化されつづける。

他方、顔の命令は果てることなく私に課され、このとき私が生存する場所は、他者への「応答可能性がこのようにあふれ出るような、宇宙の一点が存立する可能性」（TI, 274）と化す。つまりは顔の命令にさらされた私はその他者への応答を誰とも代わることができないのであり、この代替不可能性は他者へと無限に応答すべき倫理的主体である私の「単数性（singularité）」（TI, 274）として高められていく。私が生存する場所に倫理的意味が湧出するのは、顔の命令ゆえなのである。

*

たまさかに開かれた世界で、なぜか私はあなたと出会い、共に生きていく。こうした偶然的生の倫理を見抜こうとしたレヴィナスが第一主著で語り出した“responsabilité”は、その内実からして「責任」よりも「応答可能性」と訳すべき概念であった。もし「生きることに責任はあるのか」と問うならば、そして、その意味が「自由」と対になった「責任」にまつわるものであるならば、レヴィナスの倫理学はその問いにイエスかノーで答えることを主眼としてはいない。強調的に言えば、生きることそれ自体が応答可能性だからである。自由と相即した責任を引き受けることの可否を考える手前で、この世界に生きることは、出会った他者の顔に応答し、私が選ぶことなくその応答を重ねていってしまうということである。応答する私が生きる場所にむけて、このように顔とのかかわりから倫理的意味が与えられつづけるかぎり、この世界に存在する私に倫理的生を贈るのは端的な他者なのだ。

終章では、こうして生存する他者とのかかわりを離れ、イリアを他者として考察し、その倫理的意味を探る。

終　章　世界への驚き、たまさかの生存

はじめに

或る者がたまたまこの世を過ぎ去り、私はたまたま生き延びる。神ではない私にとって、二人の生死はひたすら偶然の出来事である。しかし、偶然性がわかつかに見えるこの二人のあいだに、レヴィナスは或る関係を見出していく。二人の生死はそれぞれ別個の出来事ではなく、一つの倫理的出来事だというわけである。

終章の目的は、彼の倫理学が最初に語り出された場所を『実存者へ』という著作のうちに探りあてることである。『全体性と無限』、『存在の彼方へ』という二つの主著に比べれば、荒削りな思考を紡いでいく『実存者へ』も、だからこそ逆に、レヴィナス倫理学の基本的な構えを見てとりやすいものにしている。二つの主著に引き継がれるこの構えは、ハイデガーの哲学の検討を通じて「存在〈と〉時間」を深く掘り下げながら、他者とのかかわりとしての倫理を問うというものである。本章ではとりわけ、これら二つの問いの関係に注目していく。

終章における議論の進行を示そう。第1節では、レヴィナスが「存在一般」(EE, 94)をハイデガーとは別の仕方で表現するために導入した存在概念である「イリア(il y a)」(ibid.)をあらためて考察する。『存在と時間』において現存在の実存論的構造を開示するパトスは情態性と呼ばれていたが、終章ではこの情態性に注目しつ

つ、ハイデガー批判をもくろむレヴィナスのイリア論と他者論の成り立ちを見定める。第2節では、イリア論を他者論としてとらえ直し、このイリア論において『存在と時間』の他者論とは成り立ちを異にしたレヴィナス独自の他者論が提出されていることを確認する。この確認の結果、存在をめぐる思考は、他者の死と実存の偶然性を視野に収めるとき、〈倫理〉をめぐる思考へ導かれていくことが明らかになるはずである。

1 『実存者へ』における存在と他者

レヴィナスは『実存者へ』において、ハイデガー存在論の成り立ちを「光（lumière）」という観点からとらえている（EE, 71ff.）。これは、『存在と時間』において「明るみ（Lichtung）」として性格づけられた「現（Da）の開示性」を考えてのことである（SZ, § 28, § 31）。具体的に言えば、レヴィナスは存在了解の光によって存在者が意味をもって現象するさいの地平を「世界」とし、その有意味性を「照明性（luminosité）」（EE, 74）と呼ぶ。この構図をもとにレヴィナスはハイデガーの存在論を転倒させ、光の明るさとは逆に「闇」の暗さという観点を設定し、存在者の脱意味化という事象に迫る。このとき手がかりにされるのが、「不眠の夜」である。

眠ろうとすればするほど眠りが遠のく不眠にあって、人間は奇妙な覚醒に陥る。闇夜のなかで目覚めていることに憔悴しつつ、しかし、眠れないからである。漆黒の闇のなか、意識はただ茫然として何ものにも焦点を結ばず、内世界的存在者の現象を可能にする世界地平は麻痺する。また、時の刻みが極度に間延びした果てに今は永遠化し、日常的な時間意識も失われる。このように世界と時間意識が病的に混乱した仕方で存在するとき、人間は闇夜の不眠においてただ「空恐ろしさ（horreur）」（EE, 102）を覚え、個々の存在者の意味がすべて脱け落ちた「存在者なき存在」（EE, 93）に出会う。この存在者なき存在が「イリア（il y a）」と名づけられていた。

レヴィナスは、特にイリアにおいて諸存在者が無意味と化すことを指して、存在者が名を失う「無名性」（EE, 95）と呼ぶ。この無名のイリアにあって人間は闇夜の漠然としたあり方にとりこまれ、「私は思惟する」という人称的意識さえ曖昧化する。このとき闇夜の「沈黙」だけが際立ち、逆に沈黙が響いているかのようである（EE, 94f.）。レヴィナスはこの異様な実存情況に「無名の存在のざわめき」（EE, 109）という表現を与えるが、それは彼がイリアの沈黙に或る種の意味を認めるからである。

このようなイリア論と対照されているのは、ハイデガーによる「世界の無」に関する議論であるが、では、両者はどのような仕方で比較されていくのか。

ここで、不安概念と密接な関係をもつ良心概念に関するカール・F・ゲートマンの解釈を参照したい。彼の論文「『存在と時間』における ハイデガーの行為概念」のなかではこう指摘されていた。

良心現象を語りの様態として解釈する試みに注目するとき、ハイデガーの試みは言語行為論的な着想に近いということがわかる。呼び声の行為遂行的な（performativ）様態は、いずれにせよ、統整的（regulativ）であって事実確認的（konstativ）ではない。(1)

『存在と時間』によれば、不安にさらされた現存在は日常にまぎれて存在する世人（das Man）としての自己に「良心の呼び声」（SZ. § 56）を送る。これは現存在の二重の自己内関係を指摘しているわけだが、このとき、良心の呼び声もまた沈黙という形態をとり、沈黙は何も言明しないが、現存在にとって実存的本来化への遂行命令を意味する（SZ. 296f.）。こうしてハイデガーの場合、不安において沈黙の呼び声を送るのは現存在自身である。

これに対し、イリアにおいて沈黙を生者に贈るのは死者であるように思われる。

たとえば、遺言は或る者がかつて生きていたときの言葉であって、死んでからの言葉ではない。人間は事切れて沈黙するが、それは饒舌な生者がときおりみせる沈黙とは異なり、端的な沈黙である。しかし、われわれ生者の安定した暮らしは、「喪の作業」（ジークムント・フロイト）を通じて、死者たちとその沈黙をさしあたり忘却することで可能になる。この忘却に抗い、死者の沈黙という単純な事実をあらためて生者に突きつけるのが、沈黙のざわめくイリアという実存情況なのである。のちに『存在の彼方へ』でイリアを「他性」の「全重量」に圧迫されて自己が存在する仕方だと言うレヴィナスが[2]、『実存者へ』においてすでにシェイクスピア悲劇『マクベス』の「亡霊」体験とイリアと体験とを重ねあわせて論じていることに注目すれば（EE, 101）、そのように解釈することも可能である[3]。それゆえ、イリアという実存情況で生者が死者の沈黙にさらされることは、死者による生者への沈黙の贈与という事柄をあらわす。これが本書をつらめく解釈である。死者のこの沈黙もまた行為遂行的意味を有するが、それは、ジョン・R・サールが『言語行為』で論じる「統整的規則」や「構成的規則」といった、禁止と許容の境界を設定する規則の手前で意味する「呼びかけ」あるいは「祈り」なのだが、立ち入った検討は第2節にて行なう。

さて、このようなイリアの了解が可能である理由をハイデガーに即して考えてみれば、それは「情態性には等根源的に了解が属している」[4]からである。自己了解の特殊な実存的変容をもたらす空恐ろしさという情態性が、イリアという実存情況を開示するとき、自己についても情態的に了解されている。イリアへの空恐ろしさに気分づけられ、永続化する今に支配された人間は、闇と人称的意識の境界を失い、一種の自己喪失態として存在する。闇夜の不眠という病的な実存情況における情態的了解を実存論的に表現したものが、『実存者へ』におけるイリア論である。『実存者へ』に対するハイデガー哲学の影響を勘案すれば、一方でこう解釈することも可能である。

他方、レヴィナスの時間論に内在的な観点から言えば、イリアという存在の仕方は、時間が生起する手前で生成消滅する瞬間から意味づけられている。つまり、現在的瞬間は生成と消滅という相反する機能をそなえていた。現在的瞬間に孕まれているのは、互いに異なった機能をもつ生成と消滅とが相即する差異化である。この差異化こそ、現在的瞬間を瞬間たらしめている。この差異化が働かないと現在的瞬間は暗い永遠と化し、イリアという実存情況がおとずれる。闇夜における「不眠」という現象の分析において論述されていたように（TA, 27）、眠ろうとすればするほど眠りが遠のく不眠にあって、眠りという終わりの到来しない現在的瞬間は同質的なまま極度に間延びして永遠となり、それがイリアへと融即した私の存在を意味づけていく。

つづいて、イリア概念を空間の観点から考察し、その特殊性を明らかにする。

全き闇のなかで不眠状態へと落ちこむとき、こうした特殊情況は主体の知覚を条件づける身体の超越論的機能、つまり、キネステーゼの働きを無効にしてしまう。完全な暗闇のなかで開かれた眼球の運動はいかなる動きも意味をなさず、また、不眠ゆえに身体感覚が麻痺する。こうしてキネステーゼが機能不全に陥った一種の病的主体に対しては、みずからの身体さえその所在をくらませ、意識は落ち着く場所を失って浮遊する。主体が漆黒の闇にのみこまれると、キネステーゼを発する「中心的なここ」[5]は生起しないままである。なぜなら、本書第十章第2節で明らかにしたキネステーゼ論をふまえれば、不眠状態にあって身体は「触れる／触れられる」という関係を大地とのあいだに築くことができず、したがって、超越論的ゼロ点が発現しないからである。こうして絶対的な「ここ」を失った病的主体は、みずからの身体と自己以外の諸存在者とのあいだに隔たりを産み出すことが不可能となる。イリアの特殊な空間性とは「対象を受容する機能も諸存在と接続する機能もとり除かれた空間」(EE, 98) なのである。このようなイリアの全き闇には「遠近法もなければ位置づけもない」(EE, 96)。「それは点のひしめきである」(ibid.)。

とすると、永続化した現在的瞬間に関するレヴィナスの議論をいったん括弧に入れて考えてみれば、通常の空間性を奪われた病的主体に残されているのは、人称的意識と闇の二つということになるだろうか。なぜなら、「外官」を失っても「内官」は残りうるからである。[6] 空間的な差異を失い、自己と他なる存在者とのあいだで区別が不可能になっても、時間的な差異に分節される人称的意識は残存すると言いうる。このとき、空間的差異のない闇にあっても人称的意識は時間的差異によってその意識を保つはずである。しかしながら、レヴィナスの考えるところでは、闇は人称的意識を無化してしまう。闇にのみこまれた意識が人称性を保持するためには、「この今」と「たった今」の差異が必要である。その差異をあぶり出すためには「この今」を確保しなければならない。ここにおいて、永続化した現在的瞬間が問題となる。この現在的瞬間は消滅という機能の休止によって流れつづけ、「この今」は生起せず、「たった今」との差異も確保できない。このように全き闇のなかで空間的差異と時間的差異を奪われた意識は人称性を失う。私と闇を隔てる差異がすべて失われるからである。

残るのはただ闇のみで、意識は「闇の意識」(EE, 103) へと変容する。時間的・空間的差異が消失して私と私以外の存在者の差異が消えても、このようにあらゆる存在者の差異を消失させる闇は「ある（il y a）」。あらゆる差異が無意味と化して現前する、存在者の「遍き不在」（EE, 94）がイリアなのである。[7]

こうしたイリアにおける人称喪失態は或る種の脱個体化であり、個体化によるその状態からの脱却が必要になる。この個体化であるイポスターズは、「眠り」のあとの「目覚め」によって語りだされていた。不眠のイリアにとらわれた人間にも眠りが不意におとずれ、目覚めたときにはすでに人称喪失態から脱け出し、ふたたび人称性が顕在化しているというわけである。イポスターズはこのような出来事を指しており、このイポスターズによって「誕生」した「実存者」が存在する仕方は純粋な現在的瞬間に支配されていることを、「気怠《けだる》さ（paresse, ennui）」や「疲労（fatigue）」といった気分が開示する。そうした現在的瞬間の生成消滅は「ずれ（décalage）」（EE, 42）を孕むものだと規定される。というのも、生成が先に始まらなければ、消滅は始まらないように、生成の始まりと消滅の始まりにはずれが生じるからである。同じ現在にありながら、消滅は生成に必ず遅れる。生成消滅する現在的瞬間に意味づけられて存在する私は、つねに「遅れ」（EE, 51）を孕んだ瞬間に与かっている。このとき同時に、実存にかかわるずれも生じる。なぜなら、瞬間の生成に従って私は個体として実存し始めるが、実存し始めたときにはすでにこの始まりは過ぎ去っており、私はつねにみずからの実存の始まりに遅れつつ実存するからである。

ハイデガーは「根拠でありながら、つまり、被投されたものとして実存しながら、現存在は絶えずみずからの諸可能性に立ち遅れている」（SZ, 284）と述べていた。現存在がみずからへと将来させる多様な存在可能性も、存在可能性それ自体はなぜか現存在に与えられていたと言うしかない。人間は自分の究極的な存在理由を解明しえないが、しかし、現に存在してしまっていることを存在理由として引き受けている。ハイデガーのこうした洞察をとらえ直すために、レヴィナスは実存の始まりという問題をとりあげている。

さて、ずれを孕みつつ実存する仕方を開示するのは、気怠さや疲労という情態性である。実存の始まりにつねに遅れながら実存者が存在することから、疲労感がわきあがり、そのようにしか存在できないことの必然性から気怠さが広がる。この疲労感や気怠さといったパトスによってレヴィナスが語りだそうとしているのは、ずれを孕んだ瞬間瞬間において私が誕生する出来事であり、実存の始まりに遅れる仕方で人間が世界のうちへと投げこまれているという原事実である。ハイデガーは世人という日常的自己の成り立ちを説明するさいに、パスカルの「気晴らし」に注目していたが、『パンセ』によれば、その気晴らしを失った者に人間存在の寄る辺なさを教えるパトスが「退屈（ennui）」であった。気怠さや疲労感といったパトスをとりあげるレヴィナスの眼差しには、パスカルに近しいものがある。

とはいえ、レヴィナスのパトス概念にとってその理論的背景となっているのは、やはりハイデガーの情態性概念である。遅延的瞬間の実存という原事実を開示する気怠さや疲労感は、現存在を世界の無へとさらす不安との比較から、その成り立ちが明らかにされていく。たとえば、気怠さや疲労感を調律する瞬間が生成消滅する仕方は、『存在と時間』で示された不安における時間性の時熟をレヴィナス独自の視点からとらえ直したものである。ハイデガーの考えるところでは、現存在が世界のうちへと投げこまれた原事実を「とり返しうること（Wiederholbarkeit）へと連れ出すのが、不安の情態性を構成する既在性という独特な脱自的様相である」(SZ, 343)。これに対してレヴィナスは、疲労感や気怠さが生成消滅する瞬間のずれをあらわにすると考える。この瞬間は、不安のように既在性の契機が強く働いて時熟する時間性とは異なり、むしろ、ハイデガーが一九二九／三〇年冬学期講義『形而上学の根本諸概念』で論じた「深い退屈さ」というパトスにおける脱自態に類似する。それは、極度に間延びして永遠化した今に刻みを入れる「瞬間」である（GA29/30, § 34, § 35）。

さらに、瞬間瞬間においてみずからの誕生に遅れながら存在する実存者は「孤独」のうちにある、とレヴィナスは言う。というのも、みずから生成消滅する瞬間はそれとは別の瞬間と結びつくことがなく、実存者を現在的瞬間に閉ざすからであった。ハイデガーにあって時間性はそれ自体が「根源的な脱自（*Außer-sich*）」（GA24, 377）という超出性格をもつから、将来・現持・既在性という脱自態の三契機は「既在しつつ現持する将来」（SZ, 326）という統一的な仕方で機能していた。これに対し、瞬間の生成消滅に注目するレヴィナスは、時間性の脱自的統一性を認めず、将来や既在性と遮断されて生成消滅する現在的瞬間に閉塞を見出すことになる。

現在のこうした閉塞を破るのが、端的な他者である。その成り立ちについては本書第一章第2節で確かめたとおりだが、『実存者へ』と同じ思想圏にある『時間と他なるもの』（一九四八年）においても詳しい考察が行なわれている（TA, III, IV）。レヴィナスは、この端的な他者のことを私がエロス的超越によってむかう他者であると論じ、エロス的超越を逆説的な愛と規定して、こう述べている[8]。

愛の悲痛さは諸存在にとって乗り越えがたい二元性のうちにある。これは永遠に逃れつづけるものとの関係である。（TA, 78, cf., EE, 163）

こうして逃れつづける他者の他性に私は到達不可能であり、それゆえ端的な他者とのかかわりは、他性の不在として現前する他者とのかかわりとなる（EE, 163）。これが、私と端的な他者とのあいだに成り立つ逆説的エロスの非対称的関係であった。

この非対称的関係において私の希求から逃れつづける他者は、しかし、私の意図にかまうことなく突然到来する。それは、私が他者に焦がれているからこそ可能な到来である。このとき、逆説的エロス関係における他者の他性、つまり、端的な未知性は、現在的実存に閉ざされた孤独な私に対して未来として到来する。こうして端的な未来という「他なる瞬間」と私の現在的瞬間とが交わった結果、これら二つの異なった瞬間のあいだで時間が生起する。すなわち、私は生成消滅する閉塞的瞬間から脱け出し、複数の瞬間が織りなす時間に与ることになる。

この点において、レヴィナスはハイデガーと大きく道を違《たが》える。ハイデガーにおいては、「時間性はみずから時熟する」のであった。こうした時間性の自己関与は「純粋自己触発」（GA3, 190）と表現されていたが、時間性は脱自的であると同時に自己関与的なのである。「時間は純粋自己触発として根源的に有限的な自己性を形成する」（GA3, 190）。時間性の脱自的性格によって現存在は他なる存在者に対して開放されていたが、本書で明らかにしてきたとおり、他なる存在者を開示する認識や実践のうちには必ず自己開示がふくまれている。他なる存在者への存在者的超越において、現存在は時間性の自己関与によってみずからへと立ち帰っているからである。このような動性をそなえる時間性が、世界への存在論的超越を介して、さまざまな存在者的超越を意味づけている。レヴィナスの議論と重ねあわせれば、ハイデガーは他者とのかかわりを存在者的超越とし、この超越を意味づける時間性に根源性を見出していると言える。

時間と超越をめぐる、このような思考においてこそ、レヴィナスとハイデガーの違いが際立つ。

ハイデガーは他者への超越ではなく、脱自的かつ自己関与的な時間性に根源性を認めるのに対し、レヴィナスにとって、超越の原型はつねに他者とのかかわりにある。時間の生起と私の個体化とを導く、他者と実存者とのあいだの具体的超越に根源性が認められている。他者との超越関係から時間の成り立ちを明らかにしていこうとするレヴィナスのこの構えは、『存在の彼方へ』に至るまで保持されていくものであった。

さて、本書第二章第4節で論述したとおり、ハイデガーの実存論的《独我論》における他者の問題に関しては二つの事柄が確認されていた。一つは、レーヴィットの間柄論は「日常性の解釈学」における自己他者関係論の新たな可能性であって、『存在と時間』はそれを含意していること。また一つは、実存論的《独我論》は存在開放性を極限にまで高めて、存在を問う者たちの自己他者関係論をそなえていることである。この確認によってわれわれが腑分けしてきたのは、ハイデガー哲学における実存論的《独我論》と日常性の解釈学との区別と、存在論的超越と存在者的超越との区別である。これら二つの区別とそこで区別された事柄の含意とを把握しえないと、実存論的《独我論》に対して他者の不在という批判が生じる。実存論的《独我論》のうちにハイデガー独自の共同存在論をとらえ損ねたレヴィナスはエロス的自己他者関係論によって、レーヴィットと同様に、的外れな実存論的《独我論》批判を展開したと言える。

ただしもちろん、自己他者間の超越関係が私という場で時間を生起させると考えたことにおいて、レヴィナスはハイデガーとは別の仕方で、「存在〈と〉時間」を問う可能性を提示した。この点は、超越と時間の問題に立ち入らなかったレーヴィットとは大きく異なる。とすると、『実存者へ』という著作に限定すれば、存在への問いを抱いて超越と時間の問題を検討するレヴィナスとハイデガーのあいだにあるのは、他者と共に存在する仕方の様態的差異だとも言いうることになる。ここにあるのは、他性が不在である他者とエロス的に超越関係を結ぶのか、他者に対して開放的に超越関係を結ぶのかの違いである。

しかしながら、レヴィナスは『実存者へ』において、ハイデガー存在論の転倒を介するイリアの存在論からエロス的自己他者関係論にむけての歩みに、さらなる一歩を加える。それは『実存者へ』を締めくくる最後の言葉であり、レヴィナスがふたたびイリア論へ、それも他者論としてのイリア論へとむかう一歩である。このイリア論が内蔵する他者論のうちに、他者との共同存在とは別様に他者とかかわる仕方が示され、ここにこそ、実存論的《独我論》への鋭い疑問が隠されている。レヴィナスによるこの疑問を理解するために、第2節では『存在と時間』に対するレヴィナスの誤読をイリア論のなかに見出し、その誤読を訂正しつつ、イリア論は同時に他者論であることを解き明かしたい。

2　他者論としてのイリア論

空恐ろしさをめぐるイリア論はレヴィナス流の情態性論という側面を有していた。とはいえ、この空恐ろしさは、ハイデガーがアリストテレス『弁論術』の感情規定を手がかりに「不安の非本来態」として特徴づけていた「恐怖」ではない（SZ. § 30. § 40）。日々の生活にまぎれる頽落を打ち破り、イリアの実存情況を開示するという意味では、空恐ろしさはむしろ、根本的情態性の一つだと言える。

レヴィナスはこの空恐ろしさを『存在と時間』における不安と対比的に語りだしていたが（EE. 102ff.）、われわれが見るところでは、イリアへの空恐ろしさはとりわけ不安における「世界の無意義性（Unbedeutsamkeit）」（SZ. 186. vgl. SZ. § 68）をめぐる議論に関係している。ハイデガーは、不安のなかで「内世界的に発見された、用具的存在者と事物的存在者との適所全体性が、ひとりでに崩壊する」（SZ,186）ことを、世界の無意義性と規定していた。世界概念のこの規定は、「世界は存在者では〈ない〉」という意味で、「無」の観点からなされたものである（GA9, 123）。ハイデガーにならい、存在者全体の「有意義性」が根本情態性にあって脱け去ると指摘するイリア論は、『存在と時間』における世界の概念規定にもとづいている。したがって、イリアを存在一般とみなしていたレヴィナスは、この世界の概念規定と、「存在一般は存在者では〈ない〉」という意味での「無」からみた存在一般の概念規定とを混同し、その結果、存在一般の成り立ちを見誤っている。

イリアの無名性と共通するのは、世界の無意義性の方である。デリダは「暴力と形而上学」のなかでレヴィナスによるハイデガー読解の正否を問いつつ、「《イリア》は存在そのものというよりは、むしろ無規定的・中立的・無名的な存在者の全体性ではないだろうか[9]」と指摘していた。この指摘をふまえると、われわれはイリアを存在者の意味が脱落した存在者全体の存在として考えたほうがよい。したがって、空恐ろしさが開示するのは存在一般ではなく、無名の存在者全体にのみこまれる仕方で存在することになった人間の特殊な実存情況である。

イリアへの空恐ろしさは、自己をのみこんだ無名的存在者全体の存在を開示する。イリアという実存情況も、マクベスが「バンクォーの亡霊」（EE, 101）に憑《つ》かれた実存情況も、同様に「《出口なし》の決定的体験」（ibid.）だと指摘するレヴィナスは、イリアへの空恐ろしさを亡霊への空恐ろしさともみなしているが、それはハイデガーの論じるような内世界的存在者に対する恐怖とは異なる。本書第三章第1節で論じたとおり、この恐怖は、「恐怖がむかう先」、「恐怖すること自体」、「恐怖において案じられるもの」という情態性の三契機へと区分され、それぞれが内世界的存在者、情況世界、自己を開示するのであった。

日常的パトスの場合、たとえばこの恐怖のように、情態性の三契機によって開示されるものはそれぞれ異なっている。つまりそこでは、或る内世界的存在者が開示され、それに固着する自己とその実存情況とが開示される。これに対し、空恐ろしさの開示する亡霊的なイリアという実存情況は、日常において出会われる内世界的存在者の存在とは異なった存在性格をもつ。というのも、亡霊的なイリアは自己をのみこんだ無名的存在者全体の存在であるかぎり、内世界的存在者と同じ存在の仕方であるとは言えず、情態性の三契機はすべてイリアを開示することで一致しているからである。むしろイリアは、不安が開示する世界の無という現象に近しく、イリアの無名性は世界の無意義性と重なりあう。

とはいえしかし、イリアは或る種の人称喪失態において開示される以上、イリアへの空恐ろしさは不安とも異なる。なぜならその空恐ろしさは、不安のように情態性の三契機がそろって世界という無の開示へと収斂し、世界が開かれる場である現存在に、時間性という、みずからの存在意味を自覚させることはないからである。この意味で、イリアはハイデガーの無概念には収まらない独自性を有し、だからこそ、レヴィナスはイリアを特徴づけるために亡霊という表現をもちいる。

イリアという実存情況は、眠りを欲する生者の意志が及ばない不眠に先導され、生者のもとへと到来する。そして、不眠と眠り、そして目覚めという体験が人間から完全に消滅する可能性はなく、亡霊的イリアもまたくりかえし生者の不意をおそって「回帰」(EE, 101)しうる。『マクベス』に言及しながら、レヴィナスがイリアの亡霊性をめぐって行なうこの考察は、レトリックを超えた他者論的内実を有している。なぜなら、亡霊的イリアのうちにこそ、死者という端的な他者が示されているからである。自己と他者の非対称性に注目するレヴィナスにとって、私の生と他者の死はすぐれて非対称的であり、それゆえ、生存する私と対極にある死者こそが端的な他者である。

イリアとは無名的な存在者全体の存在のことであったが、この存在者全体は、名もなき死者たちを孕んでなお揺るぎなく存在する（EE, 100）。イリアの亡霊性はそこに孕まれた死者たちに由来し、空恐ろしさによってイリアが亡霊的に開示されるとき、名さえ奪われた死者もまた亡霊的に開示される。それゆえ、イリアが亡霊的他者を開示するかぎり、イリア論は他者論である。また、死者が亡霊的に開示される以上、不眠という日常的意識の彼方でイリアにのみこまれた自己と亡霊的他者とのかかわりがすでに生起してしまっており、この意味で、イリア論は共同存在する他者とは異なる亡霊的他者とのかかわりをめぐる倫理学である。こうして、イリアという存在概念を倫理的問題としてとらえるレヴィナスの構えは、『実存者へ』の掉尾を飾る言葉のうちに鋭く示され、その言葉こそ、実存論的《独我論》への根本的な疑問となっている。本書を閉じるにあたり、その言葉の含意を探りたい。

＊

レヴィナスは『実存者へ』の結論部で、私が存在している原事実の異様さに気づき、実存の必然性などないことを思うとき、私は歴史、行為の道徳性、人間の地位をめぐる問いが成り立つ次元よりもさらに奥の次元へと歩み出すと論じる。つづけて述べられる最後の言葉は、こうである。

歴史、道徳性、人間をめぐるこうした問いはすべて、ギリシア的合理主義が与えるコスモスのなかで、つまり、世界劇場のなかですでに立てられている。この世界劇場における諸々の立ち位置はすべて、実存者たちを迎え入れるために供されている。われわれが探求していた出来事は、実存者のこの配置よりも前にある。この出来事は、存在者が存在のうちにあるという事実そのものの意味にかかわっている。

（EE, 173f.）

レヴィナスはここで「ギリシア的合理主義」を批判しているようでいて、別の相手を見ている。もちろんそれは、古代ギリシア哲学という土壌で思索をやしなったハイデガーである。「われわれが探求していた出来事」とは、イリアによる脱個体化が招くイポスターズのことであった。不眠における空恐ろしさが名もなき死者たちを孕んだイリアを亡霊的に開示するとき、この死者たちはその沈黙によって行為遂行的意味を生者へと贈る。この行為遂行的意味とは、呼びかけ、もしくは祈りのことである。[10] 熊野純彦がそのレヴィナス論で述べるように、たとえば命令はその実現が聞き手に任され、話し手の下す命令が命令たりうることに必然性はない。[11] 発語がいかなる行為性格のもとに受けとられるべきかを示す「発語内の力」も、話し手の「意志」を超えて聞き手に支えられている。とすると、命令だけでなく懇願や注意といった「発語内行為」はその成立が聞き手にゆだねられており、聞き届けられるか否かは話し手が問いえない、呼びかけあるいは祈りとしてつねに始まっている。それゆえ、イリアの開示にあって、死者たちの沈黙は呼びかけという原初的意味をもち、しかも、ひたすらの沈黙は呼びかけだけを意味する。

名もなき死者は生者に沈黙による呼びかけという原初的意味を贈る。それは端的な贈与である。というのも、見返りのある贈与は「交換」と化していくが、それを求めえない呼びかけは贈与でしかありえないからである。呼びかけの贈与という一方向的な超越関係こそ、自己他者関係の始原であるように思われる。

生者たちの社会は交換によって成り立ち、それが自明視されている。しかし、その交換はつねに送り手の贈与から始まり、返し手をうることで贈与を超えなければ、交換として成立しえない。交換をめざす贈与はみずからを消去していくことでその目的を達する。そうであるならば、社会的交換に隠された贈与こそが自己他者関係の始原であり、したがって、死者が生者に贈る呼びかけもまた自己他者関係の始原なのである。

では、死者から生者へ放たれた呼びかけは、生者に何をもたらすのか。

もちろん、呼びかけはそれ以外のことを何も意味せず、ただ呼びかけである。だから、生者が死者たちの呼びかけに応えるつもりで彼らのことを語りだしても、沈黙する死者との合意が不可能なその言葉は、それを紡ぎ出す生者たちの「分配的正義」にゆだねられる。[12] たとえば遺品は、故人の生存中にはそのひとの近くにあってむしろとりたてて目立つものではないが、使用者の永遠の不在に至ってからは、故人がかつて存在していたことをすぐれて思い起こさせる。思い出語りの始まる所以である。アレントはと言えば、アイザック・ディネーセンの一文を『人間の条件』第五章のエピグラフに引いていた。

このような想起は、他者との共同存在にもとづいた不在という「欠如的様態」の了解だとハイデガーならば言うだろう（SZ.§26）。不在の他者をめぐるこの了解は、生者がこの世に留まって日常へと帰るために必要な喪の作業であるわけだが、それは、沈黙する死者とはもはやかかわりなく、生者たちが共有する記憶を紡ぎ出していく。[13] 或る人物の歴史を物語ることは、当人が死ぬことをもって始まるからである。もちろん、これは歴史を物語ることの論理的条件であり、倫理的な正否を問うべき事柄ではない。ハイデガーにとって、このような現存在から不在者への存在者的超越も共同存在する仕方の一つであって（SZ.§47）、現存在の時間性と歴史性とに条件づけられている。[14]

しかしながら、レヴィナスは、現存在の時間性という意味源泉のうちに死者の沈黙の意味を見出せない。世界のうちに存在するとも存在しないとも言えない亡霊的な他者は、超越論的構想力が超越を形成することで成立した意味地平を凌駕している。沈黙する死者に現存在の「情態的了解」は届かない。空恐ろしさによるイリアの開示において死者の沈黙が呼びかけを意味するとき、その意味とのかかわりは、私の了解をあふれ出るものとのかかわりなのである。

死者の呼びかけは、生者が何ほどかの行為をなすように導くのではない。名もなき死者と生者とのあいだの出来事をめぐって、生者が死者にできることがあるとすれば、死者に祈りを贈ることであろう。何より、イリアの開示にあって、呼びかけが死者から贈られた意味であるかぎり、死者と生者よのあいだの出来事を、名もなき死者自身が意味づけているとは言えまいか。偶然性によってわかたれた或る二人の生死という出来事に、死者の呼びかけは倫理的意味を与え、それは一回性が刻まれた倫理的出来事となる。

二人の生死が偶然であっても、それは無関係ではない。死者の呼びかけは二人の生死を、或る種の関係によって結ぶからである。それは名もなき死者と生者とを律する規則なき関係、いわば関係なき関係である。

私が存在するという剝き出しの原事実は、死者から生者への超越において偶然性と必然性との折り目をなす。他でもありえたのに、現に私は生き残り、死者はこの世を過ぎ去った。このような現実の究極的な根拠は偶然でありながら、この現実を私は生きざるをえないかぎり、その現実は必然である。しかし、死者の呼びかけによって、ここに他者とのかかわりとしての〈倫理〉という意味が生起する。このような〈倫理〉をめぐる偶然性と必然性との折り目は、存在了解の光がつくる影であり、レヴィナスが哲学的視線をむけるのはその影なのである。

それとは反対に、ハイデガーが求めるのは存在了解の光に照らされた出来事である。私はなぜか世界のうちに投げこまれ、世界劇場の舞台に存在する場所を与えられている。このように存在することの理由は最終的に判明し〈ない〉。しかし、私が世界のうちに存在していることは原事実であり、舞台に立つことを引き受けている。私は〈ない〉にあらわれた根源的な「無性」を孕みつつ、実存することを引き受けなければならない（SZ. §58）。ハイデガーにとって、私の実存という出来事に差しはさまれた被投の偶然性と企投の必然性との折り目は、他でもありえたのに現に私が世界のうちで存在する奇跡、現存在という場で世界が開かれることの奇跡を意味している。こうした奇跡に目覚めるとき、有限的人間は「存在驚愕」への道を歩み出す[15]。

とはいえもちろん、このように存在驚愕にうたれうる現存在は、日常的生においてさまざまな実存的変容をこうむっている。単独化して存在を問う本来的他者との出会いに恵まれることは稀有である一方、現存在は日常において世人である他者とかかわり、それは役割を担った人格的他者である。こうして共同存在する他者と私とのかかわりは、いずれにせよ、現存在の時間性を意味源泉とし、なぜか存在しえた者たちの共同存在は存在了解の光につつまれて、驚くべき僥倖であることが判明する[16]。

しかしながら、死者たちはそのような生者たちの影で世界劇場の舞台に立つべき場所をもたず、劇場の照明が落ちた闇のなかを亡霊として漂うしかない。彼女ら彼らはすでに舞台を降り、生者たちはイポスターズによって舞台にあがる。人智のおよばない超越者が主宰する世界劇場のこの舞台配置について、われわれ生者はその理由を知ることはできない。ここでレヴィナスは、イリアの沈黙に「ざわめき」を、死者の呼びかけを感受する。そして、私は舞台配置をめぐる究極の理由を知りえないにせよ、死者と私とのあいだには消去しえない関係があると考える。

『実存者へ』の最後を締めくくる言葉のうちにこめられているのは、このような〈倫理〉をめぐる哲学的思考であり、それは存在をめぐる思考が他者の死と実存の偶然性とに導かれてむかうべき場所なのである。

＊

レヴィナスの倫理的思考を示す『実存者へ』の最後の言葉にこめられた意味を本書の最終節ではたどってきた。

その言葉は、「ハイデガーの子どもたち」がたいていは抱く、実存論的《独我論》への鋭い疑問を実は孕んでいる。もちろん、ハイデガー哲学にふくまれた共同存在のありがたさといった事柄そのものを批判するわけではない。そうではなく、ハイデガーがみずからの死へと先駆け、存在者的な制約を打開する単独化を通じて存在了解の光に浴するとき、共同存在のありがたさに彼の思索は開かれているはずなのに、なぜか彼と共同存在をわかちもちえたはずの他者の死を非本来的なものとしてあつかったこと、このことへの疑問なのである。

存在了解の光に照らし出された場所の背後には影がある。この影に哲学的視線をむけたのが、生者とその生者による了解をあふれ出る死者との超越関係を問うたレヴィナスであった。あるいは、アイヒマン問題を哲学的につきつめ、ナチス的ジェノサイドが孕む存在論的暴力に気がついていたアレントも、人生の最後までその影を眼差していた。

以上、本書ではハイデガーとレヴィナスの哲学的思考が交差する〈超越のエチカ〉という主題をめぐって、その具体的な議論を確かめてきた。この確認のなかで判明したのは、『存在と時間』の物在性概念は、「存在論の歴史」を主導していた存在理念であるのと同時に、その歴史に連なるハイデガーの生きた現代という時代のエートスを示していたことである。他方で、ハイデガーの実存論的《独我論》に示された、「存在〈と〉時間」の根源的連関を問う哲学者のエートスがある。この両面は『存在と時間』既刊部の構成にも反映しているが、非本来的か本来的かの違いはあれ、世界へと超越する人間のエートス、世界に住むことのエートスから分岐したものである。この意味において〈超越のエチカ〉は、ハイデガーの思索にあってつねに成り立っており、とりわけ他者の不在というレヴィナスたちの批判によって吟味されるとき、それはむしろハイデガーに固有の自己他者関係論として立ちあらわれてくる。

これに対してレヴィナスは、そうした批判から出発して『存在と時間』の余白を埋める程度の哲学的思考に留まったわけではない。ハイデガーの思索を徹底して吟味し、だからこそ、それとは別の仕方で時間と他者との関係を根源的に問い直して独自の哲学的思考を提示することができた。それは、エコノミー的な生存を展開する人間的生にあって私の思考をあふれ出ていく無限な他者との超越関係を問うこと、〈超越のエチカ〉を問うことだったのである。

文献略記号

本書では、以下の略号によって著作を示し、つづけて頁数を記す。また、テキストからの引用における傍点強調は、すべてテキストの著者によるイタリック部分である。

マルティン・ハイデガーの著作から引用するさい、SZ はニーマイヤー版『存在と時間』（第十七版）を示す。GA はクロスターマン版マルティン・ハイデガー全集を示し、つづけてその巻数を記す。TK という略号は以下の著作を示す。*Die Technik und die Kehre*, Neske, 1962.

エマニュエル・レヴィナスの著作から引用するさいは、以下の略号を使用する。

EE: *De l'existence à l'existant*, J.Vrin, 1990 (1978, 1947) .

TA: *Le temps et l'autre*, PUF, 1983 (1979, 1948) .

TI: *Totalité et infini: Essai sur l'extériorité*, Kluwer, 1988 (1961) .

EDL: *En découvrant l'existence avec Husserl et Heidegger*, J.Vrin, 1967.

AQ: *Autrement qu'être ou au-delà de l'essence*, M.Nijhoff, 1986 (1974) .

DQV: *De Dieu qui vient à l'idée*, J.Vrin, 1998 (1982) .

DMT: *Dieu,la mort et le temps*, Grasset, 1993.

LC: *Liberté et commandement*, Fata Morgana, 1994 (1953) .

EN: *Entre nous, Essais sur le penser-à-l'autre*, Grasset, 1991.

EI: *Éthique et infini: Dialogues avec Philippe Nemo*, Fayard, 1982.

ハンナ・アレントの著作から引用する場合、以下の略号を使用し、英語版の頁数（p.）あるいはドイツ語版の頁数（S.）を記す。英語版とドイツ語版がある場合は、アレントの入念なチェックがドイツ語版になされていた場合はドイツ語版から訳出し、両者の頁数をたとえば（p. 22/S. 24）のように併記するか、ドイツ語版の頁数だけを示す。

Eichmann: *Eichmann in Jerusalem: Ein Bericht von der Banalität des Bösen*, Piper, 2011 (1964).

Responsibility: *Responsibility and Judgment*, Edited and with an Introduction by Jerome Kohn, Schocken Books, 2003.

Human: *The Human Condition*, 2nd Ed., The University of Chicago Press, 1998 (1958).

Guilt: Organized Guilt and Universal Responsibility, in: *Essays in understanding, 1930-1954: formation, exile, and totalitarianism*, edited and with an introduction by Jerome Kohn, Schocken Books, 2005.

カール・レーヴィット『共同する人間の役割における個人』からの引用は以下の略号をもちいる。

IRM: *Das Individuum in der Rolle des Mitmenschen*, in: *K. Löwith Sämtliche Schriften* 1, J. B. Metzlersche Verlagsbuchhandlung, 1981.

プラトンの著作からの引用はプラトン全集（Oxford Classical Texts）をもちい、慣例に従って頁数とabcdeを示す。

アリストテレスの著作からの引用はアリストテレス全集（Oxford Classical Texts）をもちい、慣例に従って頁数、ab（左右）、行数を示す。

ルネ・デカルトの著作から引用するさい、ATはアダン・タヌリ版デカルト全集を示し、つづけてローマ数字で巻数を記す。

イマニュエル・カントの著作から引用する場合、ローマ数字はアカデミー版カント全集の巻数を示す。アカデミー版カント全集と共に最新の哲学文庫版をもちいた。『純粋理性批判』は慣例に従い、第一版をA, 第二版をBで表記する。

エドムント・フッサールの著作を参照するさいには、Husserlianaをもちい、ローマ数字でその巻数を示したあと、頁数を記す。フッサールの草稿「空間構成に関する覚書」は以下の略号をもちいて示す。

NR: "Notizen zur Raumkonstitution", in: *Philosophy and Phenomenological Research*, 1940-1941, Vol. I. University of Buffalo.

ハインツ・ハイムゼート『イマニュエル・カント哲学の諸研究Ⅰ』（*Kantstudien, Ergänzungshefte* 71, zweite Auf., 1971）所収の論文「カント哲学における人格性意識と物自体」は以下の略号をもちいて示す。

PDK: Persönlichkeitsbewußtsein und Ding an sich in der Kantischen Philosophie.

註

序　章　ハイデガーとレヴィナスのあいだで

（1）門脇俊介「言葉をめぐって——存在論と、哲学の新しいボキャブラリー」（大橋良介編『ハイデッガーを学ぶ人のために』所収、世界思想社、一九九四年）。

（2）Lucien Goldmann, *Lukacs et Heidegger, Fragments posthumes établis et présentes par Y. Ishaghpour*, Denoël/Gonthier, 1973, p. 93.

（3）この見方は、熊野純彦氏のご教示による。

（4）*K. Löwith Sämtliche Schriften 1*, J. B. Metzlersche Verlagsbuchhandlung, 1981, S. 472.

（5）捕虜収容所で一九三七年から記された、いわゆる「捕虜手帳」の読解を通じて、『実存者へ』の成立プロセスが理解できる。Cf. Emmanuel Levinas, *Œuvres complètes*, tome 1: *Carnets de captivité*, Grasset & Fasquelle, IMEC, 2009, pp. 47-198, pp. 201-215.

（6）Stephan Straßer, *Jenseits von Sein und Zeit, Eine Einführung in Emmanuel Levinas' Philosophie*, M. Nijhoff, 1978, S. 219.

（7）Axel Honneth, *Verdinglichung: Eine anerkennungstheoretische Studie*, Suhrkamp, 2005, S. 11.

第一章　レヴィナスのフライブルクへ

（1）Emmanuel Lévinas, "Martin Heidegger et l'ontologie" (1932) , dans: *En découvrant l'existence avec Husserl et Heidegger*, J. Vrin, 1967, pp. 53-76.

（2）TI, 286. Cf. TA, III, IV. 中期レヴィナスの小説『エロス』については、レヴィナス著作集第三巻を参照（E. Levinas, *Œuvres complètes*, tome 3:*Eros, littérature et philosophie*, Grasset & Fasquelle, IMEC, 2013, pp. 37-113）。エロス概念にまつ

わる草稿群に関しては、「エロスに関する哲学ノート」（Levinas, *Œuvres complètes*, tome 3:*Eros, littérature et philosophie*, pp. 159-225）を参照。これらの読解については、レヴィナスを特集した『現代思想』（二〇一二年三月臨時増刊号）所収の、村上靖彦・合田正人「外傷と病理の哲学へ」やジャン・L・ナンシー「『エロス』――レヴィナスの小説？」（渡名喜庸哲訳）を参照。ナンシーは、役割を超えたエロスにレヴィナスが注目していることをとりあげている。

（3）この講義への出席に関する自家証言を、レヴィナスはポワリエとの対話のなかで行なっている（François Poirié, *Emmanuel Lévinas :Qui êtes-vous?*, Éditions la Manufacture, 1992, p. 61）。

（4）閉塞的現在に意味づけられて存在する仕方を開示するパトスである「気怠さと疲労」の概要については、次の著作を参照。Edith Wyschogrod, *Emmanuel Levinas : The Problem of Ethical Metaphysics*, Fordham U. P., 2000, pp. 4-7.

（5）近藤洋逸『デカルトの自然像』（岩波書店、一九五九年）の一三五頁から一四一頁を参照。

（6）「第三省察」（VII, p.48f.）を参照。この引用をめぐる、デカルト哲学に内在した解釈については、山田弘明『デカルト『省察』の研究』（創文社、一九九四年）の二四三頁から二五〇頁を参照。本書とは解釈が異なるが、この引用を読み解きつつ、時間の不連続性とレヴィナスの瞬間概念との関係を探ったものとして、次の著作を参照。Bernard Forthomme, *Une philosophie de la transcendance, La métaphysique d'Emmanuel Lévinas*, La Pensée Universelle, 1979, pp. 113-115.

（7）EE, pp. 128-137. この参照箇所ではマルブランシュの瞬間概念の分析が表立っているが、これはレヴィナスがデカルトの時間論を解釈するために引いた補助線と考える。

（8）アリストテレス『自然学』が提示したのは、「実体」の「転化」としての「生成」と「消滅」であった（190a31-190b1, 224b8-10, 225a1-20）。本章で論じる生成消滅は、アリストテレスとは違い、瞬間が瞬間化する仕方を意味する。

（9）近藤『デカルトの自然像』前掲書の一三六頁を参照。

（10）イポスターズの語源については、坂口ふみ『〈個〉の誕生――キリスト教教理をつくった人びと』（岩波書店、一九九六年）の第二章「ヒュポスタシスとペルソナ」と、エマニュエル・レヴィナス『実存から実存者へ』（西谷修訳、講談社学術文庫、一九九六年）の一九二頁から一九九頁において詳述された訳註（16）を参照。

（11）EE, 95. パトスが開示する情況という意味で「情況」の語をあてておく。イリア概念に関する的確な理解については、『実存者へ』刊行後にバタイユがいちはやく発表した次の論考を参照。George Bataille, "De l'existentialisme au primat de l'économie", dans: *Critique*, n°21, 1948, pp.126-141.

(12)「留まる今」という表現は登場しないが、それと同じ内容を提示した箇所としてボエティウス『哲学の慰め』第五章第6節を参照。

(13) シュトラッサーは、瞬間の生成消滅に対する考察を欠いているが、「つねに新たに始まる」瞬間を「時熟すること」の契機として指摘している（Stephan Straßer, *Jenseits von Sein und Zeit*, M. Nijhoff, 1978, § 42）。

(14) デカルトにおける時間の形而上学については、以下の著作を参照。Jean-Marie Beyssade, *La philosophie première de Descartes, le temps et la cohérence de la métaphysique*, Flammarion, 1979, pp.16-19, pp. 132-136.

(15) Edmund Husserl, *Husserliana* XV, M. Nijhoff, 1973, S. 670. ただし、フッサール＝ヘルトが論じた「原受動性」の次元における「生ける現在」とは違い、レヴィナスの時間論にあって「立ち止まること」および「流れること」は、時間内部における現在的瞬間の機能となる。フッサール＝ヘルト的な「生ける現在」の議論とレヴィナスの時間論が接続する可能性と不可能性については、斉藤慶典「他者と倫理」（日本倫理学会編『現象学と倫理学』所収、慶応通信、一九九二年）および山形頼洋「デカルトと現象学」（湯川佳一郎・小林道夫編『デカルト読本』所収、法政大学出版局、一九九八年）を参照。

(16) ただし、エロス的欲望を介さない自己他者関係が時間を成立させる仕方の可能性をレヴィナス倫理学のうちに見出すことは、その後期思想を待たなければならない。この点については、本書第十一章「差異の時間と身体」で論じる。また、「子」と「多元的実存」に関連する時間論は、別の機会にとりあげたい。この時間論に対する明快な考察は、檜垣立哉「逆向き幽霊としての子供――デリダに対抗するレヴィナス」（『現代思想』二〇一二年三月臨時増刊号）を参照。併せて、前期・中期・後期のレヴィナス時間論をつらぬく「繁殖性」概念を提示した佐藤香織「『繁殖性』と『無限の時間』――『全体性と無限』における平和論」（『人文学報　フランス文学』第五一一号所収、首都大学東京人文科学研究科編、二〇一五年）を参照。

(17) ジェラール・ベラッシュはこの時間が「他者に与えられた時間」（Gérard Bailhache, *Le sujet chez Emmanuel Lévinas, fragilité et subjectivité*, PUF, 1994, p. 23）だと言う。本書もこの見解に同意するが、ベラッシュは、他者が孤独な私に時間を贈与する手前で、瞬間の贈与が私になされていることを押さえていない。

(18) デリダは『時間を与える』のなかで“Es gibt die Zeit”. を“Ça donné le temps”. と読み換えているが（Jacques Derrida, *Donner le temps*,1. *La fausse monnaie*, Galilée, 1991, p. 22, 59f.）、レヴィナスの前期中期思想における時間論の場合、他者とのかかわりによって連続的時間が成立する手前で、“Ça donné l'instant”. と言いうる出来事が生じていると考える。贈与とエコノミーをめぐるレヴィナスとデリダの議論を比較検討した試みについては、次の論文を参照。Robert Bernasnoni, “What Goes Around Comes Around : Derrida and Levinas on the Economy of the Gift and the Gift of Genealogy”, in : *The Logic of the Gift*, Routledge, 1997.

(19) Jean Greisch, *EMMANUEL LÉVINAS, l'éthique comme philosophie première*, Cerf, 1993, p. 33.

第二章　ハイデガーのマールブルクへ

（1） TK,39-42. ハイデガーによる「転回の思索」に関しては、細川亮一『意味・真理・場所――ハイデガーの思惟の道』（創文社、一九九二年）の第一章第2節を参照。

（2） 有名なところでは、テオドール・W・アドルノ『本来性というジャーゴン』やユルゲン・ハーバーマス『近代の哲学的ディスクルス』などである。

（3） *K. Löwith Sämtliche Schriften* 1, J. B. Metzlersche Verlagsbuchhandlung, 1981, S. 469.

（4） *K. Löwith Sämtliche Schriften* 1, S. 472.

（5） *K. Löwith Sämtliche Schriften* 1, S. 470. レーヴィット『個人』がもつ積極的可能性については、廣松渉「人格的主体と対他的役割存在」（『廣松渉著作集』第五巻、岩波書店、一九九六年）、熊野純彦「間人格的世界の存在構造」（『倫理学年報』第三十四集、一九八五年）、Michael Theunissen, *Der Andere: Studien zur Sozialontologie der Gegenwart*, Walter de Gruyter, 1977, §§ 81-84 を参照。

（6） Martin Heidegger, *Brief über den Humanismus*, in: GA9, S. 352ff. いわば「ハイデガーと倫理学」という問題の的確な理解については、池田喬『ハイデガー 存在と行為――『存在と時間』の解釈と展開』（創文社、二〇一一年）を参照。

（7） Carl F. Gethmann, “Heideggers Konzeption des Handelns in *Sein und Zeit*”, in: *Heidegger und die praktische*

Philosophie, Suhrkamp, 1989, S. 164.

（8）『人倫の形而上学』と「コリンズ道徳哲学」の内容的異同については、岩波版『カント全集』第二十巻（二〇〇二年）に収められた、御子柴善之による「コリンズ道徳哲学」の解説を参照。

（9）レーヴィットはこの二箇所を解釈して、自己も他者も共に「人格性」に規定されていることから、自己は自己への義務と他者への義務とを等しく課せられると言う（IRM, S. 171f.）。その二箇所に対する解釈として間違ってはいないが、浅い。

（10）詳しくは、本書第三章「ホモ・ヌーメノンの実存感情」を参照。

（11）K. Löwith, "Phänomenologische Ontologie und protestantische Theologie", in: *Heidegger, Perspektiven zur Deutung seines Werkes*, hrg. von Otto Pöggeler, Belitz Athenäum, 1994, S. 77, Anm. 12, Anm. 14.

（12）K. Löwith, "Phänomenologische Ontologie und protestantische Theologie", S. 59.

（13）Georg W. T. Hegel, *Wissenschaft der Logik* II, Suhrkamp, 1969, S. 35ff.

（14）というのもロバート・B・ブランダムは、世界というコンテクストを構成する諸要素を区別して、道具や役割、幾何学など、その概念的存在と現実存在を提示し、これらの共時的な「客観的相関関係」が「弱い全体論」にあって概念把握されていく通時的な「主観的プロセス」の構造を明らかにしているからである。この点については、ヘーゲルとハイデガーの現象学を全体論的プラグマティズムの観点から解釈するブランダム『大いなる死者の物語』に収められた第六章「ヘーゲル現象学の全体論と観念論」や第七章「ヘーゲル観念論のプラグマティスト・テーゼいくつか」を参照（Robert Brandom, *Tales of the Mighty Dead: Historical Essays in the Metaphysics of Intentionality*, Harvard University Press, 2002）、この両論文を読み解いた久保陽一『生と認識――超越論的観念論の展開』（知泉書館、二〇一〇年）の第二章「ヘーゲルにおける『全体論』と『プラグマティズム』――ブランダムの『精神現象学』解釈」も、併せて参照。ハイデガーの日常性の解釈学にヘーゲルの全体論的プラグマティズムをそうしてとりこんでいくさい、ここにアクセル・ホネット『物象化――承認論の研究』（二〇〇五年）の知見を加えることができる。

（15）『論理学』講義において顧慮には "freigebende"（GA21, 223）という形容がなされている。存在論的自由概念については『論理学の形而上学的始元根拠』の第十一節cを参照。

（16）『論理学』講義が開かれていたとき、ハイデガーの演習では『純粋理性批判』がとりあげられていた（William J. Richardson, *Heidegger. Through Phenomenology to Thought*, M. Nijhoff, 1974, p. 665）。

第三章　ホモ・ヌーメノンの実存感情

（1）Günter Figal, *Martin Heidegger. Phänomenologie der Freiheit*, Athenäum, 1988, S. 268f.

（2）情態性論自体はそもそも、アレントが出席していた、ハイデガーの一九二五年夏学期講義『時間概念の歴史への序説』に同様の議論があり、その祖型はさらに一九二四年夏学期講義『アリストテレス哲学の根本諸概念』（GA18）のうちに求められる。この講義は、『存在と時間』で「相互的共同存在の日常性をめぐる、最初の体系的解釈学」（SZ,138）と評価されるアリストテレス『弁論術』で示された、ポリスにおけるロゴスとパトスの相関性に注目し、「共に話しあう世界内存在」としての現存在を論じている。ハイデガーの『弁論術』解釈については、齋藤元紀『存在の解釈学――ハイデガー『存在と時間』の構造・転回・反復』（法政大学出版局、二〇一二年）の第二章「日常性の解釈学」を参照。

他方で、この情態性論の確立とは別に、初期フライブルク講義において不安概念の初期形成がなされることについては、竹之内裕文「『瞬間』（Augenblick）と『突如』（exaiphnēs）――ハイデガーのキルケゴール批判をめぐって」（『東北哲学会年報』第十九号、東北哲学会編、二〇〇三年）を参照。

（3）ハイデガーの良心論は、ガダマーが早くから指摘するように、アリストテレスの「プロネーシス」概念を背景にもつが（Hans G. Gadamer, *Gesammelte Werk* 3, Mohr Siebeck, 1987, S. 199f., 399f.）、本章では特にカントの良心論との結びつきに注目する。アリストテレスのプロネーシス概念に対するハイデガーのまとまった解釈は、現在は一九二四／二五冬学期講義『プラトン、ソフィスト』（GA19）で確認できる。このテキストにかかわる、ハイデガーの現象学的行為論については、拙稿「門脇俊介の現象学的行為論――ハイデガー解釈の越境的拡充について」（日本比較文化学会関西・中部・東京支部合同大会、二〇一四年十二月、東京未来大学）で論じたことがある。

（4）Dieter Henrich, "Über die Einheit der Subjektivität", in: *Philosophische Rundschau* 3, 1955.

（5）『弁論術』1378a22-24. 引用の順序はハイデガーに合わせて変更した。たとえばジョージ・A・ケネディはこの三契機を

"against whom", "state of mind", "for what sort of reasons" と英訳する（George A. Kennedy, *Aristotle on rhetoric*, Oxford University Press, 1991）。

（6）『存在と時間』における情態性と了解および被投性と企投性の相即性については以下の著作を参照。Romano Pocai, *Heideggers Theorie der Befindlichkeit*, K. Alber, 1996, Kap. I.

（7）GA31, 287.『存在と時間』「日常性の解釈学」を註釈するドレイファスが明確にするとおり、われわれはふだん、自分が投げこまれた文化世界に沈澱する公共的規範に非明示的な仕方で従い、さまざまな行為をスムースに重ねていくことができる（Hubert L. Dreyfus, *Being-in-the-World: A Commmentary on Heidegger's Being and Time, Division I*, The MIT Press, 1991, chap. 8）。

（8）『人倫の形而上学の基礎づけ』IV, 402. 本章では考察の都合上、ハイデガーの引用に合わせて訳出しておく。

（9）ハイデガーがいわゆる「ナトルプ報告」（一九二二年）で実践的かかわりあいの解釈を提示した『ニコマコス倫理学』第六巻においてアリストテレスは、「思考（διανοίᾳ）における肯定と否定に対応するのは、欲求における追求と回避である」（1139a21-22）と論じている。

（10）Frank Schalow, *Imagination and existence*, University Press of America, 1986. ただし、シャロウは以下の著作で尊敬感情論を再検討している。F. Schalow, *The renewal of the Heidegger-Kant dialogue Action, Thought and Responsibility*, SUNY, 1992, pp. 278-288.

（11）自由と道徳法則の関係については後に一九三〇年夏学期講義『人間的自由の本質について――哲学入門』（GA31）の第二十七節と第二十八節が明確にする。この関係をめぐる、カント批判哲学に内在した解釈は、小松恵一「道徳法則と自由」（『思索』第十五号、東北大学哲学研究会編、一九八二年）を参照。

第四章　道徳的人格性と物在性の交差

（1）「法廷専門用語」であった人格を哲学に導入したのはジョン・ロックであり、彼は人格を「法および幸不幸の可能な知能ある行動者だけに属する」と規定した。ロック『人間知性論』二（大槻春彦訳、岩波文庫、一九七四年）の三三二頁を参照。

（2）　主旨概念がハイデガーによるアリストテレス解釈に由来することについては、細川亮一『ハイデガー哲学の射程』（創文社、二〇〇〇年）の第十節「道具分析の存在論的射程」における四「道具分析の背景としての『ニコマコス倫理学』」を参照。

（3）　この点については、次の事典の"Person"の項目を参照。Joachim Ritter und Karlfried Gründer, *Historisches Wörterbuch der Philosophie*, Bd. 7, Wissenschaftliche Buchgesellschaft, 1989. 小倉貞秀『ペルソナ概念の歴史的形成――古代よりカント以前まで』（以文社、二〇一〇年）も併せて参照。

（4）　和辻哲郎『人格と人類性』（『和辻哲郎全集』第九巻、岩波書店、一九六二年）の三二八頁。

（5）　同右。

（6）　和辻哲郎『倫理学 上』（『和辻哲郎全集』第十巻、岩波書店、一九六二年）の六三頁。

（7）　同右。

（8）　同書の六四頁。

（9）　この点については、次の事典の"Res"の項目を参照。J. Ritter und K. Gründer, *Historisches Wörterbuch der Philosophie*, Bd. 8. ハイデガーとは別の観点から、つまり、"ποιήματα（制作されたもの）"との対比から"πράγματα（行なわれたもの）"を特徴づけた説明として、アレント『人間の条件』第一章「人間の条件」の註（19）、そのドイツ語版『活動的生』第一章「人間的な条件性」の註（20）を参照（Human, p. 19/S. 420）。

第五章　ナチス・ドイツの定言命法？

（1）　ウルズラ・ルッツ編『アーレント＝ハイデガー往復書簡 1925-1975』（大島かおり・木田元訳、みすず書房、二〇〇三年）の二三五頁の書簡1の註（1）と、矢野久美子『ハンナ・アーレント――「戦争の世紀」を生きた政治哲学者』（中公新書、二〇一四年）の二二―二九頁参照。また、一九二二年にハイデガーが記した、いわゆる「ナトルプ報告」（*Phänomenologische Interpretation zu Aristoteles*, Reclam, 2002）が一九八九年の『ディルタイ年報』六に掲載され、再発見されたことをふまえ、ハイデガーがとりわけアリストテレスに注目して「存在の歴史」を読み解いていたことを彼の「哲学修業時代」から説明したものとして、高田珠樹『ハイデガー――存在の歴史』（講談社、一九九六年）を参照。

アレントがマールブルク大学で出席していたハイデガーの講義は、一九二四／二五年冬学期『プラトン、ソフィスト』（GA19）と一九二五年夏学期『時間概念の歴史へのプロレゴメナ』（GA20）であり（ルッツ編『アーレント＝ハイデガー往復書簡』の二三五頁、書簡十二に付された註（5）、註（6）を参照）、一九二五／二六年冬学期講義『論理学――真性への問い』（GA21）である（ルッツ編『アーレント＝ハイデガー往復書簡』の二四三頁、書簡三十一の註（1）を参照）。このあいだ、彼の演習にも参加している。

一九二六年の夏学期からアレントはハイデルベルク大学へと学籍を移し、ヤスパースの指導を受けることになる。この転籍をアレントは一九二六年一月に決めている（ルッツ編『アーレント＝ハイデガー往復書簡』の二四四頁、書簡三十五の、註（1）を参照）。一九二六年度にフッサールの講義にも参加したと言われているが、フライブルク大学で彼が行なった講義は『現象学入門』である（ルッツ編『アーレント＝ハイデガー往復書簡』の二四四頁、書簡三十五の註（1）を参照）。

（2）藤田省三『全体主義の時代経験』（みすず書房、一九九五年）所収。

（3）ドイツ第三帝国下におけるナチズムへの抵抗と順応については、村瀬興雄『ナチズムと大衆社会――民衆生活にみる順応と抵抗』（有斐閣選書、一九八七年）、エーリヒ・マティアス『なぜヒトラーを阻止できなかったか――社会民主党の政治行動とイデオロギー』（岩波現代選書、一九八四年）を参照。

（4）アイヒマンに担われたユダヤ人移送業務が属したユダヤ人ジェノサイドの全体像については、ラウル・ヒルバーグ『ヨーロッパ・ユダヤ人の絶滅』（上下、望田幸男・原田一美・井上茂子訳、柏書房、一九九七年）、松村高夫・矢野久編著『大量虐殺の社会史――戦慄の二〇世紀』の第二章「ドイツにおけるユダヤ人虐殺（一九四一―四五年）」、芝健介『ホロコースト――ナチスによるユダヤ人大量殺戮の全貌』（中公新書、二〇〇八年）の第V章「『最終解決』の帰結――絶滅収容所への道」を参照。

（5）Eichmann, p.136/S.232. カント『人倫の形而上学の基礎づけ』で分類された定言命法の諸形のなかでも、とりわけ「汝の行為の格率が、汝の意志を通じて、普遍的自然法則となるかのように行為せよ」という「自然法則の方式」を利用したものであろう（『人倫の形而上学の基礎づけ』IV, S. 421）。

（6）アイヒマンの良心と第三帝国の定言命法の関係については以下を参照。Phillip Hansen, *HANNAH ARENDT: Politics,*

History and Citizenship, Polity Press, 1993, pp. 166-169.

（7）『実践理性批判』V, S. 33.

（8）Stanley Milgram, *Obedience to Authority, An Experimetal View*, Perennial Classics, 2004 (1974), p. 188/ 二七六頁。引用にさいして、同書の山形浩生訳『服従の心理』（河出文庫、二〇一二年）の訳文を借用した。

いわば「権威の現象学」によって明らかにされた権威の四類型——「子どもに対する父の権威」、「奴隷に対する主人の権威」、「指導者の権威」、「裁判官の権威」については、アレクサンドル・コジェーヴ『権威の概念』（今村真介訳、法政大学出版局、二〇一〇年）を参照。一九三九年に発表されたファシズム論として、ホルクハイマー「ファシズム体制とユダヤ人」（清水多吉訳『権威主義的国家』所収、紀伊国屋書店、二〇〇三年）を参照。

（9）Human, p. 7/S. 17/二〇頁。ハイデガー『存在と時間』にあって「原事実性（Faktizität）」は、現存在と術語化された人間が世界のなかにすでに存在していることをあらわしており（SZ, § 50）、人間ではない存在者が実際にすでにそうある仕方をあらわす「事実性（Tatsächlichkeit）」とは区別されていた。

（10）Martin Heidegger, *Phänomenologische Interpretation zu Aristoteles*, Reclam, 2002, S. 41.

（11）内山勝利『プラトン『国家』——逆説のユートピア』（岩波書店、二〇一三年）の四頁を参照。

（12）同書の三頁、六七—七一頁、一〇五—一一〇頁を参照。

（13）佐々木毅『プラトンの呪縛』（講談社学術文庫、二〇〇〇年）の第一部「プラトンの政治的解釈」、その第3節「精神の国の王」および第4節「ナチス体制下でのプラトン」を参照。

（14）『存在と時間』の原型となった「ナトルプ報告」（一九二三年）以降、『存在と時間』（一九二七年）を中心とするハイデガーの超越論的哲学期にあっても、「被制作性（Hergestelltheit）」（SZ,24）を存在の契機と考える「存在の歴史」がたどられていたことに注目できる（cf. 木田元『ハイデガー『存在と時間』の構築』岩波現代文庫、二〇〇〇年、一六三頁以下、特に一七五頁以下）。古代ギリシアの存在論にあって存在者の存在が被制作性を意味することをハイデガーが証示するために『根本問題』でとりあげたのは、“actualitas”, “energeia”, “entelecheia”, “eidos”, “morphē”, “ousia” といった諸概念の語源的な解釈であることについては、有馬善一「ハイデガーにおける存在の問いの再検証」（『経営情報研究』第十九巻第二号所収、摂南大学経営学部編、二〇一二年）の第4節「被制作性としての存在了解」を参照。

（15）この点については、佐藤卓己『増補 大衆宣伝の神話――マルクスからヒトラーへのメディア史』（ちくま学芸文庫、二〇一四年）の第六章「『鉤十字』を貫く『三本矢』」、ヘルマン・グラーザー『ドイツ第三帝国』（関楠生訳、中公文庫、二〇〇八年）の第三章「宣伝機構」、ヴィクトール・クレンペラー『LTI 或る文学研究者の手帳』（Victor Klemperer, *LTI*, Reclam, 2007 (1975)）の第十八章「私はあのお方（ihn）を信じます」を参照。「私」はゲッペルスで、「あのお方」はヒトラーである。また"LTI"は、「第三帝国の言語（Linga Tertii Imperii）」という意味である（Klemperer, *LTI*, S. 19）。

（16）ドイツ第三帝国民のあいだで密告を奨励するナチスの監視社会において国民がどのように暮らしていたのか、その息遣いは、クレンペラー『LTI』を通じて感じることができる。

（17）Hannah Arendt, *Zwischen Vergangenheit und Zukunft, Übungen im politischen Denken I*, PIPER, 1994, SS. 159-200.

（18）カール・R・ポパー『開かれた社会とその敵 第一部 プラトンの呪文』（内田詔夫・小河原誠訳、未来社、一九八〇年）の一五七頁以下と、佐々木『プラトンの呪縛』前掲書の二八五頁を参照。

（19）ジョン・グレイ『ユートピア政治の終焉――グローバル・デモクラシーという神話』（松野弘監訳、岩波書店、二〇一一年）の二一頁を参照。

（20）芝『ホロコースト』前掲書の一八頁。稚拙な善悪二元論と優生思想／人種差別とがヒトラーの「世界観」で結びつく様子は、野田宣雄『ヒトラーの時代』（文春学藝ライブラリー、二〇一四年）の五五頁以下に簡潔明瞭なまとめがある。ヒトラーの「世界観」をとりまく歴史的・社会的背景については、グラーザー『ドイツ第三帝国』前掲書の第二章「世界観」を参照。

（21）谷喬夫『ナチ・イデオロギーの系譜――ヒトラー東方帝国の起源』（新評論、二〇一二年）の三九頁以下、マーガレット・カノヴァン『ハンナ・アレントの政治思想』（寺島俊穂訳、未来社、一九八一年）の四八頁、伊東孝之『世界現代史二七 ポーランド現代史』（山川出版社、一九八八年）の一六〇頁以下を参照。ナチスのポーランド支配については、併せて中井和夫・井内敏夫・伊東孝之編『新版世界各国史二〇 ポーランド・ウクライナ・バルト史』（山川出版社、一九九八年）の二六八頁以下を参照。

（22）現在のイスラエル国家では、国内ではイスラエル人のあいだでも生まれや育ちによって法的差別と経済格差が存在し、国外的にはパレスチナ人ジェノサイドなどがくりかえされていることについては、ヤコヴ・M・ラブキン『イスラエルとは何か』（菅野賢治訳、平凡社新書、二〇一二年）の第五章「シオニスト国家の形成と維持」の特に一四一頁以下を参照。レヴィナスは、イスラエル国家の現状をどう考えるのか。

(23) 北村実「実践哲学の復権をめぐって」（『哲学』第三十二号所収、日本哲学会編、一九八二年）を参照。

(24) アレントは、ハイデガーの講義『プラトン、ソフィスト』に出席し、一九二二年の「ナトルプ報告」からその講義を経て『存在と時間』へと結実する、彼のまとまったアリストテレス解釈に触れていた。アレントの行為概念と制作概念のさらに詳細な考察には、その『プラトン、ソフィスト』講義の検討が必要である。この点については、拙稿「アレント『人間の条件』における行為と政治――ハイデガーのアリストテレス解釈を手がかりに」（日本政治学会二〇一五年度研究大会、二〇一五年十月、千葉大学）で特に行為概念のことを論じた。

(25) 木前利秋「労働と必然性――『活動的生活』再考」（『ハンナ・アーレントを読む』所収、情況出版、情況出版編集部編、二〇〇一年）の一〇九―一一一頁、カノヴァン『ハンナ・アレントの政治思想』前掲書の九〇頁と一二七頁以下を参照。
アレントが『全体主義の起源』で全体主義の歴史的契機をあぶり出した点に、すでにハイデガーの概念史的手法の継承があったことを指摘した論考として以下を参照。Robert Eaglestone, The "Subterranean Stream of Western History": Arendt and Levinas after Heidegger, in: *Hannah Arendt and the uses of history: imperialism, nation, race, and genocide*, edited by Richard H. King and Dan Stone, Berghahn Books, 1st pbk. ed. 2008 (c2007). この論考では、「存在の歴史」を独自の視点から読み解くハイデガーの西欧哲学批判に学びつつ、レヴィナスとアレントは、ハイデガー『存在と時間』に孕まれた「全体性」の哲学に他者の不在を直接間接に見出していたとロバート・イーグルストンは指摘し、その著作であるアレント『全体主義の起源』とレヴィナス『全体性と無限』とのあいだに外的な相補的関係を認めている。「全体性（Totalität）」は「第三帝国の言語」にあってキーワードの一つであった（Klemperer, *LTI*, S. 134）。

(26) 木前「労働と必然性――『活動的生活』再考」前掲の一一〇頁と、カノヴァン『ハンナ・アレントの政治思想』前掲書の三九頁以下と四六頁を参照。

(27) 藤田「全体主義の時代経験」前掲の一六頁。

（28）同書の一八頁。

（29）同書の一九頁。

（30）Hannah Arendt, "The Jew as Pariah: a hidden Tradition", in: *The Jewisch Writings*, Schocken Books, 2007, p. 276.

（31）藤田「全体主義の時代経験」前掲の一九頁。

（32）同右。

（33）同右。

（34）同右。

（35）同右。

（36）同右。

（37）同右。

（38）藤田「全体主義の時代経験」前掲の二〇頁。クレンペラーが『LTI 或る文学研究者の手帳』で指摘するところでは、「ナチスは、体系ではなく、組織（Organisation）をもつのであり、悟性で体系化するのでなく、神秘を有機的なもの（das Organische）から聞きとる」（Klemperer, *LTI*, S. 134）。

（39）藤田「全体主義の時代経験」前掲の二〇頁。謀略がうずまいて当然である政治＝軍事の世界では、結果だけに意味を認めるプラグマティックな観点から、虚実皮膜のあいだで謀略の政治＝軍事的効果が問われる。だから、肯定的か否定的かのいずれにせよ、とにかく「陰謀」を騒ぎ立てて大衆に謀略の真相を隠す情報操作は、ナチスの常套手段となっていた。このあたりの謀略に対する考察が藤田には欠けている。

（40）同右。「陰謀説」の代表と言える『シオン賢者の議定書』がヒトラーによって「政治的現実」にとりこまれていた点については、ヨゼフ・P・スターン『ヒトラー神話の誕生――第三帝国と民衆』（山本尤訳、社会思想社、一九八三年）の二八二頁を参照。アレントは『全体主義の起源1　反ユダヤ主義』で『シオン賢者の議定書』の真偽ではなく、その政治的効果に注目している（cf. Hannah Arendt, *Elemente und Ursprünge totaler Herrschaft: Antisemitismus, Imperialimus, totale Herrschaft*, S. 36）。スターンは、『シオン賢者の議定書』と共にアレント『全体主義の起源1 反ユダヤ主義』でとりあげられた同化ユダヤ人ベンジャミン・ディズレイリの「ユダヤ帝国」建設の小説『アルロイ』（一八三三年）に触れている（Arendt, *Elemente und Ursprünge totaler Herrschaft*, S.182ff.)。こうした『シオン賢者の議定書』に対するハイデガーの言及は、ヤスパース『哲学的自伝』の証言に依るものだが、このトピックは、ハイデガーのいわゆる『黒ノート（Schwarze Hefte）』（GA94-96, Überlegungen II-XV）を解釈するさいに検討されることが多い。この点については、ハイデガー全集で『黒ノート』を編集したペーター・トラヴニー「ハイデガーと『世界ユダヤ人組織』――『黒ノート』をめぐって」（秋富克哉・安部浩・古荘真敬・森一郎編『ハイデガー読本』所収、法政大学出版局、二〇一四年）を参照。トラヴニーの以下の著作も参照。Peter Trawny, *Heidegger und der Mythos der juedischen Weltverschwörung*, Vittorio Klostermann GmbH, 3., überarbeitete und erweiterte Auflage, 2015.

（41）藤田「全体主義の時代経験」前掲の二〇頁。

（42）同書の二一頁。

（43）同右。夜の見張り当番をやっていたクレンペラーに「ヒトラー万歳」と挨拶した女性が、見張り番はナチス党員ではなく、クレンペラーだったと気づき、翌朝、そう挨拶したことを彼に謝罪したエピソードが述べられたあと、『LTI 或る文学研究者の手帳』にこう記されている。「誰ひとりナチではなかったが、毒されていたのはみんな全員だった」（Klemperer, *LTI*, S. 131)。

（44）藤田「全体主義の時代経験」前掲の二一頁。クレンペラーは、『LTI 或る文学研究者の手帳』でヒトラー教の信者とでも呼ぶべきドイツ第三帝国民がヒトラーを崇拝する姿を描き出している（cf. Klemperer, *LTI*, S. 140ff.)。

（45）藤田「全体主義の時代経験」前掲の二一頁。

（46）同書の三〇頁。現代ユダヤ哲学小史の観点からブーバー哲学を的確に特徴づけたものとして、以下を参照。Hilary Putnam, *Jewish Philosophy as a Guide to Life: Rosenzweig, Buber, Levinas, Wittgenstein*, Indiana University Press, 2008, Chap. 3.

（47）藤田「全体主義の時代経験」前掲の三〇頁。

（48）同右。

(49) 藤田「全体主義の時代経験」前掲の三一頁。
(50) 以下を参照。スターン『ヒトラー神話の誕生』前掲書の十一「「超越」を願う社会」、グラーザー『ドイツ第三帝国』前掲書の第一章「第三帝国」、坂井榮八郎『ドイツ史10講』(岩波新書、二〇一〇年)の一七七―一七九頁。
(51) Klemperer, *LTI*, S. 26.
(52) Klemperer, *LTI*, S. 19.
(53) 佐藤『大衆宣伝の神話』前掲書の三一九頁以下。
(54) 藤田「全体主義の時代経験」前掲の三三頁。
(55) 同書の三四頁以下。
(56) 同書の三五頁。
(57) 同右。
(58) Klemperer, *LTI*, S. 36f.
(59) cf. Klemperer, *LTI*, SS. 78-84.
(60) 坂井『ドイツ史10講』前掲の二〇四頁。
(61) Klemperer, *LTI*, S. 76.

第六章　凡庸な悪とその日常性

(1) クロード・ランズマン『ショアー』(高橋武智訳、作品社、一九九五年)の三頁、鵜飼哲・高橋哲哉編『ショアー』の衝撃』(未来社、一九九五年)の一一八頁、一二五頁を参照。アレントが論じた「悪の凡庸さ」に対するランズマンの誤解については、『『ショアー』の衝撃』の八二頁を参照。
(2) ナチスのユダヤ民族虐殺を「ショアー(SHOAH)」と表記することについては、ランズマン『ショアー』に収められた高橋武智「解説」の四四九―四五一頁を参照。
(3) ランズマン『ショアー』前掲書の三頁。

（4） ヤコヴ・M・ラブキン『イスラエルとは何か』（菅野賢治訳、平凡社新書、二〇一二年）の一九五頁の註（1）と二〇三頁を参照。

（5） ジェノサイド概念も、ホロコーストの比類なさに届かないという一九六〇―七〇年代の議論については、ダン・ストーン『ホロコースト・スタディーズ――最新研究への手引き』（武井彩佳訳、白水社、二〇一二年）の二〇六頁以下を参照。アレントとショアーの関係については、高橋哲哉『記憶のエチカ――戦争・哲学・アウシュヴィッツ』（岩波書店、一九九五年）の第一章「記憶されえぬもの 語りえぬもの――アーレントから『ショアー』へ」と［補論］「アーレントは《忘却の穴》を記憶したのか」を参照。

（6） 吉川孝・横地徳広・池田喬編『生きることに責任はあるのか――現象学的倫理学への試み』（弘前大学出版会、二〇一二年）所収の序章「生と責任をめぐる思考の諸形」のvii―x頁を参照。

（7） ロジスティクスの入門書を見ることで、その一般的な広がりと多義性を確かめることができる。たとえば中田信哉『ロジスティクス入門』（日経文庫、二〇〇四年）では、次のように説明されている。「ロジスティクスは軍事におけるその作戦行動のすべてを遂行するための物理的な準備にかかわるあらゆる機能・活動を意味するのだというように理解できます。〔中略〕ビジネスにおける商品の流動管理に関する場合のほかに、医療の分野では手術を行うための薬品や医療器具の準備、各専門家の配置などの計画遂行に使われていますし、ショー・ビジネスでは芝居小屋や大道具・小道具の準備に使われています。外交の世界ではレセプションや認証式の準備をロジスティクスといっています」（『ロジスティクス入門』一七頁）。こうした多義性を確認したうえで、固定された目的地へとユダヤ人を移送するショアーのロジスティクスは、交戦主体が複数存在して物資移送の流動的要素が少なくない軍事的ロジスティクスと異なることを指摘しておく。

（8） ユダヤ人の定義について確認しておく。ヤコヴ・M・ラブキン『イスラエルとは何か』前掲書の日本語訳者である菅野賢治は、「【IWJブログ】歪められたユダヤ教――『人工国家』イスラエルと米国の拡張主義～岩上安身による東京理科大学教授・菅野賢治氏インタビュー」で以下のように述べている。

「ユダヤ世界についての私たちのイメージというものは、欧米のキリスト教世界のフィルターを通して醸成されたものだと考えています。イスラム教に対してもそうだと思うのですが、私たちは、キリスト教世界のフィルターを通さず、〝産地直送〟

のようなかたちで対象を見ているわけでは決してない、ということです。

『ユダヤ』とは何か、という基本的なところから押さえていきたいと思います。聖書の創世記、これを『イェフダー』と言いますが、それの二十九章三十五節に『ヤコブの妻であるレアが子を産んだ。そしてイェフダーと名づけた』とあります。これが『ユダヤ』の起源です。『イェフダー』とは、神を認識して称えるすべをわきまえた人間、という意味です。

ヤコブの子であるユダの末裔たちが住んだとされる土地、今のエルサレム一帯を指しますが、今度はそこが『イェフダー』と呼ばれるようになります。そして、そこで行われている信仰も、『イェフダー』式と呼ばれるようになります。

まとめると、『ユダヤ教』の定義というのは、神を認識して称える人たちが住んでいる場所で行われている信仰、ということです。

ユダヤ人、英語ではJew、ヘブライ語では『イェフディー』と言いますが、これには三種類あると私は考えています。まず、先祖がユダヤ教徒だった人で、今は信仰をやめてしまった人。『世俗的ユダヤ人』と言われます。イスラエル国民の大半は、実はこれに当てはまります。彼らはシナゴーグにも行かないのです。

次が、最低限の戒律を守る人たち。安息日を守る、といったことです。大きな祭の時にはシナゴーグに行き、ヘブライ語の聖書も一定程度は読めます。彼らは、『世俗的ユダヤ人』と同族意識をもっています。

大切なのは、次の三番目です。伝統的なユダヤ教の信仰を厳格に守っている人たち。彼らは、自分たちが正統的ユダヤ教徒だと考えており、『世俗的ユダヤ人』とはまったく違う存在だと認識しています。ウルトラオーソドックス（=超正統派）、原理主義者などと呼ばれることもあります」。

世俗的ユダヤ人のことをラブキンは「先立つ数千年の歴史とのあいだの断絶以外の何ものでもありえない」と説明し、「無神論のイスラエル人」は「長い髭のユダヤ教徒たちよりも優れたユダヤ人である」と勘違いしていると指摘する（ラブキン『イスラエルとは何か』前掲書の一二二頁）。

またラブキンは「（第十六回）ユダヤ教徒がシオニズムに反発する理由」（『朝日新聞』）で「ユダヤ人とは、何らかの道徳的な価値をもち、それを守る人々の集団である」と説明し、菅野が述べる「超正統派ユダヤ教徒」を指しているが、なかでも、非暴力的なユダヤ教徒のことを言っている。この記事では、アレントについて、こう説明されている。「二十世紀のドイツ系ユダヤ人の政治思想家ハンナ・アーレント（一九〇六—七五）は、自身もシオニストだったが、シオニスト国家の樹立には否定的だった。彼女はイスラエルが建国された一九四八年の段階で、シオニスト国家を作れば、絶え間ない紛争が続くと見ていた。六十年後、事態はまさにその通りになっている。昨年暮れから今年はじめにガザで起きたイスラエルの軍事行動は、彼女の見通した事態が現実化したものなのだ」。アレントは、ドイツ国籍をもつユダヤ教徒のドイツ系ユダヤ人ではなく、ユダヤ教信仰をもったことがなく、ドイツ国籍を失ってアメリカ合衆国に移住したユダヤ系ドイツ人である。

菅野の整理とは観点を変えてユダヤ人を表現する歴史的術語法を加えておけば、①ユダヤ教信仰を捨てて「啓蒙主義」を身につけ、ヨーロッパ人としてのアイデンティティを形成した「同化ユダヤ人」、②イベリア半島系ユダヤ人の「セファルディィ」、③一四九二年のユダヤ人のイベリア半島追放のさい、キリスト教に改宗したユダヤ人である「コンベルソ」、④東欧系ユダヤ人の「アシュケナージ」、⑤シャブタイ・ツヴィのイスラム教改宗に連なったユダヤ人であるトルコの「ドンメ派」などが存在する。

（9）『イェルサレムのアイヒマン』は英語版の初版が一九六三年、そのドイツ語版は一九六四年に刊行された。英語版の増補改訂版が刊行されたのは一九六五年である。日本語版は一九六九年、『イェサレムのアイヒマン——悪の陳腐さについての報告』（大久保和郎訳、みすず書房）として刊行されている。

（10）ミルグラムは「ユダヤ人のアイデンティティ」をもつがゆえに「ホロコースト」を理解したいと思い、いわゆる「服従実験」を行なったことについては、以下を参照。Thomas Blass, *The Man Who Shocked The World: The Life and Legacy of Stanley Milgram*, Basic Books, 2004, p. 61f.

（11）Eichmann, S.168, cf. S.204f. 芝『ホロコースト』前掲書によれば、ドイツでは第二帝国期から「ユダヤ人問題」という表現が使用されていた（同書、ii頁）。第三帝国でもちいられたジャーゴンの成り立ちについては、Eichmann, S. 169f.「第三帝国の言語（Lingua Tertii Imperii; LTI）」については、併せて以下の研究を参照。Victor Klemperer, *LTI*, Reclam, 2007 (1957).

（12）ロジスティクスは、たとえばクラウゼヴィッツ『戦争論』の各所でとりあげられているが、戦争の優勢／劣勢に影響を与える要素として論じられることはあれ、戦争を可能にする本質的契機として強調されているわけではない。これに対してマーチン・ファン・クレフェルト『補給戦』（邦訳『補給戦——何が勝敗を決定するのか』佐藤佐三郎訳、中公文庫、二〇〇六年）

は、ロジスティクスをそうした契機として考察しており、この点を本書は重視した。

ただし、クレフェルト戦争学の全体をつらぬく積極的主張を本書は共有しないから、そうした主張から『補給戦』の知見を部分的に切り離し、ラブキン的視点からユダヤ人ジェノサイドの計画や実行・協力の責任を際立たせるための資料として、その知見を検討した。これは、筆者クレフェルトの政治的立場がどうであれ、「読書行為論」の立場から見れば、『補給戦』の知見をどう扱うか、それはテキストとの相互作用のなかで「読者の自由」だという考えからである。

ちなみにクレフェルトが自身の代表作とみなす『戦争文化論』や彼の代表作とみなされる『戦争の変遷』は哲学的吟味を欠いており、その考察に説得力がないけれど、このことは『補給戦』に対する評価とは分けておく。クレフェルト『戦争の変遷』については、拙稿「戦争概念の経験的文法——その多様性を手がかりにした哲学的確認」（戦略研究学会第十三回大会、二〇一五年四月、東京経済大学）で批判的に論じたことがある。

クレフェルトがアレントをとりあげたのは、管見のかぎり、ナチスによる市民社会の破壊を論じた文脈でアレント『全体主義の起源』に言及した、以下の箇所である。Martin van Creveld, *The Rise and Decline of the State*, Cambridge University Press, 1999, p. 204.

（13）南利明『ナチス・ドイツの社会と国家——民族共同体の形成と展開』（勁草書房、一九九八年）の第一章「合法革命」第二節「『全権委任法』の成立」と、ハインツ・ヘーネ『ヒトラー 独裁への道——ワイマール共和国崩壊まで』（五十嵐智友訳、朝日選書、一九九二年）を参照。

（14）市民を非人間化して歯車に変え、ショアー遂行の「大量殺人機構」へと組み入れていったのはハインリヒ・ヒムラーだったが、彼のことをアレントは「殺人の悪霊的組織者」と記していた（Guilt, p.128）。しかしながら、「機構のどんな歯車もすべて、法廷の前では自動的にふたたび犯人という人間へともどる」（Eichmann, S.58f.）。歯車ではなく、人間の責任が問われたわけである。

（15）アレントが『イェルサレムのアイヒマン』で言及していたカール・ヤスパースの『罪の問題（*Die Schuldfrage*）』（一九四六年）で、彼は罪概念を「刑法上の罪」、「政治的な罪」、「道徳的な罪」、「形而上学的な罪」の四つに区別しているが（Karl Jaspers, *Lebensfragen der deutschen Politik*, Deutscher Taschenbuch-Verlag, 1963, SS. 45-48）、アレントがとりあげる罪は法的なものに限られる。アレントが「道徳哲学の諸問題」講義でとりあげたニーチェは『道徳の系譜学』の第二論文「〈罪責〉と〈疚しい良心〉、その類いのこと」において「罪」概念が法律的意味から変容して道徳的意味を獲得するプロセスを描き出していた。これについては、以下を参照。Friedrich Nietzsche, *Zur Genealogie der Moral*, Reclam, 1988 (1887). 和語については、白川静『新訂 字訓〔普及版〕』（平凡社、二〇〇七年）の「つみ【罪】」の項を参照（同書、四八七―四八八頁）。

（16）Responsibility, p. 280.『孟子』「告子章」から「良心」という漢語を借りて日本語に導入された外国語が"συνείδησις（希）""conscientia（羅）""Gewissen（独）""consience（英）"であった。これらの語の成り立ちに注目してなされた良心概念の説明については、石川文康『良心論――その哲学的試み』（名古屋大学出版会、二〇〇一年）の八頁以下を参照。

（17）Stanley Milgram, *Obedience to Authority, An Experimetal View*, Perennial Classics, 2004 (1974), p. 145f./ 二一九頁、cf. p. 188/ 二七六頁。引用にさいして、同書の山形浩生訳『服従の心理』（河出文庫、二〇一二年）の訳文を借用した。（ ）を付した原語は引用者の補足である。

ミルグラムは「権威への服従」を特徴づける項目を九つ挙げていたが（cf. S. Milgram, *Obedience to Authority*, p. 186f./ 二七三―二七五頁）、以下は、わけてもその二に該当する。つまり、ヒトラーへの服従という状況下でアイヒマンはユダヤ人移送の目的と結末――ユダヤ人ジェノサイドを知りながら、「〔ナチス親衛隊の〕誓いが求めたように、彼はつねに『自分の義務を果たし』、すべての命令に服従していた自負心があった」（Eichmann, S.180）。ヒトラーへの忠誠はナチス親衛隊単独で彼に宣誓されていた点をここで指摘しておく。

（18）ヒトラーの人種差別にもとづいた「善悪二元論」については、芝『ホロコースト』前掲書の一八頁、野田宣雄『ヒトラーの時代』（前掲書）の五五頁以下、グラーザー『ドイツ第三帝国』の第二章「世界観」を参照。

（19）石川文康『良心論』前掲書の八頁以下。

（20）Eichmann, S. 93.「国家代理人は十五の点でオットー・アドルフ・アイヒマンに対する起訴を行なった。〔中略〕起訴は一九五〇年のナチスおよびナチス協力者の処罰法にもとづいて行なわれた……」（Eichmann, S. 93）。

（21）クラウゼヴィッツが『戦争論』第八篇のスケッチ「戦争計画」で理念型として提示していた「絶対戦争」概念は（Carl von Clausewitz, *Vom Kriege*, Reclam, S. 289）、核兵器の登場にともない、現実化する可能性が生じてしまった。戦争の勃発が、権力を保持あるいは強化する諸体制間の政治的目的と、戦争ビジネスで巨大資本が獲得する利益を最大化する経済的目的とが、戦争にあってどのように関係してきたのか、その歴史的プロセスが解き明かされなければならない。

若桑みどり『戦争とジェンダー――戦争を起こす男性同盟と平和を創るジェンダー理論』（大月書店、二〇〇五年）は、卓越した序章、第一章、第二章をふまえて第四章「国家、それが戦争を起こす」を読むことができる。この第四章で若桑は、アレントとクラゼヴィッツの思想に触れながら、戦争とジェンダーの関係を論じている。

（22） Responsibility, p. Xv. cf. Eichmann, S. 391f. 現代世界であれば、アレントはパレスチナ人ジェノサイトも「人類全体」の「複数性」に対する侵害として挙示したはずである。

（23） Eichmann, S. 403f.「服従（Gehorsam）」は英語版で“obedience”,「支持（Unterstüzung）」は英語版で“support”となっており、「同意（Zustimmung）」にあたる語は英語版にない。

（24）『純粋理性批判』III, B. 537. この箇所の解釈については、城戸淳「カントにおける『窃取』概念の変容――アンチノミー解決への形成過程」（『哲学』第五十一号、日本哲学会編、二〇〇〇年）を参照。

（25） Eichmann, S. 392. 坂井榮八郎『ドイツ史10講』前掲書の一九五頁以下。アイヒマンとシオニストの関係については、ヤコヴ・M・ラブキン『トーラーの名において――シオニズムに対するユダヤ教の抵抗の歴史』（菅野賢治訳、平凡社、二〇一〇年）の第六章「シオニズム、ショアー、イスラエル国」にある一節「ショアーに対するシオニストたちの姿勢」の特に二八一頁を参照。

（26） Eichmann, S. 57. アレントは“Gedanke”,“Denken”,“thought”,“thinking”をすべて二重的自己内対話の意味でもちいているので、これら四つをまとめて「思考」と訳出する。

（27） S. Milgram, *Obedience to Authority*, p. 138／二八頁。

（28） Eichmann, S.178.「彼がやったことは犠牲者の移送であり、その殺害ではなかったのだから、少なくとも法的に見れば、彼は自分のしたことを自覚していたのか……という問題は依然未解決のままである」（Eichmann, S.177f.）。しかしユダヤ人が強制移送された施設を見てアイヒマンは正気を失うほどであったのだから、「自分のしたこと」への「自覚」はあった。これがアレントの指摘である。

『アイヒマン調書――イスラエル警察尋問録音記録』（小俣和一郎訳、岩波書店、二〇〇九年）の編者ヨッヘン・フォン・ラングは、アレントのアイヒマン観をまとめるかのように次のように記している。「アイヒマンはアウシュヴィッツとマイダネックの強制収容所を視察した結果、そこでの抹殺工程を考え出した人物でもあった。ただし、彼は他者が苦しむのを見て快楽を覚えるサディストではなかった。アイヒマンはほとんど事務所のなかで自分の仕事に専念し、結果として数百万の人間を死に追いやった。一官僚として、彼は死に追いやられる人間の苦痛に対し、何の感情も想像力も有していなかった」（同書、viii頁）。

（29） S. Milgram, *Obedience to Authority*, p. 11/二八頁。

（30） この講義「哲学と政治」ではじめてアレントは思考を「一人のなかの二人」における「自己との対話（dialogue with oneself）」と規定し、この思考概念にもとづいてソクラテスの「良心」が説明された（Hannah Arendt, Philosophy and Politics, in: *Social research, an international quarterly of the social sciences*, Volume 57 No. 1, 1990, pp. 88-90）。思考概念のこの規定は、一九五四年以降、一九七一年の『精神の生活』まで維持される。

アレントの思考概念の変遷を時期ごとに整理した論考として以下を参照。Richard J. Bernstein, Arendt on thinking, in: *The Cambridge companion to Hannah Arendt*, edited by Dana Villa, Cambridge University Press, 2000. 哲学史における「観照的生（vita contemplativa）」と「活動的生（vita activa）」の伝統的対比をふまえ、アレントは哲学的概念史をたどる学的手法をとっていたが（Human, §2）、彼女が活動性の一つに挙げる「思考」をクリステヴァは「思弁的生（vita speculativa）」と特徴づけていた（Julia Kristeva, *Le génie féminin, La vie, la folie, les mots, I, Hannah Arendt*, Folio essis, Gallimard, 2003, p. 74）。内在的なアレント解釈としては、クリステヴァのそのアレント論に肯きにくいというのが本書の立場だけれど、有益な示唆に富む、興味深い一書である。

ルッツ編『アーレント＝ハイデガー往復書簡』前掲書の「編者あとがき」で木田元が注目するように、アレントは、ハイデガーと共に、「存在」の「稲妻」のごとき閃きに打たれていたとすると（同書の三一四頁を参照）、あるいは『存在と時間』の術語で言えば、もしも彼と彼女が「良心の呼び声」（SZ, §56）に耳を傾けていたのだとすれば、ハイデガーの「思索（Denken）」に対する彼女の理解と批判にその体験が与えた思想的影響を見定める必要がある。このとき、アレントに対するハイデガーの評価が『精神の生活』から高まった点が注目される。つまり、アレントは『精神の生活』（一九七三―七五年）を準備する「道徳哲学の諸問題」（一九六五年）にあって、すでにソクラテスに禁止を呼びかけたダイモーンの声を良心の哲学的概念史という観点から検討しつつ、彼女なりの「思考」概念を二重的自己内対話として特徴づけており（cf. Responsibility, p. 77/S. 50f., p. 89/S. 69f., p. 106/S. 93）、またアウグスティヌス哲学における「自分が自分にとって問題になる（Quaestio mihi factus sum）」ことを検討して「意志」概念に迫っていたが（Hannah Arendt, *The Life of the Mind, Two/Willing*, One-volume Edition, A Harvest book, 1978, p. 53）、このことは、ハイデガーの思索からどのよう影響を受けているのか。加えて、アレントと生涯の交流をもったカール・ヤスパースは、全権委任法が立法された一九三三年の前年に「超越者」の「暗号」を論じることになるが（『哲学Ⅲ 形而上学』一九三二年。邦訳『哲学第３ 形而上学』鈴木三郎訳、創文社、一九六九年）、この概念はアレントのハイデガー理解にどのような影響を与えたのか。これらの思想的影響関係が解き明かされなければならない。

ただし、広義の「声」の哲学的概念史をたどってみれば、マラン・ジェニーに関するデカルトの思考実験を思い起こすべきである。もし思考における「一人のなかの二人」のうち、一方のふりをマラン・ジェニーがした場合、思考は成り立つのか、これが問われなければならない。一人のなかの二人がいずれも自分であることを疑わないままなら、マラン・ジェニーの操作を見抜くことはできない。あるいは私の思考にあってマラン・ジェニーが「神」を擬装して話しかけ、これを鵜呑みにする場合、マラン・ジェニーの操作を見抜くことはできない。またフロイトによる「無意識の発見」以降、「サブリミナル・カット実験」などさまざまな心理操作の認知科学的知見が集積するなか、デカルトの方法的懐疑がもつ哲学的射程は、デカルトの想定以上に広がっているように思われる。

（31） Hannah Arendt, *The Life of the Mind, One/Thinking*, One-volume Edition, A Harvest book, 1978, p. 213.

（32） Hannah Arendt, *Das Urteilen*, Piper, 1985.

（33）『判断力批判』Ⅴ、§40, S. 293. Cf. Hannah Arendt, *Lecture on Kant's Political Philosophy*, Paperback edition, the University of Chicago Press, 1989, p. 70.

（34）『判断力批判』Ⅴ、§40, S. 293.

（35）『カント政治哲学の講義』を編集したロナルド・ベイナーの概念整理に従えば、『イェルサレムのアイヒマン』に登場する判断概念は、一九七一年までのアレント政治思想における「行為者（actor）」の「政治的判断力」にかかわる（Hannah

Arendt, *Lectures on Kant's Political Philosophy*, edited and with Interpretative Essay by Ronald Beiner, The University of Chicago Press, 1982, pp. 91-93)。アレントのアイヒマン論と政治的判断力の関連については、以下も参照。Ronald Beiner, *Political Judgement*, University of Chicago, 1984, pp. 122-125.

（36） Human, p. 178/S. 218. アレントの「判断」概念の変遷については以下を参照。Maurizio Passerin D'entrèves, Arendt's theory of judgement, in: *The Cambridge companion to Hannah Arendt*, edited by Dana Villa, Cambridge University Press, 2000. この論考では「行為者（actor）」の判断と「観察者（spectator）」の判断とが区別され、前者は、ユダヤ人ジェノサイドへの諾否という現在進行形の政治的判断であり、後者は、ユダヤ人ジェノサイドを裁定する「裁判官」と「歴史家」の事後的判断である（M. P. D'entrèves, Arendt's theory of judgement, p. 246）。

（37） ただし、①第三帝国下でユダヤ人ジェノサイドに加担するか、②その加担を個人的に拒否するか、③それを阻止する声を社会であげるか、という問題は、『イェルサレムのアイヒマン』の段階では「思考の欠如」と「判断」の問題として並列的にとりあげられ、「思考」と「判断」の超越論的関係がアレントの視野に入っていた可能性はまだない。

（38） 『判断力批判』V, S. 180.

（39） 山本草二『国際法（新版）』（有斐閣、一九九四年）の五四七頁以下を参照。

（40） Human, p. 7/S. 17. "Man（ひと）" という語に、アレントはハイデガーの術語 "das Man（世人）" を響かせているので、英語版『人間の条件』から訳出しておく。

（41） Human, p. 7/S. 17. 前註（40）で説明した引用と連続する箇所なので、英語版『人間の条件』から訳出しておく。

（42） Martin Van Creveld, *Supplying War: Logistics from Wallenstein to Patton*, 2nd Ed. Cambridge University Press, 2004 (1st Ed. 1977) , p. 142. クレフェルトのヒトラー理解については、以下を参照。Martin van Creveld, *Hitler's Strategy 1940-1941: The Balkan Clue*, Cambridge University Press, 2008.

（43） cf. Respnsibility, p. 58. ナチスの官僚組織については、坂井榮八郎『ドイツ史10講』前掲書の一八四頁を参照。官僚制に関する、日米欧の学術的研究史を明らかにした野口雅弘『官僚制批判の論理と心理――デモクラシーの友と敵』（中公新書、二〇一一年）の一〇六頁以下も併せて参照。

（44）藤田省三「全体主義の時代経験」（藤田『全体主義の時代経験』所収、みすず書房、一九九五年）を参照。

（45）Eichmann, S. 172. ヘスが回想するところによれば、二人きりで酒を飲んだときさえ、「アイヒマンはまるで憑かれたように、手のとどくかぎりのユダヤ人を一人残らず抹殺せよ」と述べ、ユダヤ人ジェノサイドに対するヘスの躊躇は、「アイヒマンとのそうした会話のあとでは――総統に対する裏切りのように、私には思われたのだ」（ルドルフ・ヘス『アウシュヴィッツ収容所』片岡啓治訳、講談社学術文庫、一九九九年、三一〇頁以下）。ミルグラムの言う、まさに「権威への服従」である。

（46）“ratio” はラテン語の意味を強調して「計算的理性」と訳した。“Kill-Ratio” については、宇沢弘文・内橋克人『始まっている未来――新しい経済学は可能か』（岩波書店、二〇〇九年）の一〇―一四頁を参照。宇沢と内橋の説明によれば、アメリカ合衆国国防長官ロバート・S・マクナマラとその部下であった経済学者アラン・エントホーフェンは、ベトナム戦争のさい、敵殺害の費用対効果である “Kill-Ratio” の高さを追求した。のちにエントホーフェンは医療の質を維持するよりも医療のコスト削減を優先する “Death-Ratio（死亡効率）” を追求し、英国医療制度を破壊した。

プロイセン軍の参謀本部で資源利用の「効率」が追求され、ドイツ第三帝国ではエーリヒ・ルーデンドルフが「総力戦」にあらゆる資源を投入し、その効率を最大化することを主張しており、このような効率を究極目的とする発想は西欧世界で二十世紀の変わり目に広く受け入れられていた（Martin van Creveld, *The Transformation of War: The Most Radical Reinterpretation of Armed Conflict Since Clausewitz*, Free Press, 1991, pp.46, 177f.）。

マックス・ホルクハイマーとテオドール・W・アドルノは『啓蒙の弁証法――哲学的断想』（一九四七年徳永恂訳、岩波書店、一九九〇年）で理性概念の裏表を歴史的にあらわにし、近代の「道具的合理性（instrumental rationality）」が「野蛮（barbarism）」に至るプロセスを明らかにした。その議論をふまえつつ、アレントとアドルノを対比した論考として以下を参照。Robert Fine, Debating Human Rights, Law, and Subjectivity, Arendt, Adorno, and Critical Theory, in: *Arendt and Adorno: Political and Philosophical Investigations*, edited by Lars Rensmann, Stanford University Press, 2012.

（47）M. Creveld, *Supplying War*, p. 231. 戦争準備は「天才」だけがとりあつかいうる複雑な問題であることをクラウゼヴィッツが説明したさい、この問題にはニュートンも辟易するとナポレオン・ボナパルドが指摘していたことを付け加えていた（Carl von Clausewitz, *Vom Kriege*, Reclam, S. 298）。

(48) Creveld, *Supplying War*, p. 1f.

(49) アレントの『全体主義の起源』や『イェルサレムのアイヒマン』は、全体主義の成立に至るまでの歴史をたどりながら、全体主義の暴虐やこれへの加担、全体主義に対する傍観や黙従、あるいは全体主義への非協力や反対に注目し、全体主義の仕組みを明らかにしていく試みであった。この試みを裏から見れば、やはり「ヒトラーの暴走を阻止しえたとすれば、それは、どのような人間であったのか?」という問いが、アレントにとってライトモティーフの一つであったと言える。当時の情況に関しては、村瀬興雄『ナチズムと大衆社会——民衆生活にみる順応と抵抗』(有斐閣選書、一九八七年)、エーリヒ・マティアス『なぜヒトラーを阻止できなかったか——社会民主党の政治行動とイデオロギー』(安世舟・山田徹訳、岩波現代選書、一九八四年)を参照。

(50) 『人間の条件』の政治と行為の相関性については、川崎修『ハンナ・アレント』(講談社学術文庫、二〇一四年)の第四章「政治の復権をめざして」と以下を参照。G. Kateb, "Political action: its nature and advantages", in: *The Cambridge Companion to Hannah Arendt*, edited by Dana Villa, Cambridge University press, 2000.

(51) Paul Ricœur, *Soi-même comme un autre*, Seuil, 1990, p. 137ff.「物語り的自己同一性」は『時間と物語』Ⅲの結論部で予告され、『他者のような自己自身』で全体像が提示されたリクール独自の自己同一性概念であり、そこでは、非時間的固定である「同性(mêmeté)」よりも、時間的変化のなかでの「自己性(ipséité)」が本来視されていた(cf. *ibid.*, pp. 45-48)。「グレート・パッチワーカー」と言われるリクールだけに、その概念は、リクールがとりこんだ各哲学者のテキストを解釈するさい、参照に開かれており、アレントの物語論をとりあげる研究者が参照することが少なくない。ちなみに Georges Fradier による『人間の条件』のフランス語訳である *La Condition de l'homme moderne*, Calmann-Lévy, 1983 (1961) の Préface は、リクールが記している。

(52) Hannah Arendt, *The Life of the Mind, One/Thinking*, p. 3. ここにはドイツ語版の *Vom Leben des Geistes, Das Denken, Das Wollen*(『精神の生活について——思考と意志』『精神の生活』上下、佐藤和夫訳、岩波書店、一九九四、九五年)も存在するが、アレントの死後の出版で彼女による加筆や修正がないので、訳出は英語版による。

(53) Human, p. 97/S. 116. 言語的制作の作品という意味で、アレントは「バイオ - グラフィ」を「物象」と表現しているように思われる。物語ることがもつ治癒力と暴力という両面性をアレントは眼差していたということだろう。その治癒力については、やまだようこ編著『人生を物語る――生成のライフストーリー』（ミネルヴァ書房、二〇〇〇年）の第Ⅲ章「喪失と生成のライフストーリー」と、ジュディス・L・ハーマン『心的外傷と回復〈増補版〉』（中井久夫訳、みすず書房、一九九九年）の第二部「回復の諸段階」を参照。物語ることの暴力と治癒力については、高橋哲哉『歴史／修正主義』（思考のフロンティア、岩波書店、一九九五年）を参照。物語られることを超えた記憶が孕む暴力の形については、岡真理『記憶／物語』（思考のフロンティア、岩波書店、二〇〇一年）を参照。

（54） Kristeva, *Le génie féminin*, p. 76.

（55） Kristeva, *Le génie féminin*, p. 23.

（56） Julia Kristeva, *Hannah Arendt: Life Is a Narrative*, University of Toronto Press, p. 1.

（57） ポール・リクール『時間と物語』Ⅰ（久米博訳、新曜社、一九八七年）の四〇〇頁。

（58） この区別については、野家啓一『物語の哲学』（岩波現代文庫、二〇〇五年）の三〇〇頁を参照。

（59） Kristeva, *Le génie féminin*, p. 77. クリステヴァがアレント物語論に認めたのは、生の意味と行為への問いかけに吟味された物語を語る必要性である。「物語を語ること（storytelling）」である物語りと行為との関係については、以下を参照。Seyla Benhabib, "Hannah Arendt and the Redemptive Power of Narrative", in: *Social Research*, Vol. 57, No. 1, Philosophy and Politics II (SPRING 1990).

（60） ハイデガーとガダマーの解釈学における了解概念については、以下を参照。Günter Figal, *Der Sinn des Verstehens: Beiträge zur hermeneutischen Philosophie*, Reclam, 1996, Vollzugssinn und Faktizität. リクールによるハイデガーとガダマーの解釈学理解については、リクール『解釈の革新』（新装版、久米博・清水誠・久重忠夫訳、白水社、一九八五年）の第Ⅵ章「解釈学の課題」と第Ⅶ章の「疎隔の解釈学的機能」を参照。

（61） Robert Brandom, *Tales of the Mighty Dead: Historical Essays in the Metaphysics of Intentionality*, Harvard University Press, 2002, Chap. 5, Holism and Idealism in Hegel's Phenomenology p. 263.

ブランダムのプラグマティックなハイデガー解釈をふまえた現象学的行為論として、門脇俊介『理由の空間の現象学――表象的志向性批判』（創文社、二〇〇二年）の第五章を参照。「として（als/as）」構造に注目したハイデガーのプラグマティズム論として、以下を参照。Mark Okrent, Heidegger's pragmatism redux, in: *The Cambridge Companion to Pragmatism*, edited by A. Malachowski, Cambridge University Press, 2013.

（62）広井良典『ケアを問いなおす――〈深層の時間〉と高齢化社会』（ちくま新書、一九九七年）の二一頁。同書の第一章で「ケアする動物としての人間」が論じられている。

（63）Paul Ricœur, *Temps et récit*, 1. *L'intrigue et le récit historique*, Seuil, 1983, pp. 105-162, 110. リクールはドイツ語を交え、「物語り的了解」を“*Verstehen* narratif”とも表現している（P. Ricœur, *Temps et récit*, 1. p. 85）。本書ではリクールのその術語を借用しつつも、しかし、概念内容としては、アレント『人間の条件』や『精神の生活』の活動性概念をふまえ、「語り」によって分節される「情態的了解」をアレント的観点から拡大深化させた概念として、物語り的了解を論じた。

（64）大塚久雄『社会科学における人間』（岩波新書、一九七七年）の第一章「『ロビンソン物語』に見られる人間類型」を参照。

（65）アレント政治思想における「公共的自己」については、以下を参照。Shiraz Dossa, *The public realm and the public self: The political theory of Hannah Arendt*, Wilfrid Laurier University Press, 1989, pp. 85-95. 公私概念については、溝口雄三『公私』（一語の辞典、三省堂、一九九六年）とレイモンド・ゴイス『公と私の系譜学』（山岡龍一訳、岩波書店、二〇〇四年）を参照。

（66）リクール『他者のような自己自身』（久米博訳、法政大学出版局、一九九六年）ではアレントの「誰」概念が注目されるが、彼と彼女では「制作」概念の理解が異なるからであるかもしれない。

（67）齋藤純一『公共性』（思考のフロンティア、岩波書店、二〇〇〇年）の四一頁以下。

（68）『精神の生活』を準備した「道徳哲学の諸問題」の第三講では、思考の「孤独（solitude/Einsamkeit）」は「一人のなかの二人」として特徴づけられる一方。こうした孤独と区別されたのは、良くも悪くも何かに没頭する「孤絶（isolation/Isoliertheit）」や、他者の不在である「孤立（loneliness/Verlassenheit）」であった（Responsibility, p. 97ff./S. 81ff.）。「存在〈と〉時間」を思索するひとは〈存在〉という他性に呼びかけられていると言えるが、こうした含みをもつ実存論的《独我論》との対比で言えば、アレントは「一人のなかの二人」で遂行される思考の孤独に複数性を認めている（Responsibility, p. 96/S. 78）。

(69) この点については、拙稿「差異の共同体と私の唯一性——アレント政治哲学の言論概念を手がかりに」(日本比較文化学会関東・東北支部合同大会、二〇一四年九月、高崎経済大学)で論じたことがある。

(70) Kristeva, *Le génie féminin*, p. 65. デカルト的な「延長するもの(res extensa)」の総体としての「世界」は、ハイデガー『存在と時間』の第十九節から第二十一節までにあって »Welt« と表現され、非本来視されていたが、クリステヴァは、アレントが政治的自己他者関係の重視からハイデガーの本来性/非本来性の構図を転倒していることを強調したわけである。クリステヴァが最後に引用したアレント『アウグスティヌスの愛の概念』の一文はフランス語訳からのものだが、以下から訳出した。Hannah Arendt, *Der Liebesbegriff bei Augustin: Versuch einer philosophischen Interpretation*, Philo-Verlag, 2003 (1929), S. 70.

(71) Kristeva, *Le génie féminin*, p. 66.

(72) 『全体性と無限』や『存在の彼方へ』というレヴィナスの主著二つには、アレントの議論を参照したことが推測される箇所も少なくないが、ただし、レヴィナスはアレントのテキストを引用しておらず、あるいは、それへの参照を指示しているわけでもない。本書の考察にかかわる論点では、「形而上学的次元と政治的次元の区別」、「時間と唯一性」、「誰の問いと応答の倫理」、「避難所のプライヴァシー」などを挙げられる。

アレントとハイデガーに関しては森一郎『死と誕生——ハイデガー・九鬼周造・アーレント』(東京大学出版会、二〇〇八年)を参照。レヴィナスとハイデガーに関しては以下を参照。S. Straßer, *Jenseits von Sein und Zeit*, M. Nijhoff, 1978.

第七章　認識論的転回の地平を求めて

(1) Richard Rorty, *Philosophy and the Mirror of Nature*, Princeton University Press, 1979, p. 126.

(2) Gottfried Martin, *Immanuel Kant, Ontologie und Wissenschaftstheorie*, Kölner Universitätsverlag, 1951, § 10.

(3) デカルト『省察』第二省察(AT, VII, 24)を参照。

(4) デカルト『哲学原理』第二部六十四段(AT, VIII-1, 78f.)を参照。ただし、デカルトの自然学が有する多様な側面に関しては、近藤洋逸『デカルトの自然像』(岩波書店、一九五九年)を参照。

（5）本質存在と現実存在（に相当する存在概念）が共に古代ギリシア以来、物在性に規定されていたことについては『根本問題』の第一部第二章、とりわけ第十一節を参照。

（6）門脇俊介がその革新的なハイデガー論で指摘するように、アリストテレスが「類比的統一」のもとで論じていた存在への問い三つ、つまり、「本当にあるもの」、「存在の原因」、「"einai"の意味」をめぐる問いは、それぞれ近世哲学のなかで心身／主客関係、自然科学、判断にかかわる問題へと分散したが、ハイデガーは存在をめぐる三つの問いをふたたび統一的にとらえ返そうとする（門脇『理由の空間の現象学』前掲書、一三五頁から一三七頁を参照）。こうしたとらえ返しを試みるハイデガーは、物在性によるカント認識論の規定のされ方をどう考察したのか、その具体的内容を明らかにすることが本章の目的である。

（7）本章で観察という言葉をもちいるとき、それは中世までの自然学的な観察ではなく、構成的実験をふくむ近代自然科学の観察を指している。

（8）ヒューバート・L・ドレイファスは、「観察の理論負荷性」（N・R・ハンソン）などに見られる現代科学哲学の「理論的全体論」との対比から、ハイデガーの用具連関を「実践的全体論」として特徴づける。Cf., Hubert. L. Dreyfus, "Holism and Hermeneutics", in:*Review of Metaphysics* 34 (September 1980), pp. 3-23.

（9）ハイデガーはその学位論文「心理学主義における判断論――論理学への批判的実証的貢献」（一九一三年、in: GA1）においてリッカートら新カント派の同伴者たろうとしていた。しかし、初期フライブルク講義以来、『根本問題』に至っても、新カント派との対決姿勢が目立つ（GA56/57, GA24, 221ff.）。

（10）カント以前にデカルトが「神の存在証明」との強い関連のもとで「事物の存在証明」を本質存在と現実存在の「概念的区別（distinctio rationis）」に従って遂行していたことに関しては、古賀祥二郎「自然学の基礎づけ――物質的事物の本質と存在」（湯川佳一郎・小林道夫編『デカルト読本』所収、法政大学出版局、一九九八年）を参照。また、デカルトがこうした概念的区別に明示的な言及を行なった箇所については以下を参照。Étienne Gilson, *Index scolastico-cartésien*, J. Vrin, 1979, p. 89f.

（11）"objectum"を「想念」と訳すことについては、畠中尚志訳のスピノザ『デカルトの哲学原理』（岩波文庫、一九五九年）の第一部訳註（6）（二六五頁）を参考にした。

（12） “subjectum/objectum” から “Objekt/Subjekt” への概念変化については、さしあたり、岩崎武雄「認識の諸概念」（『哲学の概念と方法』岩波講座哲学第七巻所収、岩波書店、一九六八年）が簡潔明瞭な見取り図を与えてくれる。ただし、この概念変化の単純ではない事情については中畑正志「オブジェクトとの遭遇――『主客転倒』以前の対象概念」（『思想』第九三六号所収、二〇〇二年）を参照。

（13）『根本問題』第九節 c を参照。ハイデガーはここで「カントは現実性と知覚を等置するとき、現実性と実存の解明を中心にすえてはいない」と指摘しつつも、「……それでもなお、彼がたどる道筋は、最広義における主観への還帰を通じて、唯一可能で正しいものである」と評価する（GA24, 103）。また、客観概念については「客観的なものという概念がカントの時代にまったく対極へと転倒してしまった」（GA24, 50）と指摘している。

（14）『省察』第二省察（VII, 28）。

（15） デカルトの志向概念については中畑正志「志向性――現在状況と歴史的背景 一」（『哲学研究』第五七二号、京都哲学会、二〇〇一年）の第二十節を参照。思惟の行為遂行と志向を共に意味する “cogitatio” の両義性については次の論文の第十五節を参照。Jaakko Hintikka, “Cogito, Ergo Sum: Inference or Performance?”, in: *Knowledge and the Known: historical perspectives in epistemology*, Reidel, 1974.

（16） Jean-Luc Marion, *Sur la théologie blanche de Descartes*, Quadrige/PUF, 1981, p. 391f.

（17） GA24, 205. ハイデガーは「人格」と「物件」の「法廷的区別」をとりあげ、人格もまた「目的それ自体」として絶対的価値を担う「もの（res）」であるから、“res cogitans” である理論的自我と共に事物的存在者だと指摘する（GA24, 195ff.）。

第八章　世界の時間と自由

（1） ハイデガーの「超越論的な学」とは「存在の対象化」にむけた歩みのことであり、「テンポラールな学」とも呼ばれる（GA24, 460）。

（2） Martin Heidegger, *Die Technik und die Kehre*, Neske, S. 39-42. ハイデガーによる「転回の思索」に関しては、細川亮一『意味・真理・場所――ハイデガーの思惟の道』（創文社、一九九二年）の第一章第二節を参照。

（3）『存在と時間』第九節「現存在の分析論の主題」においてハイデガーは本質存在と現実存在という伝統的な存在論的術語をもちいつつ、しかし独自の視点から、「こうした存在者の何であるか（本質存在）は、……その存在者が在ること（現実存在）から把握されなければならない」と述べていた。とはいえ、この現実存在は、ハイデガーの考えるところでは、「存在論的には物在と同じ」であり、それゆえ、「現実存在という名称の代わりに……物在性という表現をつねにもちいる」と記される。さらに、ハイデガーは物在性と「カテーゴレイスタイ（κατηγορεῖσθαι）」の関係を指摘し、「実存カテゴリーとカテゴリーは諸存在性格の二つの根本可能性である」が、わけてもカテゴリーが適用されるのは、「何か（最広義での物在性）」を問われる存在者であると言う。

ここから判明するのは、本質存在と現実存在という存在の伝統的な根本概念は共に物在だと解釈されているということである。特に本質存在に関しては、カテーゴレイスタイとの関係が指摘され、「存在者を論じあう（λόγος）さいに存在をそのつどすでに先行的に論じていることが、カテーゴレイスタイである」と述べられている。つまり、存在者の何かを語りだすとき、カテーゴレイスタイはその存在者のア・プリオリな諸規定である。

以上のように、本質存在と現実存在という伝統的な存在概念は、古代ギリシアから差しあたりカントに至るまでを貫いている。

（4）GA3, § 35. ハイデガーによる構想力解釈を批判しながら、カント哲学に内在しつつ構想力について論じたものとして次の論考を参照。Dieter Henrich,"Über die Einheit der Subjektivität", in: *Philosophische Rundschau* 3, 1955.

（5）GA3, 106. カント『第一批判』に内在的な実体概念の解釈については次の著作を参照。A. Rosales, *Sein und Subjektivität bei Kant. Zum subjektiven Ursprung der Kategorien*, de Gruyter, 2000, S. 240ff.

（6）細川『意味・真理・場所』前掲書の一四二頁から一四九頁を参照。

（7）ハイデガーの『人間的自由の本質について――哲学入門』および『存在と時間』の自由概念を検討したものとして、ジャン゠リュック・ナンシー『自由の経験』（澤田直訳、未来社、二〇〇〇年）の第二章を参照。

（8）GA26, 272. 世界への存在論的超越を可能にする時間性はそれ以上の根拠をもたず、いわば底が抜けた「無底（Abgrund）」の次元だと言える。それゆえ、「時間性というものがとにかく与えられていることは（Daß es überhaupt so etwas wie

Zeitlichkeit gibt)、形而上学的な意味での原事実である」(GA26, 270) と述べられている。

(9) 『始元根拠』においてハイデガーが『存在と時間』の「基礎存在論」を説明するところでは、それは「現存在の分析論」と「存在のテンポラリテートの分析論」からなり、「このテンポラールな分析論は、しかし同時に、転回である」(GA26, 201)。『存在と時間』においても現存在から存在への転回はなされていたが、しかし「転回の思索」は試みられていなかった。

第九章　感覚の享受、知識の倫理

(1) イマニュエル・カント『人間学』第二編A第六十節。

(2) Emmanuel Lévinas, "Intentionnalité et métaphysique", in: *En découvrant l'existence avec Husserl et Heidegger*, J. Vrin, 1967, p.141. Vgl., Edmund Husserl, "Notizen zur Raumkonstitution", in: *Philosophy and Phenomenological Research*, Vol. 1, no. 1&2, University of Buffalo, 1940-41.

(3) 『全体性と無限』ドイツ語版では、この引用をふくむ段落に訳者のヴォルフガング・N・クレヴァニが訳注を付していた。彼はレヴィナスの用語法をフランス語で示し、ドイツ語訳中にもりこみながら、ソシュールのそれと比較し、次のように説明する。「話し手(parleur)は記号内容(signifié)と結び付いた記号(signe)を与えることでみずからを告示する(se signaler)。話し手が記号に意味を与える者であるかぎり、話し手はまた意味づけるもの(le signifiant)である。それゆえ、レヴィナスの場合、記号、わけても記号表現(le signifiant)はソシュールと異なったものである」(Emmanuel Lévinas, *Totalität und Unendlichkeit: Versuch über die Exteriorität*, K. Alber, 1987, S. 129f. Anm. n)。

(4) William D. Ross, *ARISTOTLE Metapphysics*, Vol. 1, Oxford University Press, 1997 (1924) , p.157.

(5) 「モノ」と「コト」の区別に関しては、黒田亘『知識と行為』(東京大学出版会、一九八三年) の第1章を参照。

(6) 顔概念に関しては、鈴木泉「顔の形而上学」(『レヴィナス——ヘブライズムとヘレニズム』所収、『哲学雑誌』一一二号、哲学会編、有斐閣、二〇〇六年) を参照。

第十章　身体とその過去

（1） TI, 133, 120f. 熊野純彦はレヴィナス『全体性と無限』（岩波文庫、二〇〇五年）の邦訳のなかで“élévation”の訳語に「直立している」という補足を加えているが、本書はそれに従う。本章とは異なる神学的立場からの議論だが、レヴィナス哲学における「家」、「身体」、「主体」といった諸概念の相関関係については、次の著作を参照。Susanne Sandherr, *Die heimliche Geburt des Subjekts: Das Subjekt und sein Werden im Denken Emmanuel Lévinas*, Kohlhammer, 1998.

（2） 古人類学の「アウストラロピテクス革命」を手がかりに、脳容量の増大を可能にした身体的直立化の意味を明らかにする哲学的人間学の試みについては、篠憲二「人間の転換的本質について」（『思索』第三十二号所収、東北大学哲学研究会編、一九九九年）が簡潔明瞭な見取り図を与えてくれる。

（3） それゆえ、各人が外的身体に障害をもつか否かにかかわらず、人間的身体の超越論的機能は各人にそなわっていると言いうる。

（4） EDL, 140. 空間構成にかかわる、フッサール現象学に内在した理解については、以下を参照。小林睦「大地のロゴス――フッサールにおける『超越論的地質学』の可能性」（『現象学年報』第十号所収、日本現象学会編、一九九四年）、Ulrich Claesges, *Edmund Husserls Theorie der Raumkonstitution*, M. Nijhoff, 1964.

（5） EDL, 143. フッサールは「キネステーゼの起源」を「把持する」内的時間意識に迫ることでその解明を目指していた、とレヴィナスは解釈している（EDL, 140）。ただし、本章で問題にしているのは、レヴィナスによるそうしたフッサール解釈ではなく、引用箇所にふくまれたレヴィナス自身の哲学的発想である。

（6） エドムント・フッサール『デカルト的省察』の第三十三節および第四十四節を参照。

（7） 本章の問題設定からはずれるが、「触れる／触れられる」ことの反転関係を「炸裂」させる「他性」に関するレヴィナスの哲学的思考の可能性については、屋良朝彦「後期メルロ＝ポンティ哲学における可逆性と他性」（『哲学』第四十七号所収、日本哲学会編、一九九六年）を参照。

（8） 身体構成と二重触覚をめぐる、フッサール現象学に内在的な解釈については、細川亮一「フッサール現象学における身体」（立松弘孝編『フッサール現象学』所収、勁草書房、一九八六年）を参照。

（9） EDL, 141.「志向性と形而上学」のなかでレヴィナスは、大地をふみしめる原初的志向性に註を付して、「覚書」の或る頁を指示している。これは、フッサールがその頁で「歩くさいに私は地盤（Boden）に触れているのではなく、地盤をふみしめているのであり、踏みつけるさいに私はみずからの〈重み〉を地盤にかけている」（NR, 217）と述べるからである。フッサール解釈を中心にすえた「志向性と形而上学」論文にあっては、触れることと踏みしめることとの区別にレヴィナスの注意がむいていたと言える。

フッサールの志向性概念に対する諸批判については、吉川孝『フッサールの倫理学――生き方の探究』（知泉書館、二〇一一年）の第六章「志向性への批判――ハイデガー、レヴィナス、リクール、アンリの現象学」を参照。

（10）　無重力状態でも、自分の身体に触れてその身体を大地にするとすれば、超越論的ゼロ点としての身体は成立しうると考える。

（11）　TI, pp. 45-54, cf., 152.『全体性と無限』で前景化しているのは、第四部「顔の彼方へ」で顕著なように、歴史的時間と対照された「無限の時間」（TI, 300）の考察である。とはいえ、享受とエコノミー的活動に与かる主体と時間との関係に対するレヴィナスの哲学的理解は、『全体性と無限』第二部「内部性とエコノミー」にあって前期思想の時間論を前提していると考える。

（12）　シュテファン・シュトラッサーは、瞬間の生成消滅に対する考察を欠いているが、「つねに新たに始まる」瞬間を「時熟すること」の契機として指摘している（Stephan Straßer, *Jenseits von Sein und Zeit*, M. Nijhoff, 1978, § 42）。

（13）　近藤洋逸『デカルトの自然像』前掲書の一三五頁から一四一頁を参照。デカルトにおける時間の形而上学については、本書第一章の註（14）も参照。

（14）　アリストテレスが『自然学』で提示するような「実体」の「転化」としての「生成」と「消滅」（190a31-190b1, 224b8-10, 225a1-20）とは異なり、レヴィナスの考える生成消滅は瞬間が瞬間化する仕方を意味する。

（15）　デカルト的循環に関しては以下の二つの著作を参照。スピノザ『デカルトの哲学原理』前掲書の二六五頁の第一部訳註（3）。Henri Gouhier, *La pensée métaphysique de Descartes*, J. Vrin, 1969, pp. 312-319.

（16）　本書第一章の註（17）を参照されたい。

（1）　考察の場面は異なるが、「差異」が「始原」になるという哲学的発想は次の論文から学んだ。熊野純彦「差異の始原――〈始まり〉について」（『情況』第二期一〇五号所収、二〇〇〇年）。

（2）　『全体性と無限』第二部「内部性とエコノミー」のなかで自己とのかかわりが論じられていたのは、「その現前が慎ましくも不在であるような他者」（TI, 166）である。

（3）　TI, 215.「分離」は『実存者へ』でイポスターズと呼ばれた個体化のことを意味する。また、“l'être” は「存在」と「存在者」を共に意味するが、この語をふくめた、フランス語における存在論用語の歴史的形成については、次の著作を参照。Étienne Gilson, *L'être et l'essence*, J. Vrin, 1948, Introduction.

（4）　この点についてはスピノザ『デカルトの哲学原理』第一部「定義」による説明がわかりやすい（*Spinoza opera* I, Heidelberg, p. 149f.）。

（5）　レヴィナスの「攪乱」概念に関しては、田口茂「現象学における『理性』概念の変容――フッサールとレヴィナスを手がかりにして」（『東北哲学会年報』第二十三号、東北哲学会編、二〇〇七年）を参照。

（6）　この点については熊野純彦『レヴィナス――移ろいゆくものへの視線』（岩波書店、一九九九年）の二三一頁から二三三頁を参照。レヴィナス後期思想の「他者の死」に関する議論の概要を提示したものとして、次の著作を参照。Étienne Feron, *Phénoménologie de la mort: Sur les traces de Lévinas*, Kluwer, 1999, pp. 43-73.

（7）　Anthony F. Beavers, *Levinas beyond the Horizons of Cartesianism: An Inquiry into the Metaphysics of Morals*, Peter Lang, 1995, pp. 81-86.

（8）　AQ, 17, 70. DQV, 113. この点に関しては次の著作が詳しい。John E. Drabinski, *Sensibility and Singularity: The Problem of Phenomenology in Levinas*, SUNY, 2001, pp. 206-219.

（9）　AQ, 113, DMT, 28f., 30. この意味における他なる瞬間は、予期と想起の当たり外れも含め、こうした準現在化機能ではそもそも知りえない他者を他者たらしめている他性だと言える（DMT, 26）。

（10）　Henri Bergson, *Essai sur les données immédiate de la conscience*, 2003, PUF, p. 74.

(11) ベルクソンの時間論と比較しながら、レヴィナスの前期思想および後期思想のそれを検討したものとして以下の著作を参照。Michael Morgan, *Discovering Levinas*, Cambridge University Press, 2007, pp. 208-213, p. 225.『実存者へ』以来、ベルクソンの時間論にレヴィナスはたびたび言及しているが、もっとも肯定的なものとしては『倫理と無限――フィリップ・ネモとの対話』(原田佳彦訳、朝日出版社、一九八五年)で「新たなものの精神性」を指摘した箇所である(EI, 18)。

(12) Bergson, *Essai sur les données immédiate de la conscience*, p. 74.

(13) Bergson, *Essai sur les données immédiate de la conscience*, p. 75.

第十二章　顔の無限性と場所の倫理

(1) 一九六一年と一九七四年に二つの主著をものしたレヴィナスが主に批判の対象としていたのは、ハイデガー『存在と時間』を中心に展開された超越論的哲学である。ハイデガーの「転回をめぐる思索」(*Die Technik und die Kehre*, Neske, 1962, S. 39-42)が遂行された刊行テキストをレヴィナスはその主著のなかで検討することもあるが、一九八九年刊行の『哲学への寄与論稿――性起について』(GA65. 大橋良介訳『哲学への寄与論稿――性起から「性起について」』『ハイデガー全集』第六十五巻、創文社、二〇〇五年)に対する批判的検討を著作あるいは論文で行なった形跡はなく、対談中で消極的に言及するのみである。

レヴィナスは、一九二八年から一九二九年にかけて二学期間、フライブルクへ留学したおりにハイデガーの『哲学入門』講義(GA27)に参加している。また彼の初期フライブルク講義およびマールブルク講義の刊行テキストをレヴィナスがどれほど読んでいたか、詳細は不明であるが、最初期に『存在論(事実性の解釈学)』(GA63)に関する情報をオスカー・ベッカーの論考から入手し(cf. EDL, 69)、ハイデガー哲学に内在した論考のなかで『存在と時間』のアリストテレス的契機をたびたび強調している。「ナトルプ報告」や過去のアリストテレス講義の存在を耳にしていたからであろう。

レヴィナスとハイデガー哲学とのこうしたかかわりをふまえて、ハイデガー批判に見られる表現の熾烈さに目を奪われることなく、その批判に含まれたハイデガー理解の限界画定を行なわなければならない。このとき、ハイデガー哲学に内在した解釈との照合作業が必須である。ハイデガー全集の刊行とハイデガー解釈の進展にともない、レヴィナスとハイデガーとの哲学的関係を検討することは古くて新しい問題だと言える。

（2） EE, 93. レヴィナスはハイデガーの脱自的実存概念を認めていないので、“Existence sans existant”をシュテファン・シュトラッサーに従い「存在者なき存在（das Sein ohne Seiende）」（Stephan Straßer, *Jenseits von Sein und Zeit*, M. Nijhoff, 1978, S. 226）と訳す。『時間と他なるもの』（一九四八年）では、実存者と実存という術語が「語呂の関係」から存在者と存在の代わりに選ばれたと記されている。またわれわれは、ヤスパースが一九三二年に記した主著『哲学Ⅲ　形而上学』第三章「超越者への実存的連繫」のうちに、イリア概念など『実存者へ』にかかわるレヴィナス的モティーフの多くを見出すことができる（『哲学第3　形而上学』鈴木三郎訳、創文社、一九六九年）。レヴィナスのヤスパース読解については、別の機会に論じたい。

（3） 本書第一章「レヴィナスのフライブルクへ」の註（10）を参照。

（4） レヴィナス『倫理と無限――フィリップ・ネモとの対話』は一九八二年刊行の対談だが、前期思想の枠内でイリア概念を定義しているので引用する。

（5） レヴィナスがハイデガー哲学に、内在して「現」概念を解釈した小論に、『フッサールとハイデガーと共に実存を発見するにさいして』（第二版）所収の「マルティン・ハイデガーと存在論」（一九三二年）がある（cf. EDL, SS. 55-60）。「現存在」概念に関するレヴィナスの解釈を検討した文献として、以下を参照。D. S. Schiffer, *La philosophie d'Emmanuel Levinas, Métaphysique, esthétique, éthique*, PUF, 2007, pp. 24-56.

（6） 篠憲二『現象学の系譜』（世界書院、一九九六年）の九四頁を参照。

（7） レヴィナスはフッサール『デカルト的省察』のフランス語訳者であったことを指摘しておく。

（8） このようにレヴィナスによるハイデガー批判は、「ボタンのかけ違い」であって批判たりえていない部分が少なからずある。この事情に関しては、古東哲明『〈在る〉ことの不思議』（勁草書房、一九九二年）の六頁を参照。

（9） EN, 20-22. この辺りの経緯に関しては、ピエール・アヤがレヴィナス『自由と命令』に付した序文「倫理的個人主義の哲学」の説明が分かりやすい（cf. LC, 9f.）。

（10） 〈汝、殺すなかれ〉のヘブライ語原文ではいわゆる未完了形の動詞がもちいられていることに関して、関根清三『旧約における超越と象徴――解釈学的経験の系譜』（東京大学出版会、一九九四年）の八二頁以下を参照。併せて熊野純彦訳『全体性と無限』下（岩波文庫、二〇〇六年）二八四頁の訳註（19）を参照。また、レヴィナスはリチャード・カーニーとの対話において顔の命令を“you shall not kill, you shall not jeopardize the life of the other”, すなわち、「汝、殺すなかれ、汝、他者の生命を危うくするなかれ」とパラフレーズしている。以下を参照。*Dialogues with Contemporary Continental Thinkers*, Paul Ricœur, Emmanuel Levinas, Herbert Marcuse, Stanislas Breton, Jacques Derrida, *The Phenomenological Heritage*, by Richard Kearney, Manchester University Press, 1984, p. 60.

（11）顔が採る命令法に関しては、フランツ・ローゼンツヴァイク『救済の星』（村岡晋一・細見和之・小須田健訳、みすず書房、二〇〇九年）との比較が必須であろう。この点に関しては、P・アヤによる指摘が「倫理的個人主義の哲学」のなかにある（cf. LC, 15）。併せて村岡晋一『対話の哲学――ドイツ・ユダヤ思想の隠れた系譜』（講談社選書メチエ、二〇〇八年）の第五章「対話の一般的構造」を参照。顔概念の簡潔明瞭な読解に関しては鈴木泉「顔の形而上学」（『レヴィナス――ヘブライズムとヘレニズム』所収、哲学会編『哲学雑誌』一二一号、有斐閣、二〇〇六年）を参照。

（12）前期思想と後期思想のあいだで、つまりは第一主著のうちに、生存の場所をめぐる哲学的探求が深まりゆく様を追跡する所以である。

（13）E. Lévinas, *L'au-delà du verset: lectures et discours talmudiques*, Les Éditions de Minuit, 1982, p. 233f.

（14）TI, 340. これは『全体性と無限』結論部からの引用である。デリダ「暴力と形而上学」がレヴィナスの哲学的思考に与えた影響に関する自家証言については、以下を参照。E. Lévinas, *Autrement que savoir, avec les études de Guy Petitdemange et Jacques Rolland*, Editions Osiris, 1988, pp. 67-70.

（15）本章での概念規定とは異なるが、偶然性に関する体系的な考察としてレヴィナスの同時代人である九鬼周造『偶然性の問題』（一九三五年）および『人間と実存』（一九三九年）を参照。九鬼とハイデガーの哲学的関係については、以下を参照。森一郎『死と誕生――ハイデガー・九鬼周造・アーレント』（東京大学出版会、二〇〇八年）、拙稿「〈いき〉と時間 ――九鬼周造試論」（『現象学年報』第二十七号、日本現象学会編、二〇一一年）、拙稿「九鬼周造と、二人の父――彼らは〈いき〉な男だったのか？」（『比較文化研究』第百十六号、日本比較文化学会関西支部編、二〇一五年）を参照。

(16) TI, 71.『存在と時間』の「主旨（Umwillen）」概念は、現存在が目的手段連関の最終目的であることを指して「目的性」と訳されることがある。レヴィナスはこの意味で「目的性（finalité）」という表現を使っているのではなく、物がもつさまざまな存在意味一般をそう呼んでいる。

(17) "persona" の多義性については、坂部恵『ペルソナの詩学――かたり ふるまい こころ』（岩波書店、一九八九年）および『仮面の解釈学』（東京大学出版会、一九七六年）、小倉貞秀『ペルソナ概念の歴史的形成――古代よりカント以前まで』（以文社、二〇一〇年）を参照。

(18) 新田義弘『現象学』（岩波全書、一九七八年）の一〇一―一〇五頁を参照。

(19) ヴァルデンフェルスによれば、顔は世界内に存在するのでも、世界外に理念として存在するのでもなく、「他者の身体的非現前（leibhaftige Abwesenheit）を告げている」。Cf. Bernhard Waldenfels, "Levinas and the face of the other", in: *The Cambridge Companion to Levinas*, edited by S. Critchley, R. Bemasconi, Cambridge University Press, 2002.

(20) 顔概念にこめられた自己他者関係については以下を参照。Marie-Louise Mallet, "Écouter un visage ?", in: *Rue Descartes*, n° 19, *Emmanuel Levinas*, PUF, 1998.

(21) VII, 37-40, 45f.

(22) 本章での解釈とは異なるが、デカルト『省察』における無限の観念から神義論の可能性／不可能性を問うた論考として以下を参照。Richard J. Bernstein, "Evil and the temptation of theodicy", in: *The Cambridge Companion to Levinas*, Cambridge University Press, 2002.

終　章　世界への驚き、たまさかの生存

(1) Carl F. Gethmann, "Heideggers Konzeption des Handelns in *Sein und Zeit*", in: *Heidegger und die praktische Philosophie*, Suhrkamp, 1989, S. 162.

(2) AQ, 209. レヴィナスがジャン・ヴァール主催の哲学会（一九四八年二月四、五日）で発表したタイプ原稿では、ひとが沈黙のなかにいることは「よどんだ水」のなかにいることに喩えられている（cf. E. Levinas, *Œuvres complètes*, tome 2:

Parole et silence, Grasset & Fasquelle, IMEC, 2009, p. 69)。

（3）『実存者へ』第一章「壊れた世界」から、『全体性と無限』のエレメント論とレヴィナスの未発表小説『エロス』を経て、後期のイリア論に至るプロセスをたどりうる。レヴィナス著作集第三巻の刊行によって『エロス』が加わり、広義のイリア論の変遷が見えやすくなったと言える（E. Levinas, *Œuvres complètes*, tome 3:*Eros, littérature et philosophie*, Grasset & Fasquelle, IMEC, 2013, pp. 37-112)。

（4）SZ, 270. Vgl., Romano Pocai, *Heideggers Theorie der Befindlichkeit*, K. Alber, 1996, Kap. I.

（5）*Husserliana* I, Kluwer, 1991, S. 145.

（6）『純粋理性批判』第6節cとりわけ以下を参照。『純粋理性批判』III, B. 59f.

（7）Stephan Straßer, *Jenseits von Sein und Zeit*, M.Nijhoff, 1978, § 55.

（8）John E. Drabinski, *Sensibility and Singularity*, SUNY, 2001, p. 60ff.

（9）Jacques Derrida, "Violence et métaphysique", in: *L'écriture et la différence*, Seuil, 1967, p. 133. Cf., EE, 11f. Jean-Luc Marion, *L'Idole et la Distance*, Grasset, 1977, p. 278f., Jean-Luc Marion, "Note sur l'indifférence ontologique", in: J. Greish, J. Rolland èd., *EMMANUEL LÉVINAS, L'ethique comme philosophie première*, Cerf, 1993.

（10）レヴィナスが一九五一年に発表した論文「存在論は根源的か?」において「言説の本質は祈りである」と論じられている（EN, 19)。また『全体性と無限』において「言語という関係の本質は呼びかけであり、呼格である」（TI, 65）と言われている。それゆえ、祈りと呼びかけとをレヴィナスは同様の意味でもちいている。もちろん、「存在論は根源的か?」および『全体性と無限』は『実存者へ』よりも後の著作であり、これらの論述を『実存者へ』解釈に適用することはできないように思われるかもしれない。しかし、レヴィナスは『存在の彼方へ』を公表したのち、『実存者へ』第二版（一九七七年）に新たな序文を付して『実存者へ』のとりわけイリア論に関する自己解釈を提示しており、それゆえ、本書ではこの自己解釈によりそって『実存者へ』を解釈していくため、そうした適用が可能となっている。

（11）熊野純彦『レヴィナス――移ろいゆくものへの視線』前掲書の七九頁以下、とりわけ「発語内行為」と「発語媒介行為」の関係をめぐる解釈を参照。言語行為論を簡単に例示しておけば、「殴るぞ」（発語行為）と脅迫すること（発語内行為）で相手を恐がらせる（発語媒介行為）ということになる。二つのことを確認しておきたい。第一に、ジョン・L・オースティンは『言語と行為』（坂本百大訳、大修館書店、一九七八年）において、「顕在的な言語遂行的発言」との対比から、「原初的な言語遂行的発言」の不確かさが話し手に由来すると考えていた。しかし、そうではなく、発言のもつ行為性格の決定はさしあたり聞き手にゆだねられ、さらには、話し手に対する聞き手の応答において今度は聞き手が発信者へと立場を変えるから、行為性格の決定権はむしろ両者の終わりなきコミュニケーションにある。それゆえ、いかなる遂行的発言も話し手に対して不確かさを孕んでいる。第二に、発語行為がなければ発語内行為も成立していないが、生者の沈黙が一種の発語行為であるように、イリアという実存情況において生者に突きつけられる死者の沈黙もまた、生者にとって発語行為のように立ちあらわれると考える。

（12）もし「生《なま》の事実」を映し出す言語が可能であるとすれば、生き証人が一人であろうと、そのひとが残した言葉をひろい集める作業によって歴史叙述はその完成へとむかっていくはずである。しかしながら、われわれ有限的人間が使用できるのは「公共的言語」だけであり、それゆえ、歴史叙述は原理的な改訂可能性を孕んでいる。こうした条件のもと、真理主張という行為遂行的意味をこめた歴史叙述が「物語り文」（アーサー・C・ダントー）をもちいて複数の生者間で行なわれ、その真偽が問われつづける。歴史的真理をめぐる、この問いかけを手放さない批判的精神のうちに、歴史を物語ることの倫理は存する。

（13）「記号の役割」を果たす痕跡は、歴史叙述の場合、かつて生きていた他者が残したものである（EDL, 199）。本書で問題にしているのは、そうした他者とのかかわりではなく、沈黙する、名もなき死者とのかかわりである。

（14）『存在と時間』の歴史性概念における他者の問題については、鹿島徹「歴史性再考——ハイデガー『存在と時間』第二篇第五章を読む」（『早稲田大学大学院文学研究科紀要』第四十八輯第一分冊、二〇〇三年）を参照。

（15）古東哲明『〈在る〉ことの不思議』前掲書の第Ⅲ章「滅びのなかの生成」を参照。

（16）Jean-Luc Nancy, *La pensée dérobée*, Galilée, 2001, pp. 85-121.

あとがき

本書は、二〇〇七年に東北大学文学研究科に提出した課程博士論文『超越の倫理――ハイデガーとレヴィナス』に、第五章、第六章、第八章、第十二章を追加して修正をほどこしたものである。くりかえし拝読した熊野純彦氏の『レヴィナス――移ろいゆくものへの視線』（岩波書店、二〇〇二年）の「あとがき」を模し、ここでは、その方たちのご厚意がなければ、私がそもそも研究者の末席に加わることもなかった方々についてだけ、深謝の念と共にお名前を挙げさせていただく。

吉田有先生。高校時代の友人から「哲学を勉強するにはまずドイツ語だ」と聞いてドイツ語学科に入学したものの、とはいえ哲学の授業を受けるでもなく、哲学書を読むでもなく、二年間がすぎようとしていた。吉田先生から何かをきっかけにお声がけいただき、カント『純粋理性批判』の原書を一緒に読んでいただいた。とにかく一年半で「超越論的演繹論」まで進む。代名詞が何を指しているのか、すべて明確にすること、発音を正確にすることを教えていただいた。

何より、わかること、わからないことを見極め、自覚する大切さを教わっていたと思う。これは、研究だけにかかわる事柄ではなかった。

篠憲二先生。研究をすることはもうないと思って働いていた冬、帰宅の夜道を歩いていたら、携帯電話が鳴った。倫理学研究室の研究助手をやるよう、お話しくださった。博士論文の提出にむけて、私の背中を後押し、書いてはお渡しした原稿を赤ペンで修正してくださったのも、篠先生であった。一語もおろそかにしないテキスト読解を当然とする篠先生の現象学ゼミに参加し、そのそばで、学問に一人専念することの大切さを目の当たりにした。これをまねぶことが、今の私の支えになっている。

立てつづけに他界した両親を弔うなか、私自身、重層的な世の成り立ちを存外に知って悲観を濃くしつつ、同時に、ありふれた庶民の直観に信頼を強くし、両先生から学んだことをいっそうに痛感している。お二人のことを思い返すにつけ、そうである。

ご教授、ありがとうございました。

*

小さな縁を頼り、ぷねうま舎の中川和夫さんに、本書の出版をお願いした。制作の過程で、編集者の方と一緒に本を作っていくことの楽しさを経験させていただいた。そうしたなか、私の愛読してきた本が、中川さんのご担当とうかがい、あらためて本を手にとりなおす。これまでに読んできた哲学書の多くは、中川さんご編集のものだったと知り、驚いた。これは、本書の校正作業が終わりにさしかかり、中川さんからご提案を受けて、書名をどうしようか、と思いあぐねていたころの話である。

小さな縁とは、「物語り論」にかかわる書評のことだった。のちに大学教員となって学生を相手に「物語り論」

について話し、アレントの著作をまとめて読んでいた。それで中川さんに本書の出版をお願いしたわけだが、突然さしあげたメールにご返信くださり、本書を仕上げてくださった。ここに記して感謝いたします。

二〇一五年七月十日

著者　識

横地徳広

1972年生まれ，専攻，倫理学・現象学，2007年，東北大学大学院文学研究科博士課程修了（倫理学専修），博士（文学），現在，弘前大学人文学部准教授，著作：『生きることに責任はあるのか——現象学的倫理学の試み』（共編著，弘前大学出版会，2012，論文：「〈いき〉と時間——九鬼周造試論」（『現象学年報』第27号，2012），「アメリカ公民権運動の政治学——スマート・パワーの観点から読み解く」（『戦略研究』第15号，2015）ほか，

超越のエチカ　ハイデガー・世界戦争・レヴィナス

2015年８月25日　第１刷発行

著　者　横《よこ》地《ち》徳広《のりひろ》

発行者　中川和夫

発行所　株式会社ぷねうま舎
〒162-0805　東京都新宿区矢来町122　第2矢来ビル3F
電話 03-5228-5842　　ファックス 03-5228-5843
http://www.pneumasha.com

印刷・製本　株式会社ディグ

ISBN 978-4-906791-48-4　　Printed in Japan